掌握"黑马"买卖点，赢在起点

一本书搞懂分时图战法

狙杀黑马

曹明成　谭文◎著

立信会计出版社
LIXIN ACCOUNTING PUBLISHING HOUSE

图书在版编目（CIP）数据

一本书搞懂分时图战法：狙杀黑马/曹明成，谭文著.--上海：立信会计出版社，2017.5（2024.11重印）
（擒住大牛）
ISBN 978-7-5429-5415-2

Ⅰ.①一… Ⅱ.①曹… ②谭… Ⅲ.①股票交易—基本知识 Ⅳ.①F830.91

中国版本图书馆CIP数据核字(2017)第066891号

责任编辑　陈　昕
封面设计　久品轩

一本书搞懂分时图战法：狙杀黑马
YIBENSHU GAODONG FENSHITU ZHANFA：JUSHA HEIMA

出版发行	立信会计出版社			
地　　址	上海市中山西路2230号	邮政编码	200235	
电　　话	（021）64411389	传　真	（021）64411325	
网　　址	www.lixinaph.com	电子邮箱	lxaph@sh163.net	
网上书店	www.shlx.net	电　话	（021）64411071	
经　　销	各地新华书店			
印　　刷	北京柯蓝博泰印务有限公司			
开　　本	787毫米×1092毫米	1/16		
印　　张	15.5	插　页	1	
字　　数	226千字			
版　　次	2017年5月第1版			
印　　次	2024年11月第3次			
书　　号	ISBN 978-7-5429-5415-2/F			
定　　价	62.00元			

如有印订差错，请与本社联系调换

序一　我为什么不讲价值投资①

《理财一周报》记者/林奇

> 对于中国的资本市场，我从来不讲价值投资。所谓的价值，不过是给庄家炒作的理由而已。我选股思路是跟庄，操作理论讲究趋势为先。
>
> ——曹明成

私募大鳄曹明成是私募圈内资深的操盘手，曾在多家咨询公司及投资机构任职，多次直接参与大资金的操盘。

1999年"5·19"行情中，曹明成因成功狙击网络科技股而一战成名。

在互联网行情中，曹明成亲身领教了亿安科技的庄家李彪、海虹控股的庄家蔡明等人的狠辣操盘手法。

在股海中摸爬滚打十年的老曹，博客名为"十年股灰"，在东方财富网的财经博客中排名第十四位。

从湘财证券的一名普通经纪人做起，再到操盘手、主操盘手、私募基金经理，曹明成经过十多年的实战，总结出"曹氏八线"，并著有《吃定庄家》《擒庄实战技法》《庄家内幕揭秘》《K线实战技术精要》和《庄股经典出货模式》等书。

"11月还有两本书出版，今年可能还有两本书稿，有出版社约稿了，但还没写完。"曹明成如是介绍。

2009年10月26日，曹明成接受《理财一周报》专访，揭露了许多不为人知的坐庄、跟庄内幕。

狙击网络股一战成名

---

① 2009年11月7日，《东方早报》旗下《理财一周报》对曹明成先生的人物专访，刊登在"资本大亨"版面。原文标题为《私募大鳄曹明成：坐庄岁月里的那些往事》。

《理财一周报》：像许多私募基金经理一样，您也是从经纪人做起的？

曹明成：差不多，早年和李华（第二代操盘手）是一批，最早是在湘财证券，离开湘财证券后，跟老板做操盘手，后来干脆出来单干了。

《理财一周报》：是不是因为操盘手的待遇都不太高？

曹明成：操盘手要看是什么样级别的，资深的主操盘手负责决策，与老板有分成，待遇还可以。

《理财一周报》：当时您做操盘手都经历过哪些比较大的战役？

曹明成：最早是狙击网络科技股的那一年了，狙击网络科技股不是自己坐庄，是跟庄。当时发现有大批私募资金成堆地扎入了网络科技概念类的股票，不少同类题材的股票都在底部放量，大资金入注明显，就开始关注这个题材。

《理财一周报》：发现此类股票后，您是直接跟进吗？还是后来跟进的？

曹明成：先是试探性跟进。后来网络科技概念股开始成为当时的热点。与以往的概念炒作不同，这次很意外的是：炒作之后，入驻的庄家资金不见撤退，这在以往的概念炒作中是很少见的。当时经过考虑之后，就把所有的资金全部投入该类题材股。

《理财一周报》：您这样追题材股会不会很冒险？

曹明成：这是很大胆的做法，当时受到其他辅助操盘手的非议。因为这样做风险大，概念股炒作成热点后，一般都开始进入高位，这个时候介入，弄不好就成了庄家出货的牺牲品。

《理财一周报》：那为什么您还决定满仓追进，当时是怎么考虑的？

曹明成：当时我是依据庄家的操盘手法判断的。大量的庄家资金注入了该类题材股，而在第一轮炒作之后，还在高位加仓。显而易见，目标不在短期。

《理财一周报》：当时网络科技股您跟的是哪只？

曹明成：做了很多只，蔡明的海虹控股就是其中的一只。

《理财一周报》：这波互联网炒作海虹控股也是龙头，您觉得这波互联网会不会像当初的互联网一样爆炒起来？

曹明成：这波互联网入驻的庄家资金还远远不够，暂时没有那种可能。但庄家的炒作计划可能会因为行情的变化而变化。就像当年的网络科技股，开始并不是大家都看好的，后来"5·19"井喷，人气被完全带动，大量的私募资金也进入了。因此，就出现了炒作一波后新资金大量入驻的情况，造就了一轮两年的行情。

亲身领教李彪跌停板洗盘法

《理财一周报》：当时最有名的应该是罗成操控下的亿安科技，您跟的是这只吗？

曹明成：网络科技股的行情从1999年5月开始，直到2001年，经历了1年多时间，这轮题材股的炒作，只要与网络科技挂边的都被炒作起来了。其中的龙头亿安科技、海虹控股、四川湖山都被炒作到了非理性的高度。亿安科技是第一个百元股，由罗成坐庄，主要由郑伟和李彪负责操盘。海虹控股是蔡明坐庄。去年李彪去世的时候我知道消息的。

《理财一周报》：李彪总感觉对不起自己的弟弟，您知道具体是为什么吗？

曹明成：他弟弟是李彬，当时坐庄亿安科技的是金易投资公司，郑伟是控制人，法人代表写的是李彬的名字，但李彬是圈外人，后来被牵扯进去了，被搞得很惨。据说李彪没有办法救无辜的弟弟，导致了李彬的破产，并且差点入狱。

《理财一周报》：李彪是什么样的人？

曹明成：现实中的李彪长得比较斯文，光头戴眼镜，但行事泼辣，脾气有些暴躁。郭庆、李彪、蔡明，这些都算是第一代操盘手，他们比我早一代，我那时候是小字辈。李彪操盘非常凶悍，他当时发明了跌停板洗盘法，鬼神莫测。

《理财一周报》：连续跌停，只要是看盘操作的无一幸免，当时亿安科技启动前就是连续3个跌停板。

曹明成：这种手法在当时很难判断。

《理财一周报》：为什么很多早年的庄家都不得善终？

曹明成：早年的操盘手生活都不太好，心理压力大，真正功成名就的极少。一部分人是被查了或逃亡了，另一部分人在后来的4年熊市（2001年至2005年）中又赔进去了。

《理财一周报》：那4年熊市够惨的，2008年也很惨。

曹明成：2008年的大熊市也是套了很多的庄家。

《理财一周报》：当时为什么没有跟进亿安科技？

曹明成：亿安科技不敢跟。开始完全是逼空。强势股就是这样，一开始逼空，散户不跟进，继续逼空，开始震荡，散户眼红了，进去了，再拔高，出货了。亿安科技当年也是被逼上去的，前期的计划肯定没想要炒那么高。股价拉到40元的时候，没有人敢买了，怎么办，接着拉。亿安科技控盘最后达到90%以上。其实玩到那个时候已经算失败了，最后出货比较艰难。

《理财一周报》：有个庄家跟我讲过，说很多筹码是在跌破100元后卖给了抢反弹的人。

曹明成：平均没有那么高。出货的平均价格，我们那时候判断应该在40元左右。60元左右制造假反弹，结果还是很少有人买。市场信心没有了，下跌趋势形成了。最大的抢反弹成交价在27元左右。平均出货价位在40元至50元。

《理财一周报》：庄家要出货一般都要先跌很多吧？

曹明成：一般庄家拉到离谱的位置，出货的价位定在下跌一半的位置，通过做假反弹出货。

信奉自己的操盘理念

《理财一周报》：您信奉价值投资吗？

曹明成：在中国的资本市场，我从来不讲价值投资。所谓的价值，不过是给庄家炒作的理由而已。我选股的思路是跟庄，操作理论讲究趋势为先。

《理财一周报》：看来您是趋势派。

曹明成：我自己有一套操盘理念，即在趋势形成、形势明朗之后才操作。但这又不等同于右侧交易，我的买入点在次低点或次次低点，卖出位在次高点或次

次高点。

《理财一周报》：那您的这些东西是跟谁学的呢，还是自己悟的？

曹明成：自己悟出来的。早年是受一位老股民的启发，一位比较执着的老股民。他完全依据10日线买卖，获利很稳定。

《理财一周报》：线上持股，线下持币？

曹明成：是的。简单地说，可以用这八个字来概括。

《理财一周报》：这方法最厉害，化繁为简了，但很多人不经过多年的实战可能永远不理解。可是只看一个10日线会不会有点片面？

曹明成：我当时研究这个10日线很长时间，也发现很多弊端。首先，如果不判断趋势，依据10日线买卖会在平衡市里不知所措。其次，10日线经常被庄家当作洗盘的工具。实战中操作纪律最重要，比如下降通道就是线下持币，需要放弃所有的诱惑和机会。

《理财一周报》：您现在主要看些什么指标？

曹明成：都是一些我自己的指标。帮我写指标的有一个工作室，我提供我的思路，他们帮我完成。我有个学生叫谭文，他是这方面的高手。现在计算机信息技术太发达了，把传统技术分析与计算机分析相结合，真的是事半功倍。我们原来为了总结一个形态，要自己画图，花大量的时间统计，再分析和总结，现在计算机可以在很短的时间内全部做完。

序二　我认识的"小曹"与"老曹"

李　华[①]

　　近年来，市场上的股票类书籍渐有泛滥之势，且良莠不齐，多有鱼目混珠之作，真正能指导投资者实战应用的作品可谓少之又少。然最近读曹明成先生主笔的"擒住大牛"系列丛书，感觉甚好。细读之下，书中不乏作者多年实战的经验心得与"不传之密"，实为"用心之作"，相信读者阅后当有所裨益。

　　我与曹明成先生相识已久。初识其人，还是1997年在湘财证券的营业部。当时因本人虚长几岁，故称他为"小曹"。那时的"小曹"瘦瘦小小，貌不惊人，书生气十足，亦没有什么名气。后常有散户打听"曹明成"，又逐渐发展到不断有大户托我的关系来约"曹先生"吃饭，这才让我刮目相看。再到其1999年的狙击网络科技股一战成名，早年的"小曹"已经成为当时湘楚一带赫赫有名的"老曹"。

　　几年后，我们也相继开始了单干，都有了自己的事业，与曹明成先生联系渐少。偶闻他的消息也只是在报纸杂志上见到他的跟庄理论文章。这次，接到他的电话让我为丛书写序，颇感意外。在我的印象中，他身体并不太好，甚至可用"体弱多病"四个字来形容，又常沉溺于股票实战之中，写书这种耗时耗力之事，以他一人之力怎能办到？

　　见面后我才知道，原来他这几年收了一个得意门生——谭文。谈论间他的得意之色溢于言表："已得我九成功力。"

　　小谭属于新时代的复合型人才，精通计算机编程，自行钻研了传统技术分析与计算机海量数据模拟测试相结合的分析方式，丛书在写作过程中就曾大量使用计算机模拟测试，纠正了许多人力所无法发现的错误，使书中的理论更趋于完美，大有"青出于蓝胜于蓝"之势，真是后生可畏！"曹氏八线理论"是曹明成与谭

[①] 作者原为湘财证券高层管理人员，现为广东某私募基金总裁。

文师徒两人多年实战理论研究的结晶，曾被股民朋友冠以"零风险操作理论"的美誉。该理论我个人觉得至少有两点值得推崇：一是最大限度地回避了风险，二是几乎不会错过任何一波有价值的行情。炒股不是纸上谈兵，能在实战中真正做到稳定获利的理论才是好理论。我了解曹明成先生的实力，更了解曹明成先生的为人。他不会忽悠人，他主笔的丛书更不会忽悠人！

鉴于此，我愿为此丛书作序，并向全国的广大股民朋友们推荐。

前　言

"黑马"起初是赛马场中的术语，是指在赛马场上本来不被看好的马匹，却能在比赛中让绝大多数人大跌眼镜，成为出乎意料的获胜者。"黑马"一词被运用到股市中，是指价格可能脱离过去的价位而在短期内大幅上涨的股票。

时下，很多投资者对黑马股的认识存在一定的误区，以为黑马股就是股市中的明星股。其实，这一认识是不正确的。因为黑马股不是众人瞩目的明星，也不是市场追捧的新秀，而是投资者本来不看好，却能够异军突起的个股。所以选黑马股的技巧不是选人人都知道的强势股，而是要"透过现象看本质"，从大多数人都不看好的个股中选出投资标的。

那么，现在问题来了！在茫茫股海之中，投资者该怎样拨开云雾，找出真正具有上涨潜力的"黑马"？

笔者认为，个股的分时图是投资者捕捉黑马股的有效途径。股民朋友们都知道，在实际交易当中，通过个股的K线形态或者技术指标等，可以有效地判断出该股的后市走势，但如何准确地捕捉到黑马股却成为交易过程中的难点。而分时图正好为我们解决了这一问题。分时图是大盘和个股的动态实时（即时）分时走势图，其在实战研判中的地位极其重要，是即时把握多空力量转化及市场变化的根本所在。黑马股买入和卖出的重要时机都会体现在当日的分时图价格走势中，投资者想要捕捉到黑马股，就应该抓住分时图中股价波动过程中稍纵即逝的买卖时机。

本书正是立足于这一点，以个股分时图为核心，为读者朋友们阐述了如何在实际交易过程中，运用个股的分时图捕捉黑马股。此外，为了让读者朋友们可以轻松掌握捕获黑马股的策略和技巧，笔者在本书的编写过程中投入了大量精力，经过几次删改，竭力使本书具有以下特色：

·难易适中,容易掌握。由于黑马股一般不易被发现,本书将技术指标、K线形态、形态理论、价量关系与个股分时图相结合,从而剖析黑马股的基本形态,层层深入地讲解了发现黑马股踪迹的细节和方法,以帮助读者准确地把握捕获黑马的时机。

·内容丰富,实战性强。本书收纳了捕获黑马股的各个操作策略和技巧,内容全面丰富,讲解深刻透彻。

·图文并茂,条理清晰。为了使读者能更轻易、更熟练地发现和驾驭黑马股,本书配用了大量的经典案例,使读者能直观了解黑马股走势的实战情形。

本书在编撰的过程中借鉴了许多专家、学者的观点和方法,参考了大量的文献和资料,同时也得到了读者朋友们的广泛支持。但由于时间仓促,书中难免会有一些错误和纰漏。欢迎读者朋友们将宝贵的意见和建议反馈给笔者,笔者的邮箱 caomingcheng@yeah.net;QQ:150610568。同时,我们也接收大资金的理财合作,欢迎来函交流。

最后,感谢"曹明成股票研究室"的实战专家蔡双喜先生、周宏伟先生、李华先生参与本书部分章节的编写、校稿和制图工作。感谢立信会计出版社蔡伟莉、张寻、何颖颖女士以及著名出版人赵涛先生为本书策划出版工作付出的辛勤努力!

曹明成

2017 年 3 月

目 录

第一技　突出重围狙杀黑马分时战法 1

第二技　双重金叉狙杀黑马分时战法 8

第三技　两次金叉狙杀黑马分时战法 17

第四技　0轴黄金穿越狙杀黑马分时战法 24

第五技　不完全死叉狙杀黑马分时战法 32

第六技　低位金叉狙杀黑马分时战法 39

第七技　回调反弹狙杀黑马分时战法 47

第八技　RSI趋势线狙杀黑马分时战法 55

第九技　开口突破狙杀黑马分时战法 63

第十技　中轨支撑狙杀黑马分时战法 71

第十一技　蜻蜓点水狙杀黑马分时战法 79

第十二技　春鸭戏水狙杀黑马分时战法 86

第十三技　比翼双飞狙杀黑马分时战法 94

第十四技　空中加油狙杀黑马分时战法 102

第十五技　双剑合璧狙杀黑马分时战法 110

第十六技　浪子回头狙杀黑马分时战法 117

第十七技　中流砥柱狙杀黑马分时战法 ………………………… 125

第十八技　否极泰来狙杀黑马分时战法 ………………………… 133

第十九技　一路高升狙杀黑马分时战法 ………………………… 141

第二十技　一步登天狙杀黑马分时战法 ………………………… 148

第二十一技　V形底狙杀黑马分时战法 ………………………… 156

第二十二技　W底狙杀黑马分时战法 …………………………… 163

第二十三技　上升三角形狙杀黑马分时战法 …………………… 171

第二十四技　旗形狙杀黑马分时战法 …………………………… 179

第二十五技　箱形整理狙杀黑马分时战法 ……………………… 187

第二十六技　三线开花狙杀黑马分时战法 ……………………… 194

第二十七技　二次金叉狙杀黑马分时战法 ……………………… 201

第二十八技　低位放量狙杀黑马分时战法 ……………………… 209

第二十九技　平台放量狙杀黑马分时战法 ……………………… 217

第三十技　拉高放量狙杀黑马分时战法 ………………………… 224

第一技

突出重围狙杀黑马分时战法

在强势黑马股开始启动上涨之时,其技术指标一般都会出现特殊的形态走势。"突出重围"是所有黑马股要进行拉升时所必须出现的形态之一。在实际操作中,投资者可以利用这些技术指标所形成的特殊走势,提前预知黑马股的启动行情,进而在合适的时机买入股票,以获取现实的投资收益。

"突出重围"形态是 10 日均线向上突破 30 日、60 日、120 日及 240 日均线形成向上穿越的形态,是非常有效的均线穿越买入信号。在这种均线金叉穿越形态中,首先 60 日均线、120 日均线与 240 日均线距离极其接近,其处于粘合并行的状态。此时 10 日均线几乎同时穿越 30 日均线、60 日均线、120 日均线与 240 日均线,形成极度分离的多头排列的特殊技术形态。因为该形态的形成是由 10 日均线层层突破其他均线,如在战场上突破冲出重围,所以得名"突出重围"。同时,60 日均线、120 日均线与 240 日均线处于交叉穿越的状态,或者 60 日均线、120 日均线与 240 日均线处于平行的状态,并不影响该形态的形成。

一、形态解析

（1）该形态所用的移动平均线（MA）均线参数一般为 10 日、30 日、60 日、120 日、240 日。

（2）该形态的 10 日均线由下向上穿越 30 日、60 日、120 日、240 日均线形成均线带，呈现出均线系统的多头排列态势。

（3）当 10 日均线穿越 30 日、60 日、120 日、240 日均线形成均线带时，若该股的成交量能出现明显的放量，则增强该形态的后市看涨信号。

二、实战要点

（1）各条均线之间的乖离率越小，其形态所形成的成功率越高。

（2）当 10 日均线穿越 30 日、60 日、120 日、240 日均线形成均线带时，其穿越用时越短，表明拉升该股的主力实力越强，后市该股的黑马行情越强。

（3）当 10 日均线穿越 30 日、60 日、120 日、240 日均线形成均线带时，若成交量能出现明显的放量，则该股后市的黑马上涨行情越强烈。

（4）投资者可在 10 日均线穿越 30 日、60 日、120 日、240 日均线形成均线带时买入股票，或者在穿越后 10 日均线向 30 日、60 日、120 日、240 日均线形成的均线带回调时买入。

三、案例分析

1. 包钢股份（600010）

1）日 K 线形态分析

如图 1-1 所示，在包钢股份（600010）日 K 线图中，该股股价在前期并没有良好的表现，大体呈现出横盘整理的走势，其成交量也基本上处于地量状态。某日，该股的 10 日均线上穿 30 日、60 日、120 日、240 日均线，出现了黑马股拉升的走势形态，表明该股后市将会突破压力位，开始强势上涨。股价在站上 10 日均线之后仍保持上攻走势，投资者可在股价突破均线系统之后买入筹码。股价经过一段时间的上扬之后，其盘中做多动力有所衰退，投资者应在股价出现破位下跌之时卖出筹码，规避风险实现收益。

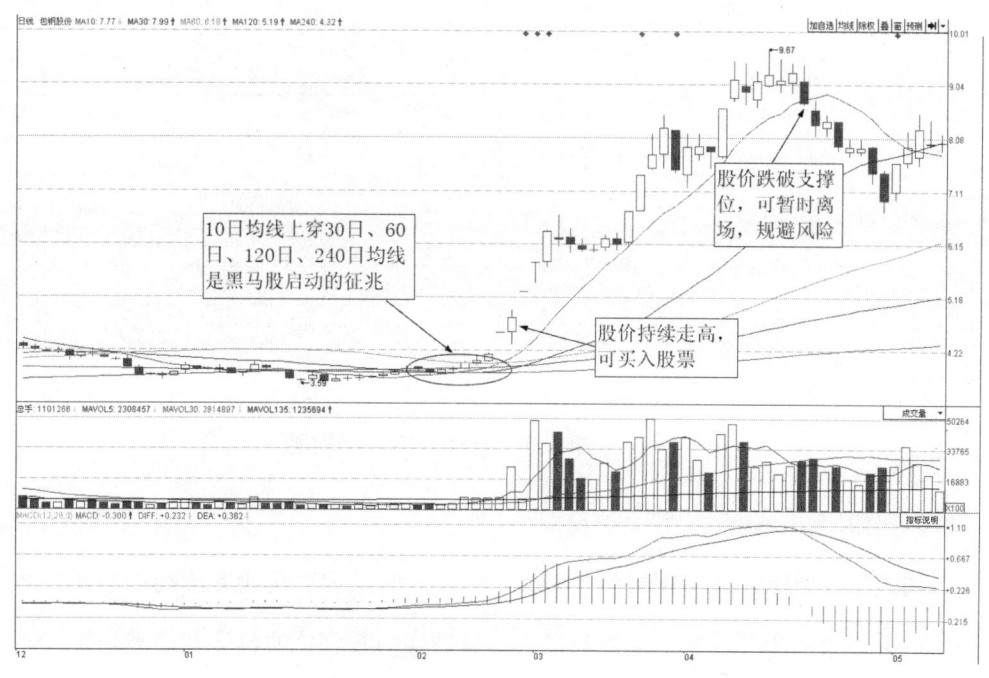

图 1-1　包钢股份（600010）日 K 线图

2）分时买点把握

如图 1-2 所示，在包钢股份（600010）日分时图中，该股股价在上一个交易日以"一"字板方式涨停，这日在小幅低开之后，股价线与均价线运行于低价位区，表明该股的上行压力较大，盘中卖盘暂时占有优势。不过在尾盘时，股价在成交量的配合下迅速拉升，说明卖盘后续实力不济，使得买盘信心再次建立，最终扭转了市场的下跌趋势，主导了股价的运行。由此表明，该股的上涨行情后期仍将持续，投资者在尾盘股价拉升时可买入筹码，以期能获取黑马股后市上涨行情的投资收益。

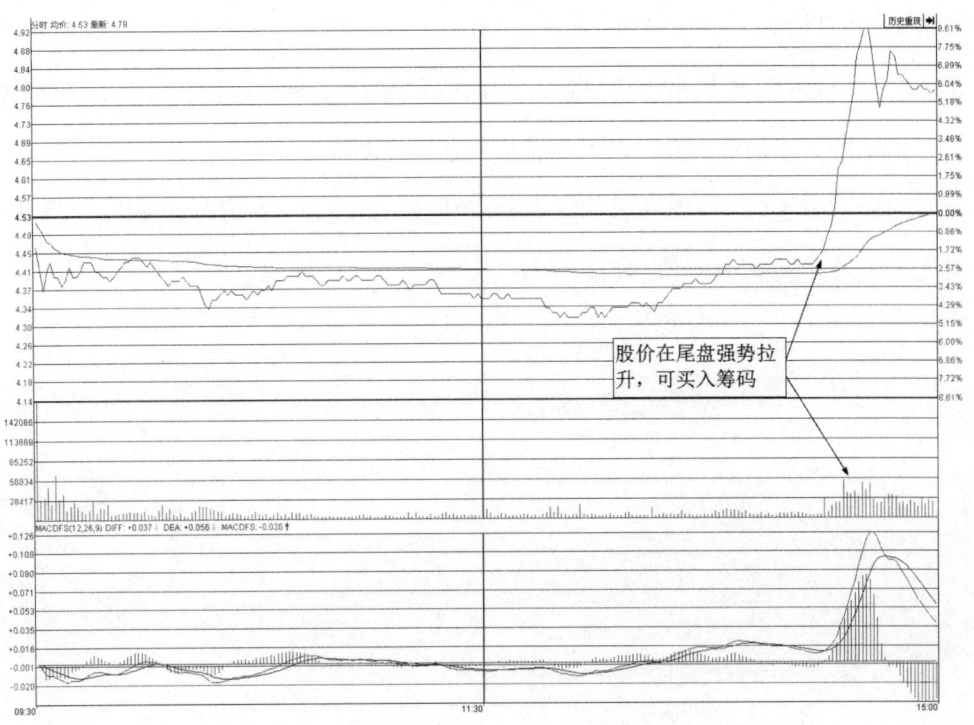

图 1-2　包钢股份（600010）日分时图

3）分时卖出解析

如图 1-3 所示，在包钢股份（600010）日分时图中，该股股价在小幅低开之后出现了短暂的爬升走势，但由于盘中卖盘的实力较强，股价线在跌破均价线之后一直运行在低价位区。在股价向下运行的过程中，其成交量也出现了有效的放量，呈现出"价跌量增"的态势。结合日 K 线图进行分析，经过一段时间的上涨之后，该股的做多动能出现减弱，投资者在股价跌破均价线之后，应进行相应的卖出操作，以规避股价后市回调的风险。

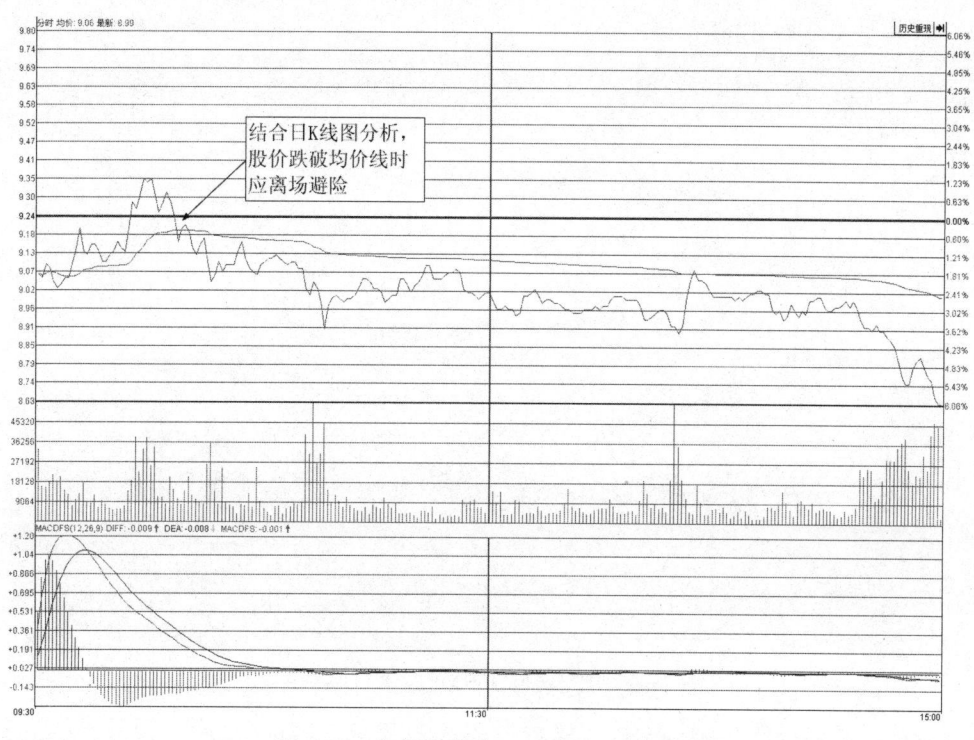

图 1-3 包钢股份（600010）日分时图

2. 华电国际（600027）

1）日 K 线形态分析

如图 1-4 所示，在华电国际（600027）日 K 线图中，该股股价在前期一直处于横盘整理的阶段。某日，该股的 10 日均线上穿 30 日、60 日、120 日、240 日均线，并且其成交量出现了有效的放大，形成了黑马股拉升的走势形态，预示着该股后期将会突破上方的压力位，开始一轮强势上涨的行情。具体表现在该股中，黑马上涨行情经历了两个拉升阶段。投资者在实际操作中，可在第二个拉升行情开始时，选择合理的买入时机。在股价创出新高之后，该股的卖盘压力开始增强，表明股价将会发生反转，投资者可暂时离场，以规避风险并实现投资收益。

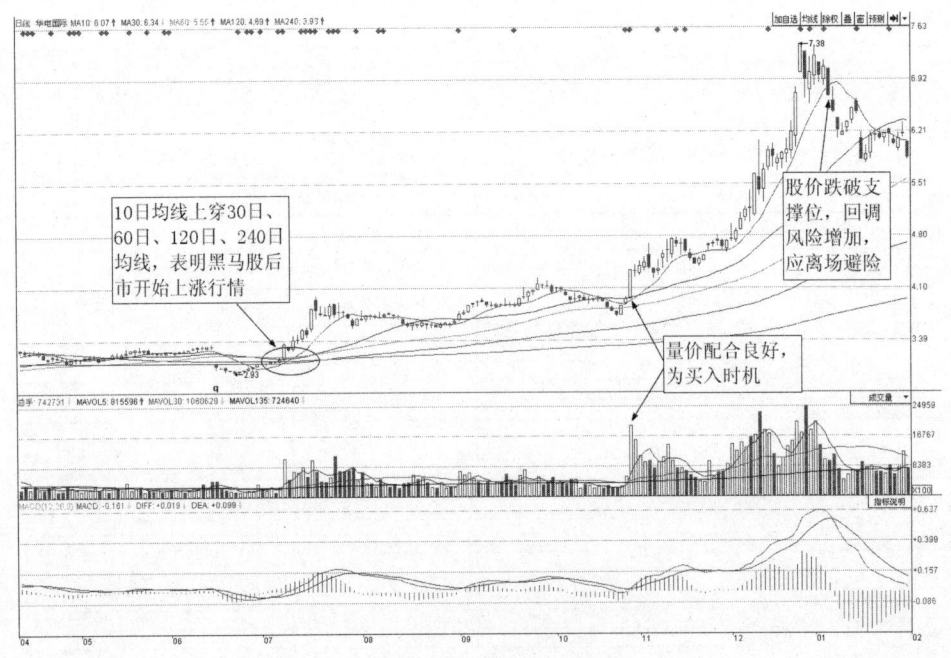

图 1-4 华电国际（600027）日 K 线图

2）分时买点把握

如图 1-5 所示，在华电国际（600027）日 K 线图中，该股的黑马行情在第二个拉升阶段开始之时，股价出现了强势的上涨，最终上封了涨停板。投资者可在这一买点买入股票，吸取筹码。观察当日的分时走势可以发现，股价在平开之后，股价线与均价线处于缠绕黏合状态。在下午开盘之后，股价迅速被拉升，最后上封了涨停。同时，其成交量也出现了有效的放大，表明该股的多方实力较强，股价后市冲高的动力充沛。投资者可在股价出现强势拉升之时买入筹码，以期获取黑马行情的投资收益。

3）分时卖出解析

如图 1-6 所示，在华电国际（600027）日 K 线图中，该股经过一段时间的强势上扬之后，股价创出了新高。同时，其回调的压力逐渐增强，后市有可能出现反转向下的走势。在股价跌破均线支撑位的当日，投资者应考虑卖出筹码，规避风险。具体表现在分时图中，股价在小幅低开之后，一路呈现出向下运行的态势。同时，其成交量也出现了持续性的放量，呈现出"价跌量增"的走势。投资者在股价下行，同时出现放量的时候可卖出手中的筹码。在规避后市风险的同时，实现其投资收益。

第一技 突出重围狙杀黑马分时战法

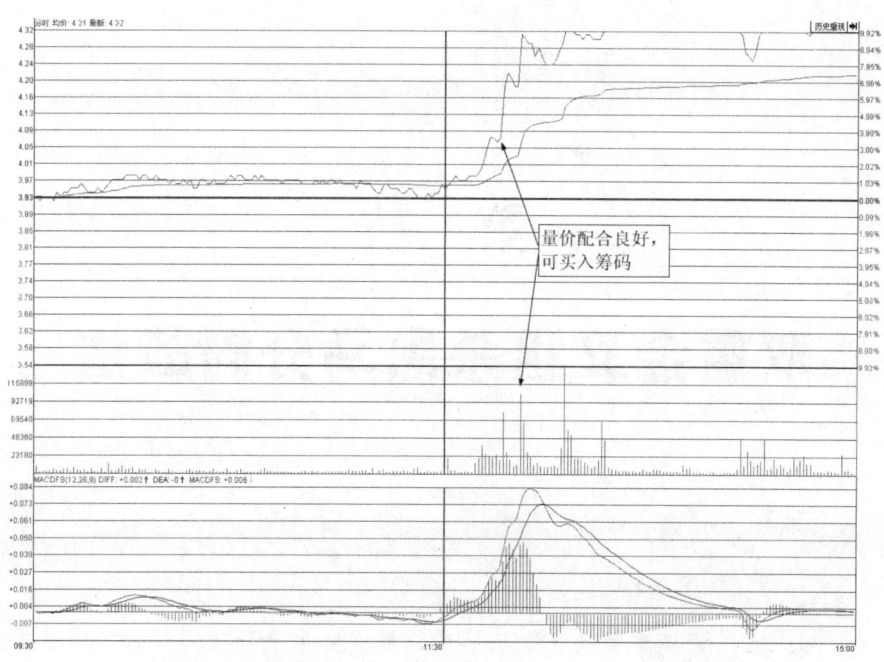

图 1-5 华电国际（600027）日分时图

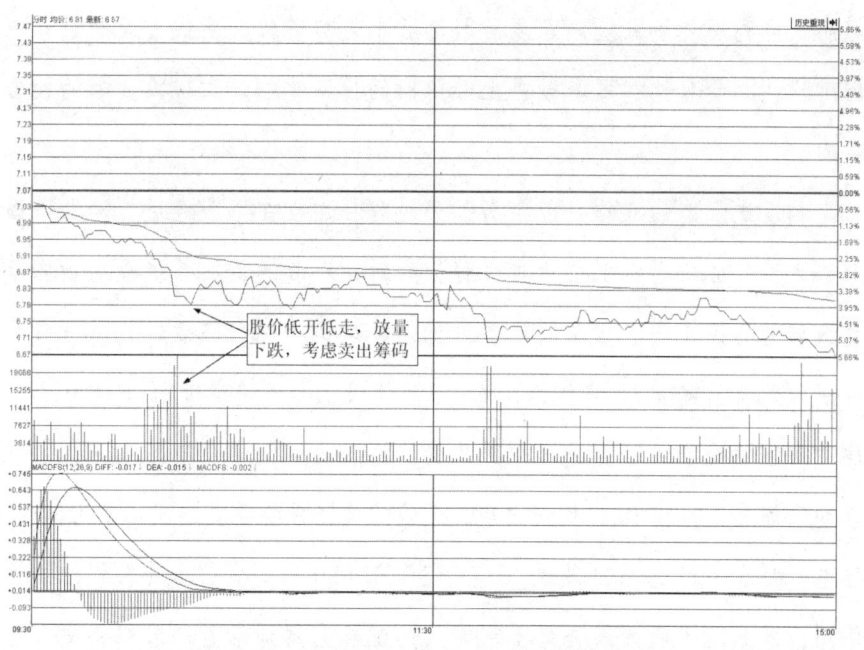

图 1-6 华电国际（600027）日分时图

需要注意的是，当 10 日均线穿越 30 日、60 日、120 日及 240 日均线时，若该股的成交量没有出现放量，则减弱看涨信号。

第二技

双重金叉狙杀黑马分时战法

当大盘的整体走势处在上涨阶段，或者横盘整理的趋势之中时，投资者可以利用MA均线所形成的"双重黄金交叉"来判断黑马股的启动点。然后，再利用均线系统跟踪黑马股的后市走势趋势，寻找个股的最佳离场时机，如此可捕捉黑马股在上升阶段的投资收益，实现投资者的投资目的。

利用该形态的操作一般经历如下过程。通常在个股经过长期的下跌走势之后，股价会在低位逐步企稳；同时，个股的均线系统也会由向下发散转为止跌走平。当个股准备开始新一轮的上涨行情之时，其5日均线便开始向上突破10日均线，而10日均线也会跟随突破30日均线，呈现"双重黄金交叉"。此时，黑马股的买入信号便会显现。当5日、10日均线都向上突破30日均线之后，个股的均线系统便会形成"多头排列"形态。每当个股出现回调时，5日、10日、30日均线都出现较强的支撑作用，若此时个股的成交量出现有效的配合，则预示着个股即将进入主升浪阶段，后市上涨空间广阔，投资者即可在支撑位积极介入。

另外，由于板块效应，在板块的龙头股启动之时，其他优质个股也会出现上涨，投资者往往可以利用这一现象在这些板块中寻找黑马股。

但其个股走势须符合几个要求：一是所选个股处在上升通道之中；二是5日、10日、30日均线同时向上发散，处于多头排列态势。同时，投资者应密切关注该股成交量的变化情况，在成交量较小放量时可进行适当的建仓，在成交量在低位放大时可重仓买入，若成交量在高位放大，投资者应做好离场准备。

一、形态解析

(1) 该形态所用的 MA 均线参数通常为 5 日、10 日、30 日。

(2) 该形态的 5 日均线由下向上穿越 10 日均线、10 日均线由下向上穿越 30 日均线，同时呈现出均线系统的多头排列态势。

(3) 当 5 日均线由下向上穿越 10 日均线、10 日均线由下向上穿越 30 日均线时，若该股的成交量能出现明显的放量，则增强了该形态的后市看涨信号。

二、实战要点

(1) 当 5 日均线由下向上穿越 10 日均线、10 日均线由下向上穿越 30 日均线时，其穿越用时越短，表明拉升该股的主力资金实力越雄厚，预示着后市该股的黑马行情潜力越大。

(2) 当个股出现回调行情时，若股价能在 5 日、10 日、30 日均线处获得较强的支撑，则通常表明该股多头趋势形态成立。同时，其支撑点也是良好的买入时机。

(3) 当股价回调过程中在 5 日、10 日、30 日均线处获得支撑时，若支撑点的成交量能出现有效的放大，则增强了该点的买入信号。

三、案例分析

1. 东风股份（600006）

1）日 K 线形态分析

如图 2-1 所示，在东风股份（600006）日 K 线图中，该股之前一段时间内表现平平，一直处于横盘整理的走势之中。某日，该股的 5 日均线由下向上穿越 10 日均线、10 日均线由下向上穿越 30 日均线，形成"双重黄金交叉"，同时呈现出均线系统的多头排列态势。这预示着该股将结束横盘整理的走势，开始黑马上涨的行情。在股价爬升的过程中，该股出现了回调，但其在30日均线处获得了支撑，此时投资者可在支撑点买入股票，获取筹码。该股经过一波黑马上涨之后，均线系统形成死叉并且股价跌破了下方的支撑位，上涨趋势可能结束，这时投资者应考虑暂时离场，以规避风险。

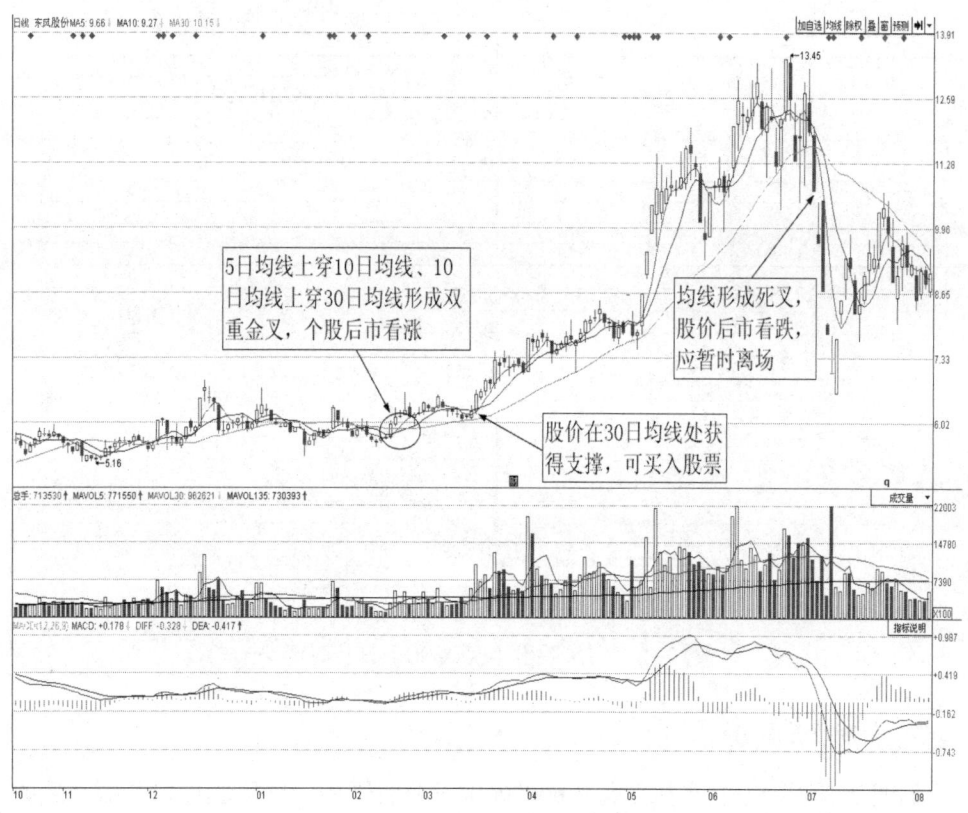

图 2-1　东风股份（600006）日 K 线图

2）分时买点把握

如图 2-2 所示，在东风股份（600006）日分时图中，该股在支撑点的当日，开盘价是以平开的方式出现的。表明此时多空双方的实力较为均衡，股价后市的走势难以判断。之后，股价逐步走高，并持续运行在均价线之上，同时，其个股的成交量也出现了有效的放大，表明此时盘中的多方力量取得了优势，该股的后市走势也将会继续走强。在尾盘，股价突然向上拉升，并且成交量也出现了急速的放量，此时投资者可以买入股票，取得投资筹码，以期获取黑马股后市上涨的投资收益。

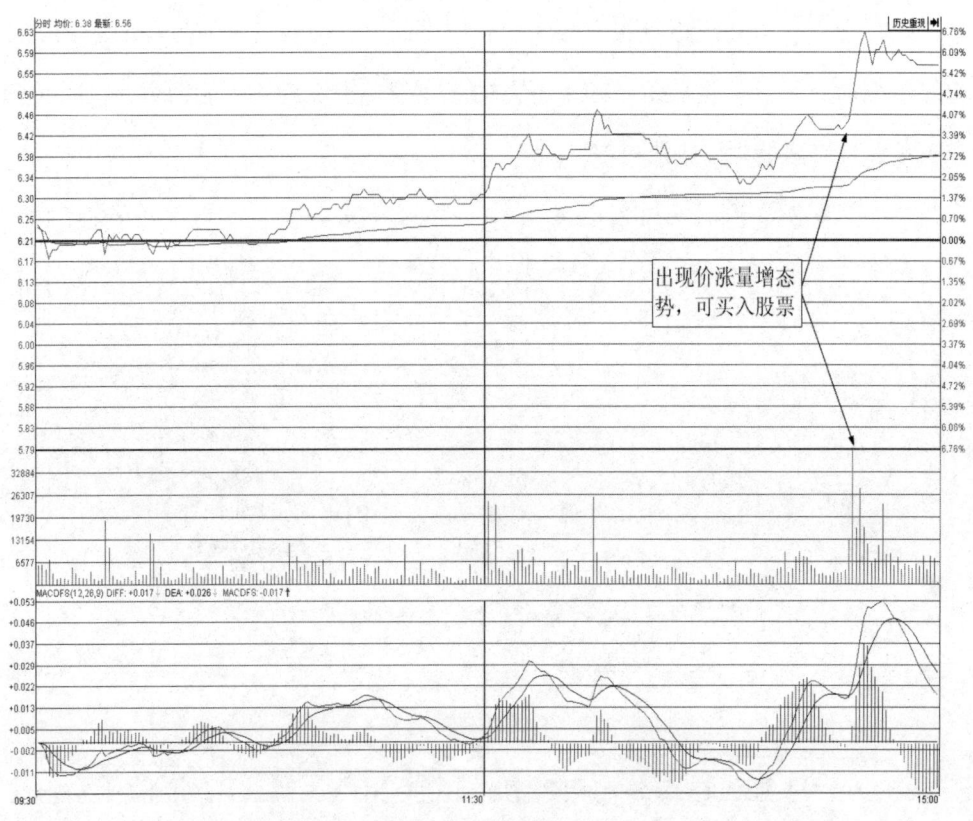

图 2-2　东风股份（600006）日分时图

3）分时卖出解析

如图 2-3 所示，在东风股份（600006）日分时图中，该股股价在开盘之后就逐步下行，并一直徘徊在均价线的附近。结合该股的日 K 线图进行分析，在股价经过一波黑马上涨走势之后，盘中的做多动能逐渐减退，此时，该股的空方占据主要优势，后市该股出现回调下跌的概率逐步增强。表现在分时图中，股价在开盘之后受到空方压制，逐步向下运行，表明该股后市看空。当股价再一次跌破均价线时，投资者可考虑卖出股票或进行减仓操作，以规避后市股价下行的风险，同时实现其持股收益。

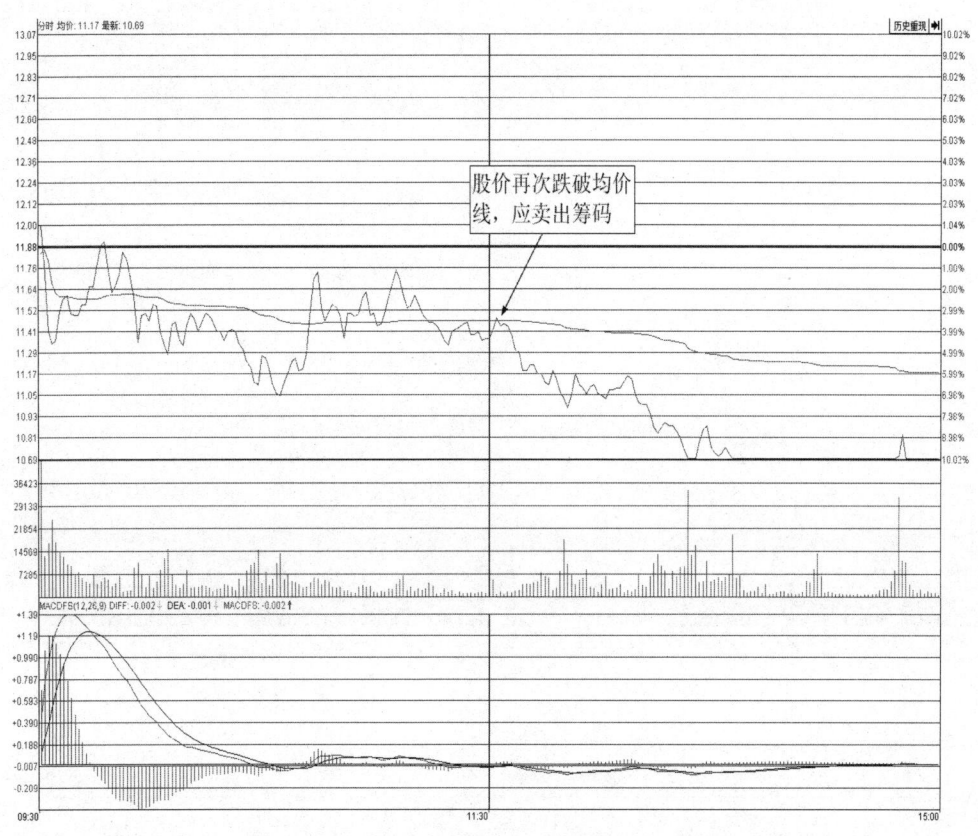

图 2-3　东风股份（600006）日分时图

2. 保利发展（600048）

1）日 K 线形态分析

如图 2-4 所示，在保利发展（600048）日 K 线图中，在前期该股股价并没有比较良好的表现，成交量也多处在地量水平。某日，该股的 5 日均线由下向上穿越 10 日均线、10 日均线由下向上穿越 30 日均线，形成"双重黄金交叉"，同时，该股的均线系统出现多头排列态势，表明该股后市将开始黑马上涨的行情。该股在股价小幅上涨之后，出现了回调行情，但很快就在 30 日均线处获得强有力的支撑，表明该股的强势上涨将会延续，投资者亦可在此买入股票。在股价出现新高之后，均线系统的多头排列被空方逐步打乱，投资者应考虑暂时离场，规避股价下行的风险。

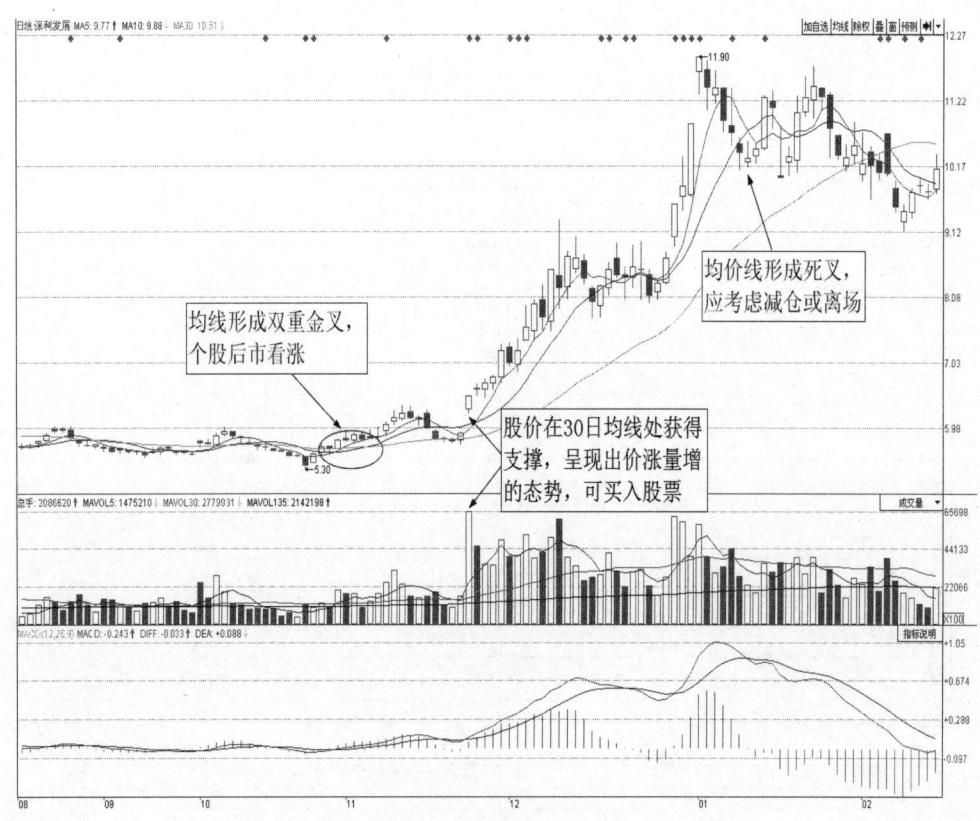

图 2-4　保利发展（600048）日 K 线图

2）分时买点把握

如图 2-5 所示，在保利发展（600048）日分时图中，该股股价以高开 6% 的幅度开盘，之后运行较为平稳。表明该股盘中多方实力较强，后市股价仍有望延续强势上涨的走势。结合该股的日 K 线图进行分析，股价在 30 日均线处获得支撑之后，成交量也出现了巨型的放量。投资者在股价上穿均价线之后应买入该股的筹码，以期获取投资收益。在分时图中，上午盘的尾声，股价上封了涨停板，虽然下午盘出现了小幅的缺口，激进的投资者亦可在此买入股票，以获取该股黑马行情的投资收益。

第二技 双重金叉狙杀黑马分时战法

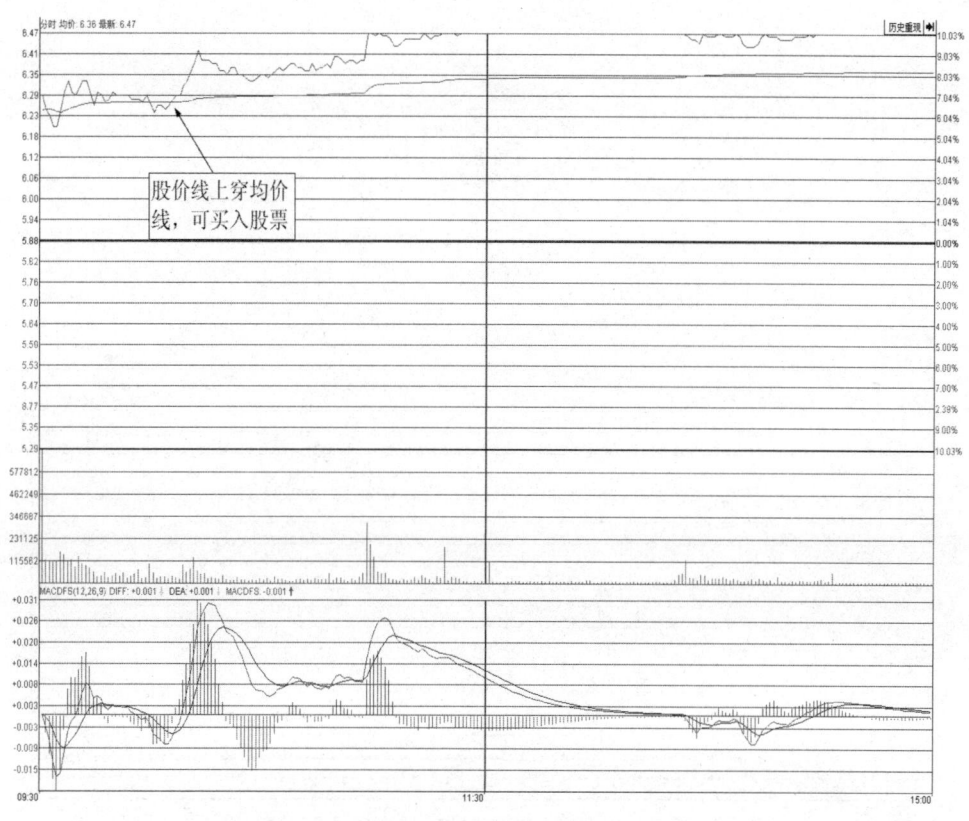

图 2-5 保利发展（600048）日分时图

3）分时卖出解析

如图 2-6 所示，在保利发展（600048）日分时图中，该股在当日开盘之后，股价经历小幅下探后出现迅速拉升，同时，成交量也出现了有效的放量。之后，股价在均价线上方宽幅震荡，再一次向下跌破了均价线，表明该股盘中的空方逐步占据主动，股价后市出现回调下跌的概率较大。结合该股日 K 线图，当股价跌破均价线之时，投资者应卖出股票，或者进行相应的减仓操作，以规避股价后期下跌所带来的投资风险。同时，经过前期黑马上涨之后，卖出股票也可实现投资者的投资目的，获取投资收益。

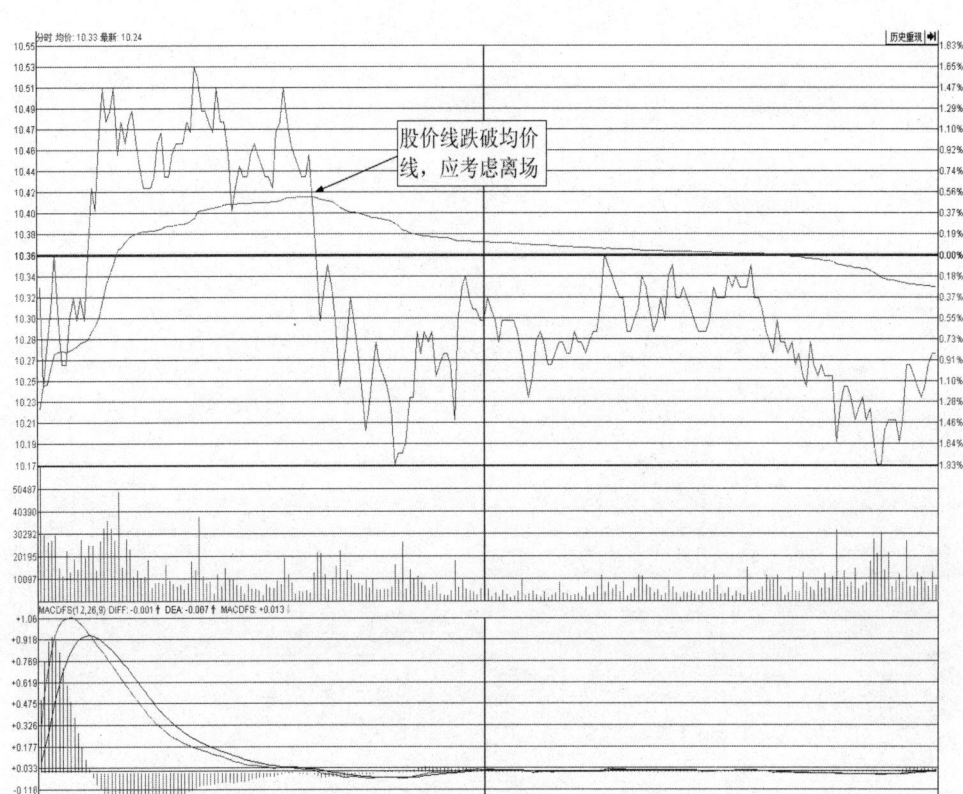

图 2-6　保利发展（600048）日分时图

个股出现回调行情时，股价在均线处的支撑点往往是良好的买点，投资者在实际操作中应加以运用。

第三技

两次金叉狙杀黑马分时战法

MACD指标两次金叉是黑马股启动时的一种典型形态，投资者可通过观察个股的MACD指标来把握个股的黑马行情。然而，在实际使用MACD操盘的过程中，很多投资者可能感觉到，如果完全按照MACD指标指示的金叉买进、死叉卖出策略，获利较难甚至有时套牢亏损。MACD指标在低位出现第一次金叉时，股价多数情况下涨幅有限，或小涨之后便出现较大的回调。但是当MACD指标在低位出现第二次金叉时，股价上涨的概率和幅度便会更大一些。出现这种走势的原因在于，MACD指标经过第一次金叉之后，盘中多方的实力并未完全释放，股价出现回调走势时，MACD指标又形成一次死叉，此时空方又占据了主动。但此时空方已是强弩之末，当MACD指标形成第二次金叉时，盘中多方的力量得到集聚并发力上攻，从而推动股价持续强势的上涨。这种走势就是"MACD两次金叉"形态，是主力庄家在震仓结束后启动拉升黑马股的走势特征之一。

在实战中，随着股价的攀升，MACD指标的DIF线上穿DEA线，此时投资者应暂时观望。之后股价回落，DIF线向DEA线靠拢。当DIF线与DEA线黏合，并再次上穿DEA时，投资者需要结合日K线图进行判断，当日K线图上有止跌信号，如收阳、十字星等，若此时股价能止跌向上，则投资者可以买入股票，积极入场。

一、形态解析

（1）MACD两次金叉形态所用的参数一般为12、26、9。

（2）MACD两次金叉形态要求MACD指标的DIF线连续两次由下上穿DEA线。

（3）当MACD指标的DIF线连续两次由下上穿DEA线之后，若日K线图上同时出现止跌K线形态，则增强该形态的看涨信号。

二、实战要点

（1）"MACD两次金叉"时不需要理会是否击穿其前期低点。

（2）股价处在高位时，只要日K线图上有受阻的现象，投资者一般都要卖出股票或进行减仓，除非有大阳线或涨停出现。

（3）"MACD两次金叉"形态在短期内是捕捉黑马股的有效方法，若利用其判断个股的长线走势，投资者应结合公司基本面、市场整体趋势等因素进行判断。同时，周、月线图表上出现"MACD两次金叉"时，也为个股的看涨形态。

三、案例分析

1. 招商银行（600036）

1）日K线形态分析

如图3-1所示，在招商银行（600036）日K线图中，该股之前一直处于横盘整理的状态之中，其成交量也多处在地量。某日，该股的MACD指标的DIF线连续两次上穿DEA线，在0轴线附近出现了两次金叉，表明该股后市将会成为黑马股，出现强势上涨的走势。在实际交易中，投资者在个股MACD指标出现两次金叉之后，可继续观察该股的后市走势，在股价完全站上均线系统之后买入股票。在经过一波强势上涨之后，该股的多方力量逐步消耗，空方开始占据优势。在股价跌破支撑位时，投资者可卖出股票，实现收益。

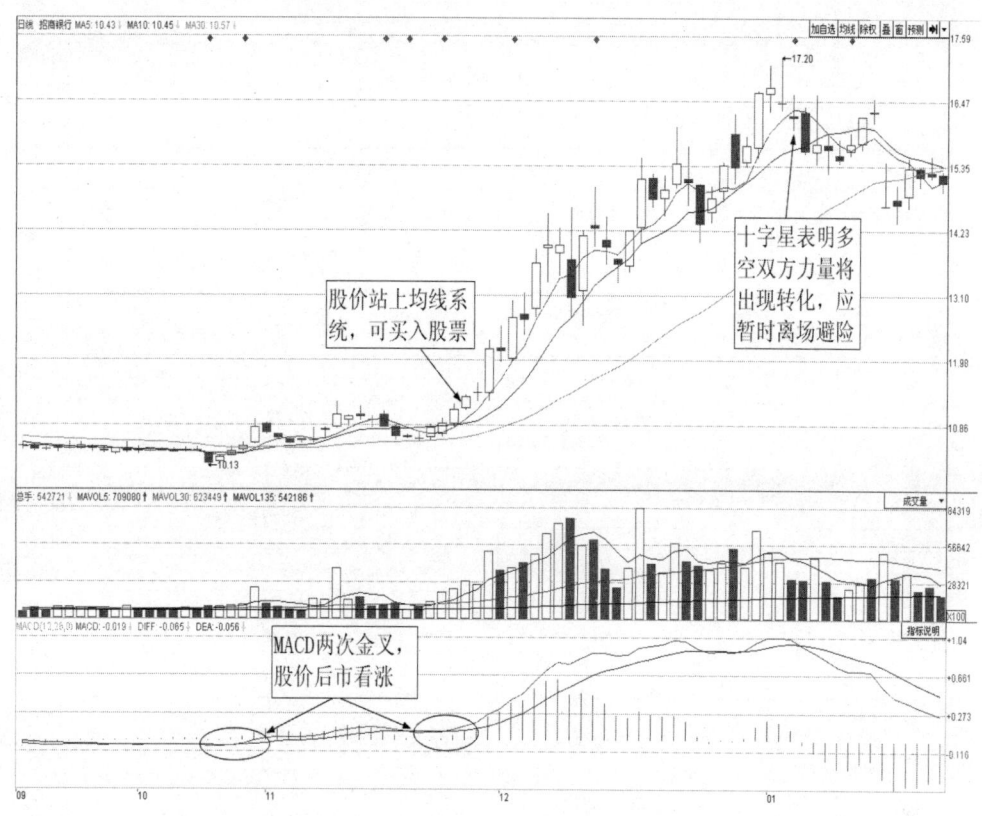

图 3-1　招商银行（600036）日 K 线图

2）分时买点把握

如图 3-2 所示，在招商银行（600036）日分时图中，该股股价小幅高开之后，便处在震荡运行的走势之中。之后经过一波拉升，股价便一直运行在均价线之上，直到收盘。结合该股的日 K 线图进行分析，在股价完全站上均线系统之后，投资者可在这一买点买入股票。表现在分时图中为，在股价向上拉升并出现成交量集中放量时，投资者可在此时吸取筹码。如此，可以使投资者获取的筹码成本较低，如果对后市的走势判断失误，也不会造成较大的损失；同时，也可以扩大投资者的获利空间，取得更丰厚的收益。

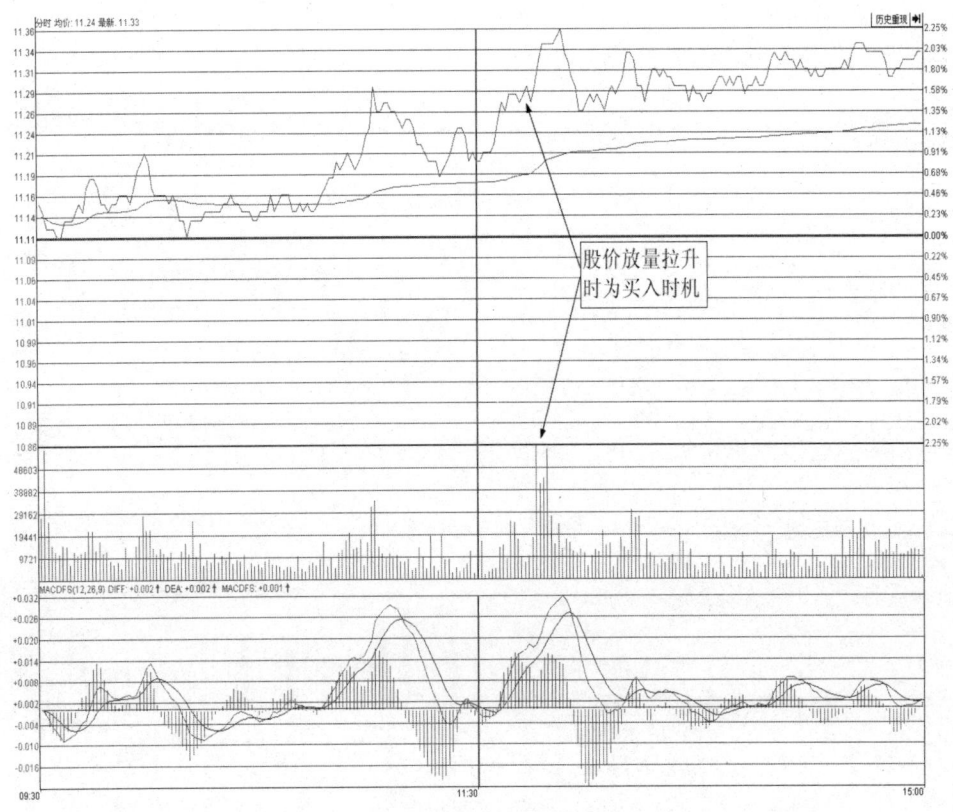

图 3-2　招商银行（600036）日分时图

3）分时卖出解析

如图 3-3 所示，在招商银行（600036）日分时图中，该股股价在低开之后，便开始了震荡上行。但是，在上午盘中，股价出现了放量下跌，之后其便一直运行在均价线之下，直到下午收市。结合该股的日 K 线图进行分析，该股经过一段时间的强势上行之后，盘中多头力量开始衰减，后市股价有可能出现反转，开始回调下跌的走势。表现在分时走势中，在股价向下运行、跌破均价线之后，投资者应在这时卖出股票，或者进行减仓操作。以规避股价后市下跌所带来的风险，同时实现前期持股收益。

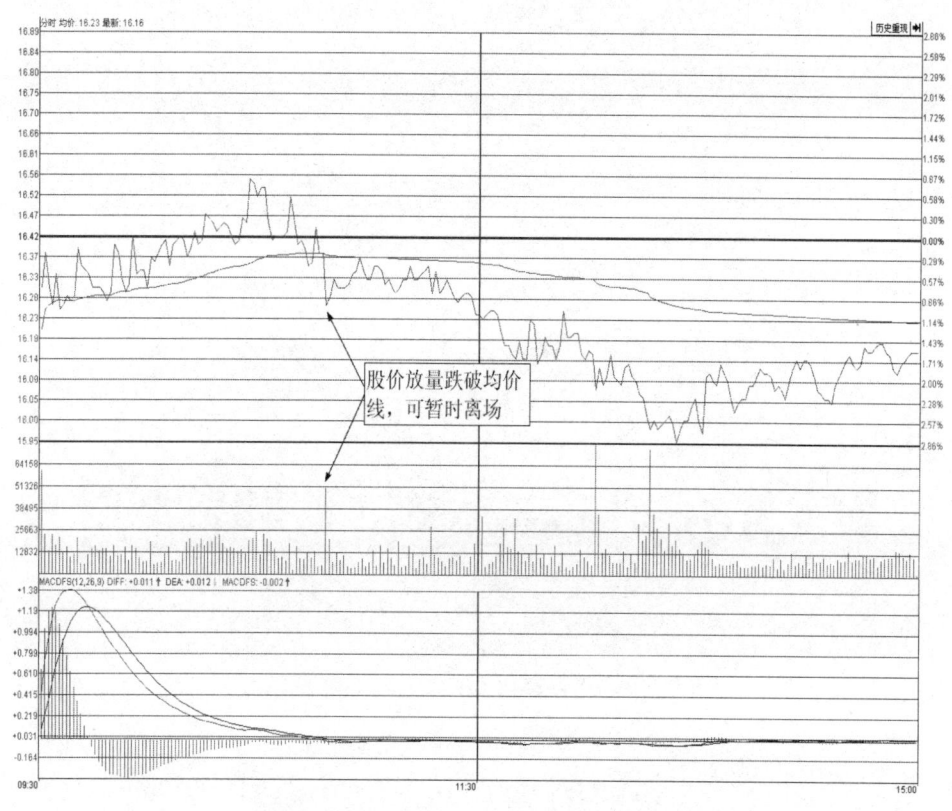

图 3-3　招商银行（600036）日分时图

2. 南京高科（600064）

1）日 K 线形态分析

如图 3-4 所示，在南京高科（600064）日分时图中，该股前期走势表现平平，并没有什么涨幅，基本上维持在横盘整理的走势之中。其成交量呈现出逐步递减的趋势，表明该股盘中交易清淡。某日，该股的 MACD 指标的 DIF 线连续两次上穿 DEA 线，在 0 轴线附近出现了两次金叉，形成黑马股启动的前期形态，预示着该股后市将会出现强势上扬的走势。投资者在股价强势拉升、成交量出现巨幅放量的时候，可以买入股票。经过一轮上涨行情之后，在均线系统出现死叉之后，投资者可卖出筹码，获取利润。

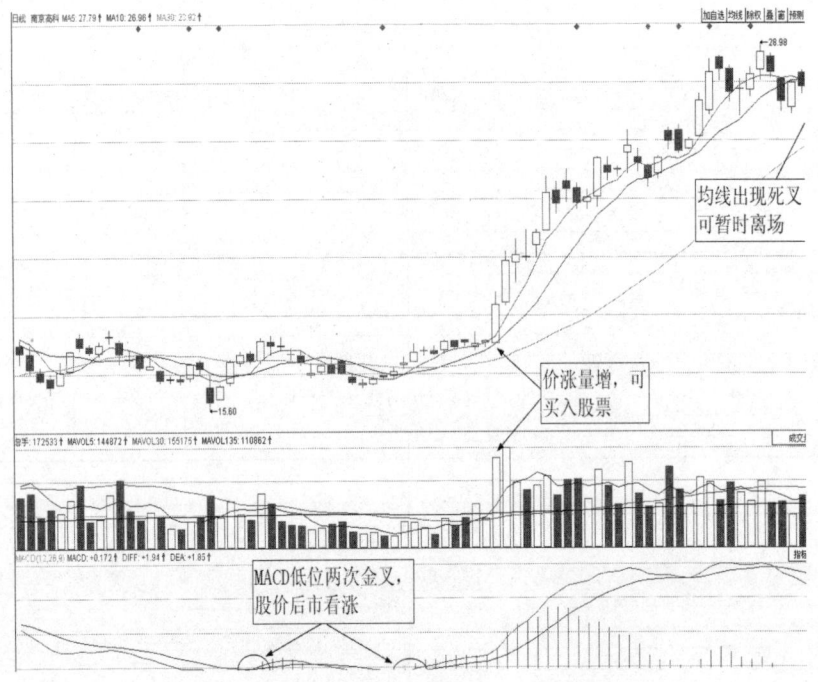

图 3-4　南京高科（600064）日 K 线图

2）分时买点把握

如图 3-5 所示，在南京高科（600064）日分时图中，该股股价在开盘之后，便开始了向上爬升的走势，并且其一直运行在均价线之上，直到下午收盘。结合该股的日 K 线图进行分析，在股价完全站上均线系统并且出现大阳线之时，为投资者买入股票的良好时机，投资者可以在当日吸收该股的筹码。表现在分时图中，在股价强势向上拉升，并出现成交量巨幅放量之时，投资者可积极入场，进行跟进。如此，可降低投资者获取筹码的成本，扩大其获利的空间。同时，实现投资者的投资目的。

3）分时卖出解析

如图 3-6 所示，在南京高科（600064）日分时图中，该股股价在小幅高开之后，便出现了下挫。在低位震荡运行一段时间之后，向上强势拉升，上穿均价线并运行在其上方。不过，在下午开盘之后，股价又出现了一波下探，并跌破了均价线，震荡向下运行直到收盘。结合该股的日 K 线图进行分析，股价在经过一波强势上涨之后，出现了横盘整理的走势，表明该股后市走势有可能出现反转。表现在分时图中，在股价第二次跌破均价线之后，投资者应卖出股票，或进行减仓操作，以降低所面临的风险。

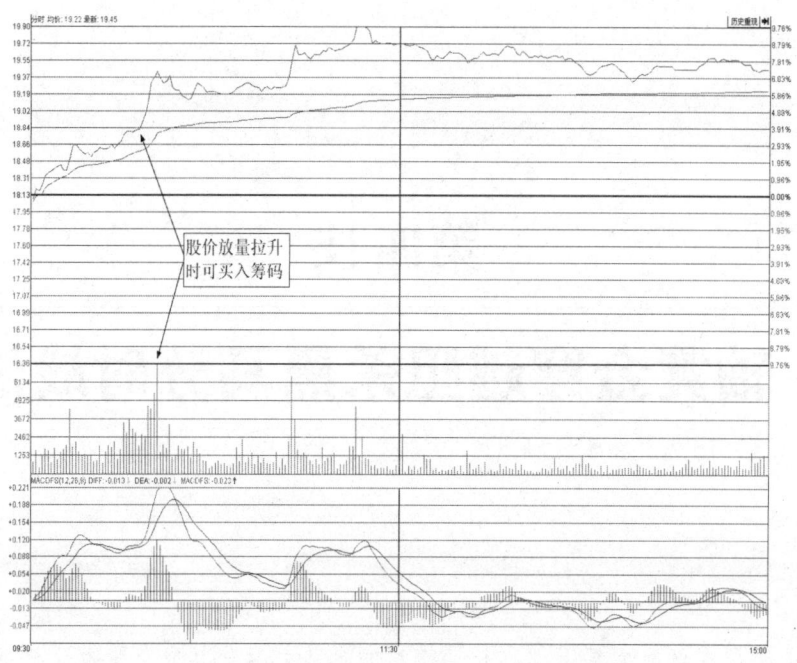

图 3-5　南京高科（600064）日 K 线图

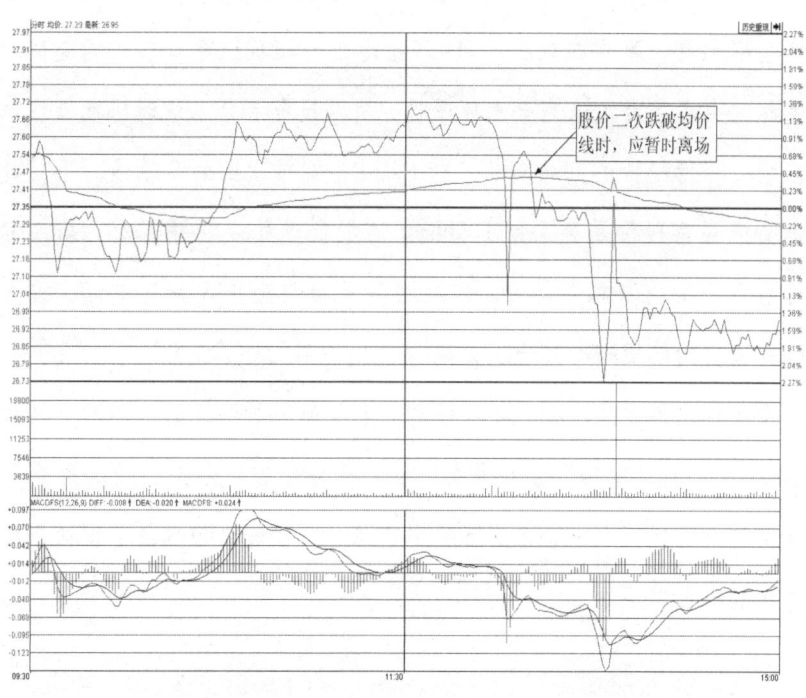

图 3-6　南京高科（600064）日 K 线图

当出现"MACD 两次金叉"时，投资者应结合日 K 线图进行判断，以增强该形态的买入信号，规避风险。

第四技

0轴黄金穿越狙杀黑马分时战法

个股在经过大幅下挫或长期横盘的走势之后，其成交量也会极度萎缩，这时由于盘中的利空将要出尽，该股的多头便开始发力，股价也会开始小幅上扬，表现在该股的MACD指标上会出现上穿0轴线的走势。但由于此时空方实力还未完全消耗殆尽，所以投资者介入的时机还未成熟，还应耐心等待股价的回调确认。待MACD指标再次回到0轴线之下，此时投资者应观察股价是否会创下新低。若股价开始企稳并再次上扬，MACD指标也再次向上穿越0轴时，表明该股后市将会出现黑马走势，投资者可以在适当的时机进行建仓，以实现其投资目的。

由于该形态是由MACD指标两次上穿0轴线所形成的，图形上构成为"MACD两次上穿零轴"，被称作"0轴黄金穿越"形态。其是黑马股将要启动拉升的特征之一，在实际投资交易中，投资者应熟练掌握该形态，并在实战中加以运用。

一、形态解析

（1）MACD 两次上穿 0 轴线形态所用的参数一般为 12、26、9。

（2）MACD 指标两次上穿 0 轴线。

（3）当 MACD 指标第二次上穿 0 轴线时，若个股的成交量能出现有效放大，则会增强该形态的看涨信号。

二、实战要点

（1）股价从前期历史高点的回落幅度，对基本面较好的个股而言，为回落 30% 左右；对一般性个股来说，为回落 50% 左右；而对基本面较差的个股而言，其股价要回落 70% 才可谓深幅回落。在此，投资者必须结合对股票的深层研究，没有绝对的标准。需要投资者辩证地看待某只个股的跌幅。

（2）一般而言，在主力完成出货之后，如果股价没有一个深幅的回调，就无法吸引新的投资者入场，如此就很难再有上扬的空间。只有股价长期横盘使 60 日、120 日、240 日等中长期均线基本由下降趋势转为走平趋势，这时股价才对新的投资者有吸引力。

（3）当 MACD 第一次上穿 0 轴时，不是投资者建仓的良好时机。股价在经过大幅下跌之后，第一波上涨很有可能是被套机构的解套行情。即使是多头的建仓动作，但一般都会跟随一个洗盘行情。所以，MACD 指标第一次上穿零轴线并不是良好的买点。

（4）当股价高低点的依次下移意味着个股的下降趋势还没有结束，因此股价不再创新低是投资者买入操作的一个重要标准。在此基础之上，MACD 再次上穿 0 轴，才可初步确认买入良机。

三、案例分析

1. 中信海直（000099）

1）日K线形态分析

如图4-1所示，在中信海直（000099）日K线图中，该股前期一直处在震荡下行的走势之中，其成交量也逐步萎缩，直至地量状态。之后，该股的MACD指标出现了连续两次上穿0轴的走势，表明该股后市会结束震荡下行的趋势，开始黑马强势上涨的行情。投资者在实际交易当中，遇到个股的MACD指标出现这种形态，应密切关注其后市走势，捕捉买入机会。在股价出现强势上涨、成交量也开始放大的态势之后，投资者可进行适当的建仓。经过一波上涨行情之后，股价创出了新高，在股价破位之时，投资者应暂时离场。

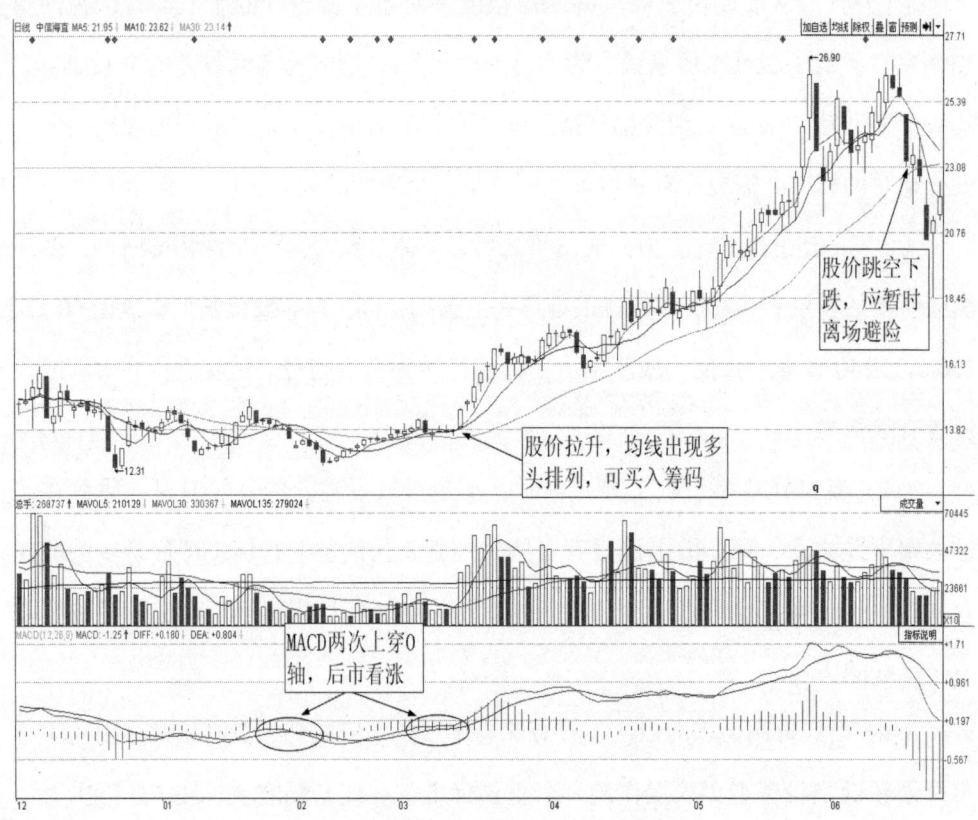

图4-1 中信海直（000099）日K线图

2）分时买点把握

如图 4-2 所示，在中信海直（000099）日分时图中，该股股价在小幅高开之后，开始了横盘整理的运行趋势，并且股价线与均价线相互缠绕黏合在一起。结合该股的日 K 线图进行分析，在该股的 MACD 指标出现了两次上穿 0 轴线之后，股价开始逐步攀升。某日股价强势拉升，并且其成交量也出现了巨型的放量，呈现出量价齐升的态势。此时，投资者可以买入股票进行建仓。表现在分时图中，尾盘股价出现了快速拉升，其成交量也出现了有效的放量，此时，投资者可买入股票，吸取筹码。

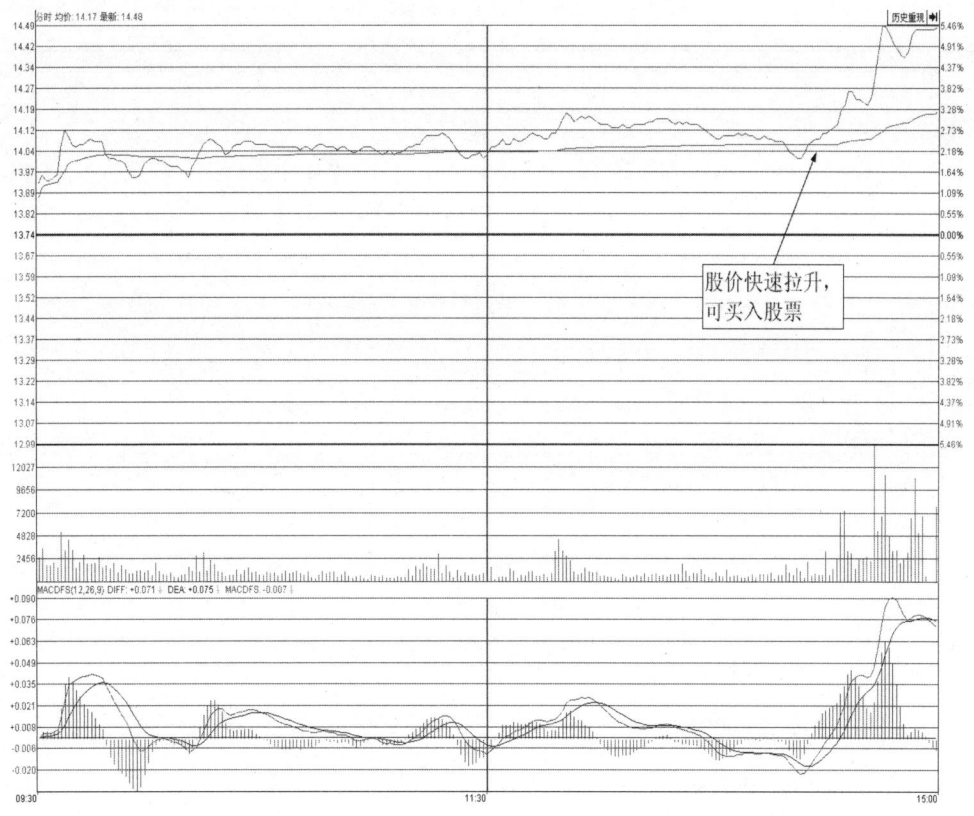

图 4-2　中信海直（000099）日分时图

3）分时卖出解析

如图 4-3 所示，在中信海直（000099）日分时图中，该股股价在小幅低开之后，呈现出震荡下跌的走势，直到下午收盘。结合该股的日 K 线进行分析，该股在经过一波黑马上涨行情之后，股价创出了新高，但此时该股盘中的多方力量已基本上消耗殆尽，后市股价可能会出现反转下跌。在股价出现跳空低开之后，投资者应暂时卖出筹码，以规避风险。表现在分时图中，在股价震荡下行的过程中，当股价线跌破均价线之时，投资者应卖出股票，或进行减仓操作。在规避股价下跌风险的同时，实现其投资收益。

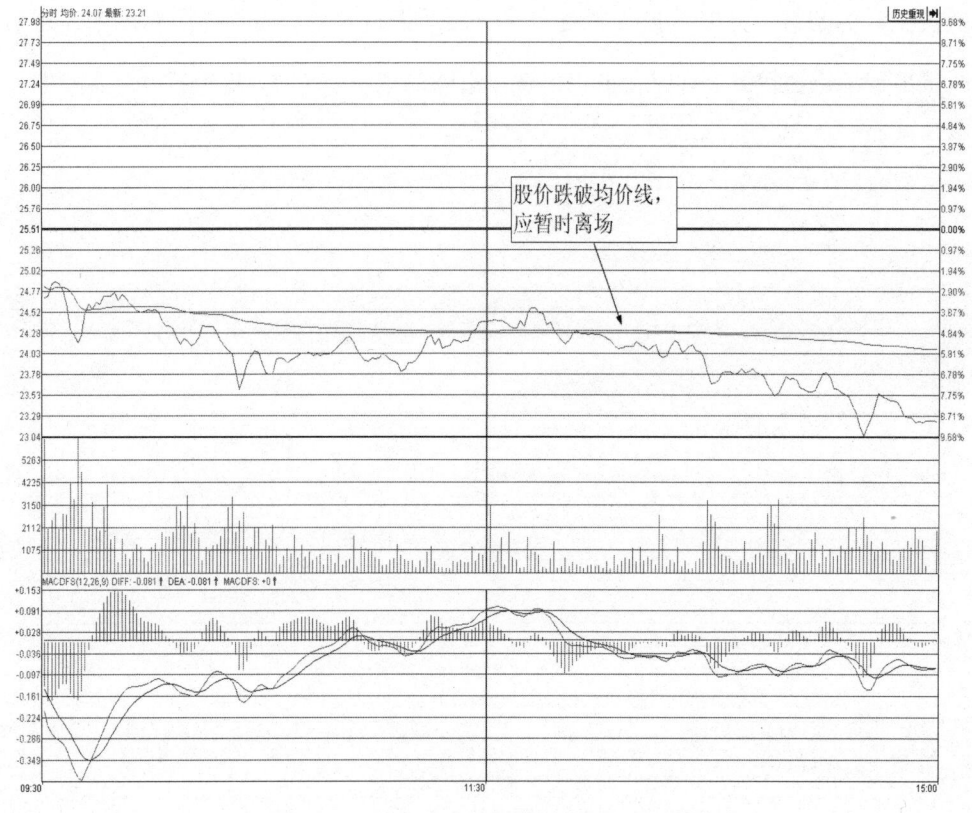

图4-3　中信海直（000099）日分时图

2. 四川路桥（600039）

1）日K线形态分析

如图4-4所示，在四川路桥（600039）日K线图中，该股股价在前期处在小幅下跌的走势之中，同时，其成交量也呈现出逐步递减的状态。随后，该股的MACD指标出现了连续两次上穿0轴的走势，表明该股具备了黑马股的特征，其后市会结束小幅下行的趋势，开始强势上涨的行情。在股价随着5日均线向上攀升的过程中，某日，该股的成交量出现了较大的放量，表明该股的后市上涨动力强劲。投资者可在此时买入股票，进行建仓。在股价创出新高，均线出现死叉之后，投资者应考虑卖出筹码，规避风险。

图 4-4 四川路桥（600039）日 K 线图

2）分时买点把握

如图 4-5 所示，在四川路桥（600039）日分时图中，该股股价基本上平开之后，开始了一波向上拉升的走势。不过，其后便开始了横盘整理的运行趋势。在下午开盘不久，股价又出现了一次向上拉升，随后开始震荡下行，但其股价线一直保持运行在均价线之上。结合该股的日 K 线图进行分析，在该股的 MACD 指标出现了两次上穿 0 轴线之后，预示着该股后市将会出现黑马行情。在该股的成交量出现巨型放量之时，投资者应买入股票进行建仓。表现在分时图中，在股价第一次拉升之时，投资者便可吸取筹码，买入股票。

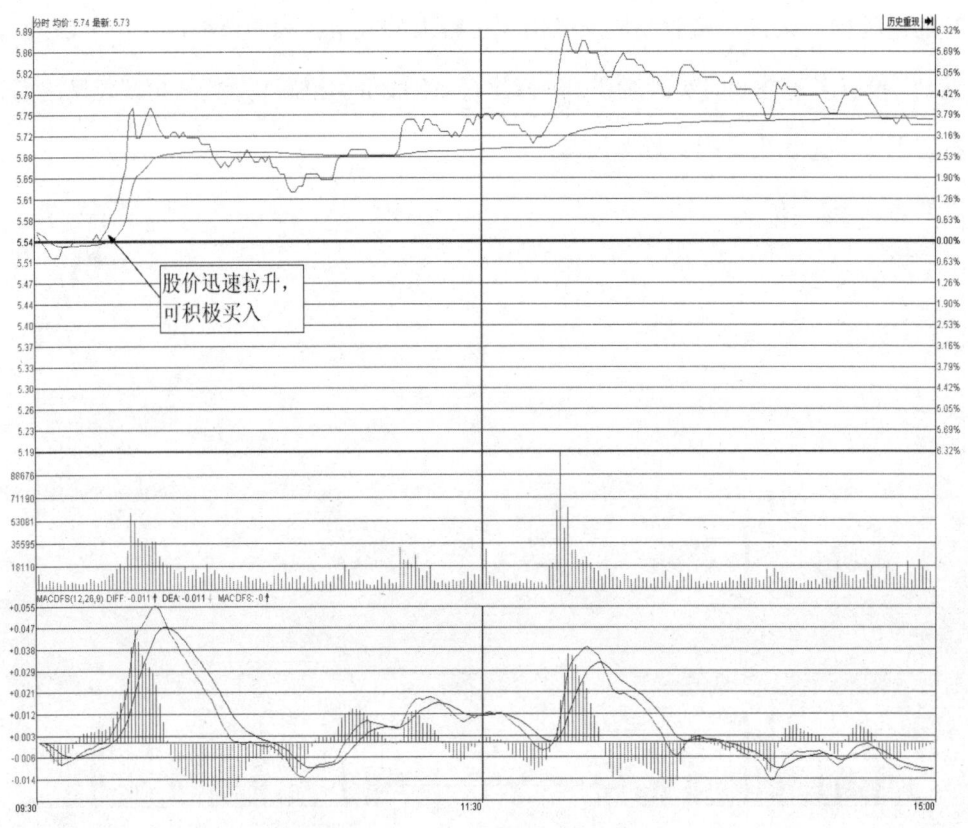

图 4-5　四川路桥（600039）日分时图

3）分时卖出解析

如图 4-6 所示，在四川路桥（600039）日分时图中，该股股价在小幅低开之后，一路震荡下行，并且其股价线一直运行在均价线下方。在尾盘，股价突然出现了一次拉升走势并突破了均价线，之后其又恢复下行趋势直至收盘。结合该股的日 K 线图进行分析，在该股股价创出新高之后，股价上涨动力减弱，后市股价有可能出现反转。因此在该股的均线形成死叉之后，投资者应卖出筹码。表现在分时图中，在股价线向上拉升突破均价线之时，投资者可进行离场操作，以规避风险，实现投资收益。

对于股价的回落幅度，实际运用中投资者应结合该股的基本面进行辩证分析。

第四技 0轴黄金穿越狙杀黑马分时战法

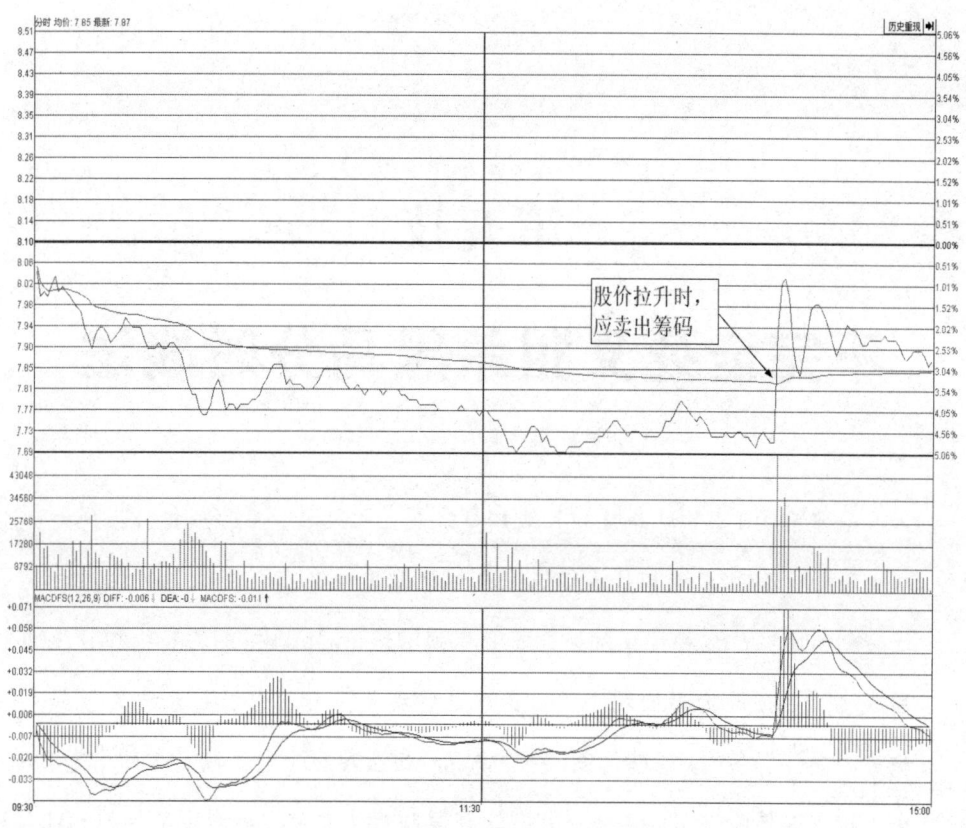

图 4-6 四川路桥（600039）日分时图

第五技

不完全死叉狙杀黑马分时战法

一般情况下，KDJ 指标的 K 线和 D 线发生死叉时，后市股价会出现下跌。但是，有时 K 线和 D 线形成金叉后，股价也会出现下行，甚至有时还会创出新低，这种情况就让投资者感到困惑了。KDJ 指标的 K 线和 D 线形成金叉后，股价仍出现下跌，出现这种现象多是由个股已形成的下降趋势的惯性引起的。也就是说，这种情况一般出现在个股下跌行情的末期。由于这种惯性的作用，在个股将要出现黑马行情之时，出现金叉后的 KDJ 指标的 K 线会拐头下行，在与 D 线将要形成死叉之时，K 线又拐头向上运行，形成 KDJ 指标的"不完全死叉"形态。KDJ 指标的 K 线和 D 线出现"不完全死叉"形态，预示着主力庄家打压股价的过程即将结束，后市该股将有望产生新一轮黑马行情，投资者在实战中应仔细辨别。

　　KDJ 指标的 K 线和 D 线在金叉后形成的"不完全死叉"形态，会导致个股新一轮上涨行情的开始。对于这一走势特点，有些投资者并不了解，在 KDJ 的 K 线和 D 线出现，盲目"不完全死叉"形态时，误认为该股的一波新的下降行情又要开始"杀跌卖出"，结果却落进了"空头圈套"。投资者在实际操作中，应把 KDJ 金叉后的"不完全死叉"形态理解为股价的惯性下冲，采取空仓观望的策略，再结合该股的日 K 线形态进行判断，在股价出现启动之时，便要进行适当的建仓，买进股票。同时，该形态也适用于个股的季、月、周、日线，60、30、15、5 分钟等各个周期。

一、形态解析

（1）KDJ 指标的"不完全死叉"形态所用的参数一般为 9、3、3。

（2）KDJ 指标的 K 线和 D 线之前已出现金叉。

（3）KDJ 指标在出现金叉之后，K 线拐头下行，在与 D 线将要形成死叉之时，K 线又调头向上运行，形成 KDJ 指标的"不完全死叉"形态。

二、实战要点

（1）KDJ 指标的"不完全死叉"形态一般出现在个股的下跌行情的末期。

（2）KDJ 指标在出现"不完全死叉"形态之前，一般都有一个金叉出现。

（3）KDJ 指标的"不完全死叉"形态出现之后，投资者应结合该股的日 K 线图进行分析，若股价出现明显的上涨，同时伴随了较大的成交量，则当日可为建仓的时机。

三、案例分析

1. 沙河股份（000014）

1）日 K 线形态分析

如图 5-1 所示，在沙河股份（000014）日 K 线图中，该股股价在前期处在缓慢的下跌趋势之中，其成交量也逐步地萎缩，表明该股的下跌行情就快结束，短时期内股价会出现黑马行情。观察该股的 KDJ 指标，该指标在形成金叉之后，其又出现了"不完全死叉"的形态，表明该股的黑马行情将要开始。之后，该股股价成功地站上了 5 日均线，其均线系统也呈现出多头排列的态势，投资者可在当日进行适当的建仓，以获取筹码。经过一波上涨之后，股价在创出新高后开始回落。在股价破位下跌之时，投资者应离场避险。

一本书搞懂分时图战法：狙杀黑马

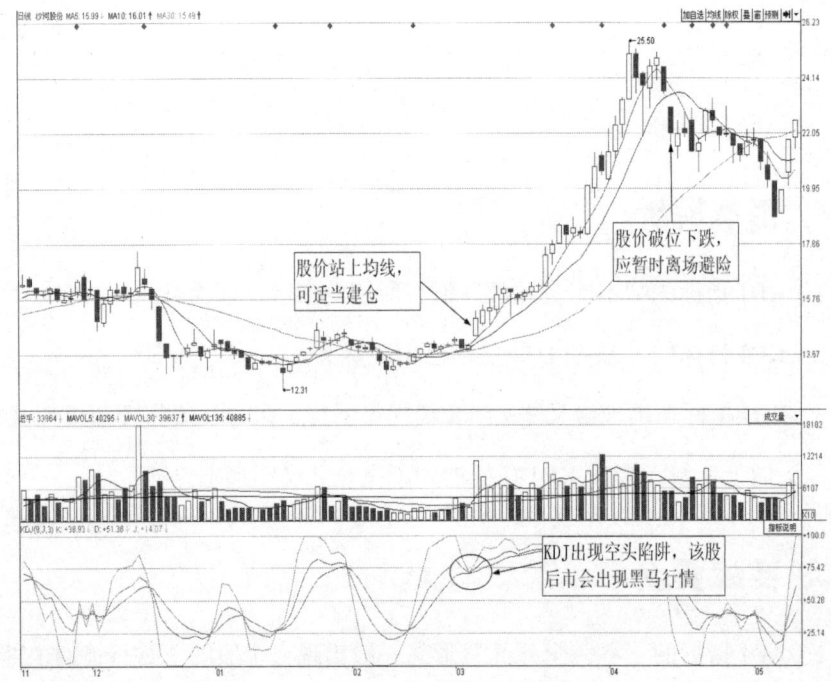

图 5-1　沙河股份（000014）日 K 线图

2）分时买点把握

如图 5-2 所示，在沙河股份（000014）日分时图中，该股股价在高开之后，持续进行横盘走势，并且与均价线缠绕运行。在上午盘结束之时，股价出现了持续的走高，同时，其成交量也出现了密集的放大。午后股价延续了强势拉升的走势，随后强势运行在均价线之上，直到收盘。结合该股的日 K 线图进行分析，在该股的 KDJ 指标出现"不完全死叉"的形态之后，该股的股价后市看涨。该股午盘的强势拉升表明盘中多头开始发力，投资者可在午盘股价拉升之时买入股票，进行适当的建仓。

3）分时卖出解析

如图 5-3 所示，在沙河股份（000014）日分时图中，该股股价在低开之后，逐步向下运行；同时，其成交量出现了密集的放大，表明该股后市走势并不被市场看好。随后，股价出现反弹，并上穿了均价线。但好景不长，股价再次跌破均价线之后一直呈现出弱势走势，直到下午收盘。结合该股的日 K 线图进行分析，该股在经过黑马行情之后，其回调压力也逐步增加，后市将可能出现反转的行情。投资者在股价再次跌破均价线之时，应卖出手中的筹码，规避股价后市下跌的风险，实现投资收益。

第五技 不完全死叉狙杀黑马分时战法

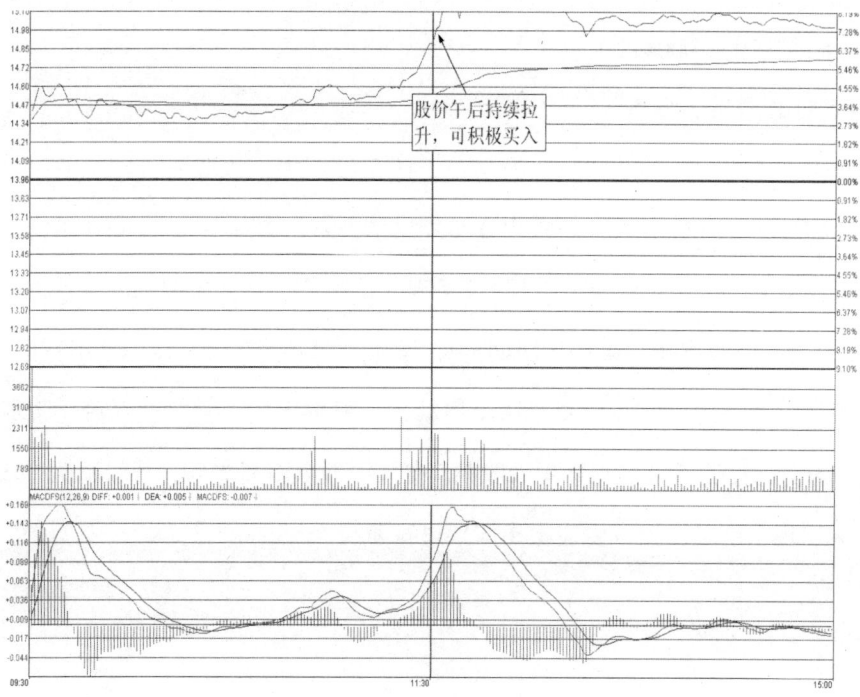

图 5-2 沙河股份（000014）日分时图

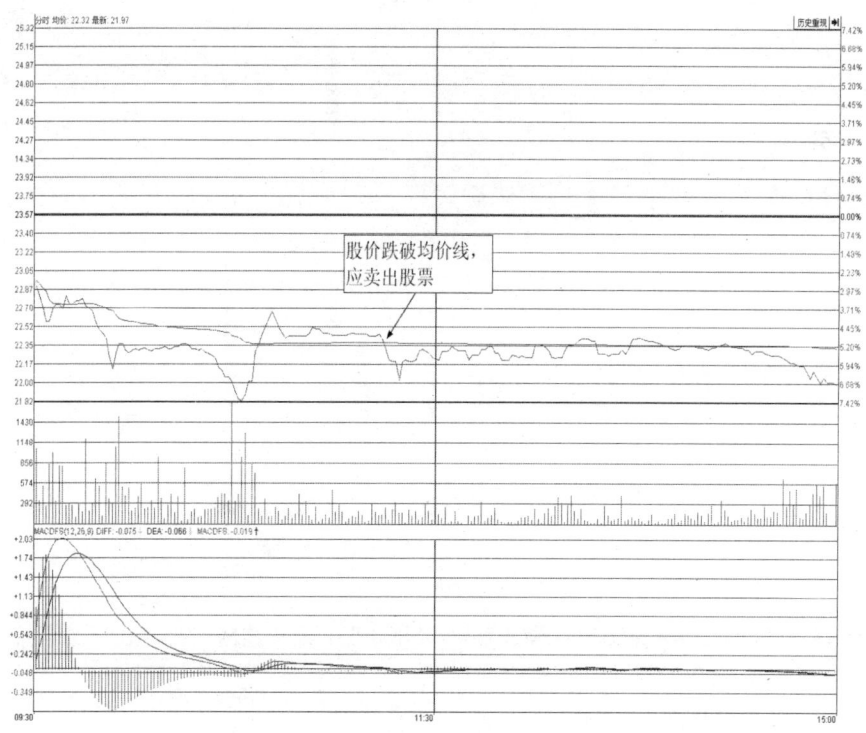

图 5-3 沙河股份（000014）日分时图

2. 湖北宜化（000422）

1）日K线形态分析

如图5-4所示，湖北宜化（000422）日K线图中，该股股价在之前呈现出小幅震荡的走势，其成交量也表现出逐步缩减的态势。观察该股的KDJ指标，该指标在形成金叉之后，又出现了"不完全死叉"的形态，具备了黑马股启动的特征。同时，也表明该股将要结束弱势回调走势，开始一波上涨行情。在KDJ指标出现"不完全死叉"形态之后，股价开始逐步启动。一根中阳线上穿均线系统，形成强势上涨的态势，投资者可在当日买入股票。在该股创出新高之后，其回调压力增大，日K线出现十字星，投资者应卖出股票进行避险。

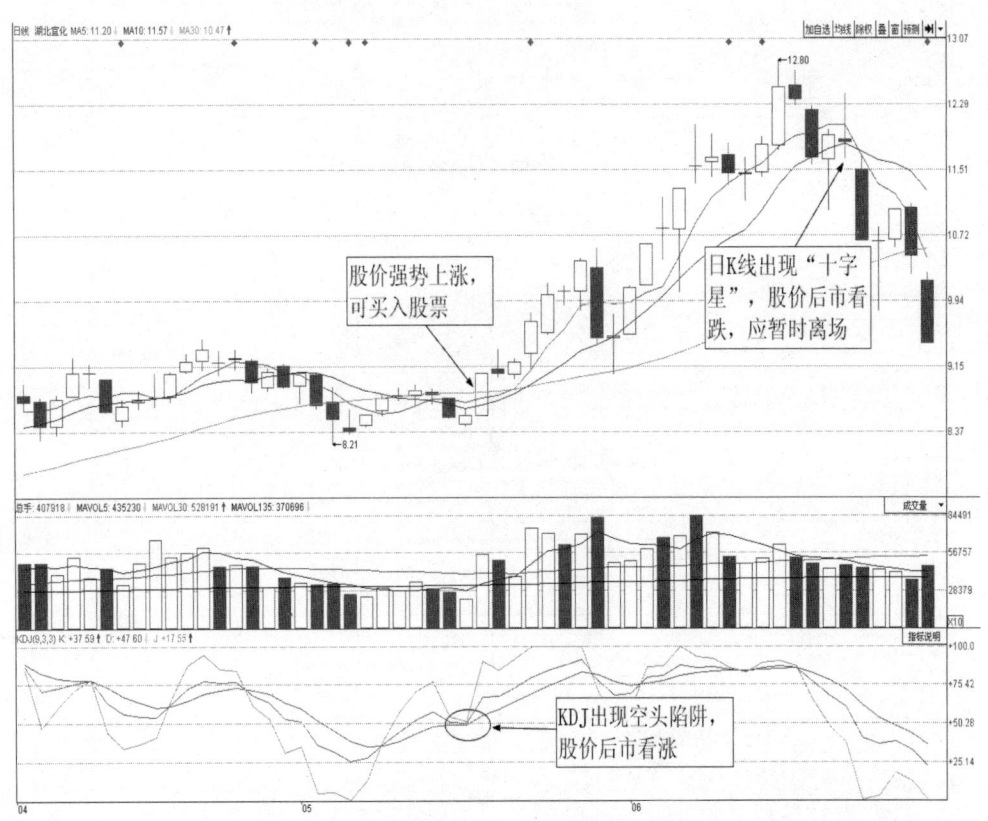

图5-4　湖北宜化（000422）日K线图

2）分时买点把握

如图5-5所示，湖北宜化（000422）日分时图中，该股股价在开盘之后，便开始逐步爬升，并且其股价线一直都运行在均价线之上，这一走势表明该股盘中的做多实力较强，后市看涨。同时，其成交量呈现出逐步放大的态势，说明该股的市场交投较为活跃，大部分投资者看好该股的后市走势。结合该股的日K线图，在该股的DKJ指标出现"不完全死叉"形成之后，预示着股价后市将会出现黑马行情。投资者在股价开盘后开始爬升之时便可以买入该股，进行适当建仓，如此可获得黑马行情的投资收益。

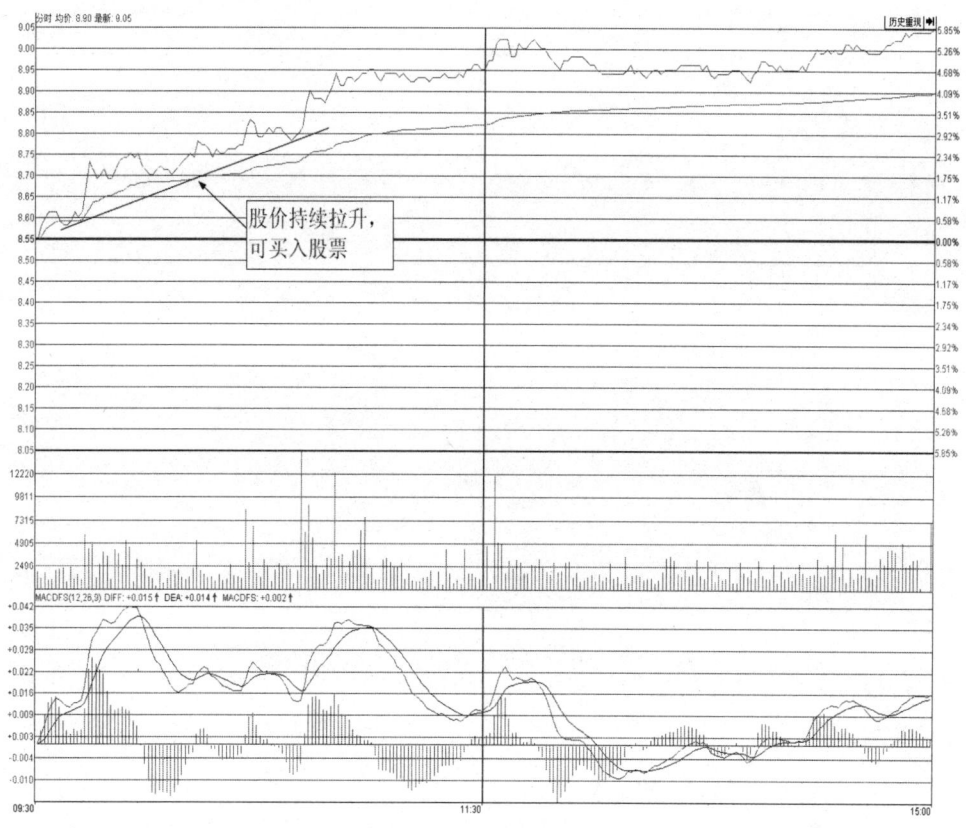

图 5-5　湖北宜化（000422）日分时图

3）分时卖出解析

如图 5-6 所示，湖北宜化（000422）日分时图中，该股股价在低开之后强势爬升，并且其振幅较大，表明此时该股的多空双方搏杀激烈。但股价线在上午盘一直运行在均价线之上，显示出该股的多头仍占优势。下午开盘之后，股价线便开始缓慢下行，最终跌破了均价线直到收盘。结合该股的日K线图进行分析，在该股经过强势上涨之后，股价后市可能出现回调压力。投资者在股价线下穿均价线之时，应卖出股票或进行适当的减仓操作。在规避风险的同时，亦可实现其投资目的。

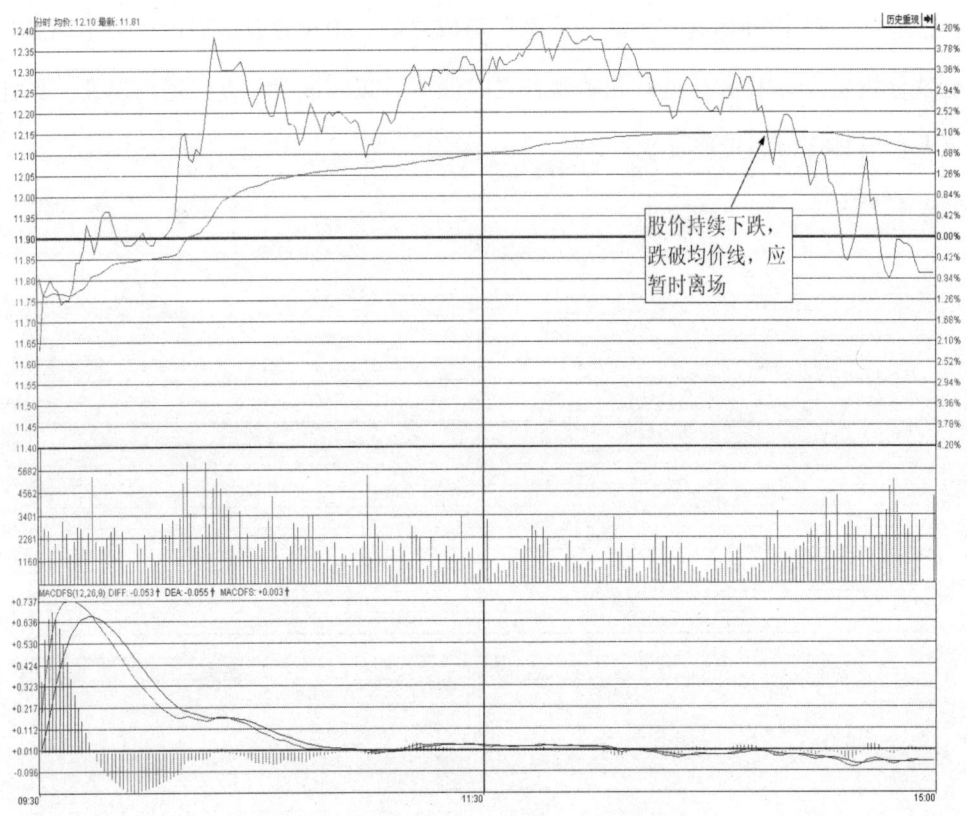

图5-6　湖北宜化（000422）日分时图

KDJ指标的"不完全死叉"形态一般出现在个股下跌行情的末期，投资者应结合其他指标进一步确认其买入信号。

第六技

低位金叉狙杀黑马分时战法

在实际交易当中，利用KDJ指标的低位两次金叉来捕捉黑马股是比较有效的一种方法。当个股前期经过一段时间的下跌之后，盘中的空方力量基本已消耗完毕，此时，股价从低位开始爬升，相应的KDJ指标便会出现金叉。但是，由于个股的黑马行情此时处在刚刚启动的阶段，股价在小幅爬升后会再次回落，KDJ指标的K线亦会拐头向下与D线形成死叉。经过短暂回调之后，该股的多头再次发力，KDJ指标的K线在短时间内又与D线形成金叉时，预示着该股将展开一波强势上涨的行情。若K线图上有股价强势上涨的现象，或出现K线看涨形态等，就表明该股有可能形成阶段性底部，投资者即可进行适当的建仓，此形态即为"KDJ低位两次金叉"形态。

当KDJ指标在低位发生第一次金叉时，股价在大多数情况下涨幅有限，或小幅爬升后出现较大的回调。若此时介入会造成进场的投资者出现套牢或亏损的情况。但是，当KDJ指标在低位形成第二次金叉后，股价上涨的概率和幅度便会更大一些。因为在KDJ指标经过第一次金叉之后发生小幅回调，并形成一次死叉，此时空方好像又一次占据了优势，但由于个股已经经过了下跌行情，其做空力量实质上已是强弩之末，这样在

KDJ指标出现第二次金叉时，会出现多方力量的奋力上攻。当然，在单边上涨行情中，KDJ指标低位出现的一次金叉就可以点燃盘中多方的做多热情，那时若KDJ指标在低位出现一次金叉形态，投资者便可买进股票。

一、形态解析

（1）KDJ 指标的"低位两次金叉"形态所用的参数一般为 9、3、3。

（2）KDJ 指标的 K 线和 D 线在低位连续出现两次金叉。

（3）KDJ 指标的"低位两次金叉"形态中的两次金叉出现时所间隔的时间越短，该形态的后市看涨信号越强。反之，其后市看涨效果并不明显。

二、实战要点

（1）KDJ 指标的"低位两次金叉"形态一般出现在个股下跌行情的末期。

（2）KDJ 指标在出现"低位两次金叉"形态之时，K 线、D 线和 J 线一般都运行在低位区。

（3）KDJ 指标的"低位两次金叉"形态出现之后，投资者应结合该股的日 K 线图进行分析，若日 K 线图出现看涨形态，或出现较大的成交量，则投资者可介入进场。

三、案例分析

1.ST 旭蓝（000040）

1）日 K 线形态分析

如图 6-1 所示，ST 旭蓝（000040）日 K 线图中，该股股价之前处在横盘整理的走势之中，其成交量也呈现出逐步萎缩的状态。观察其 KDJ 指标，其 K 线和 D 线在低位区连续形成两个金叉，具备了黑马行情启动的特征，表明该股后市有可能会出现强势上涨的走势。随后，该股股价强势爬升，突破该股的横盘整理走势。投资者可在该股拉升的当日买入股票，进行建仓。经过一波强有力的上涨，该股盘中的做多动能已基本释放完毕。在股价创出新高，开始出现回调之后，投资者应进行减仓，以规避风险。

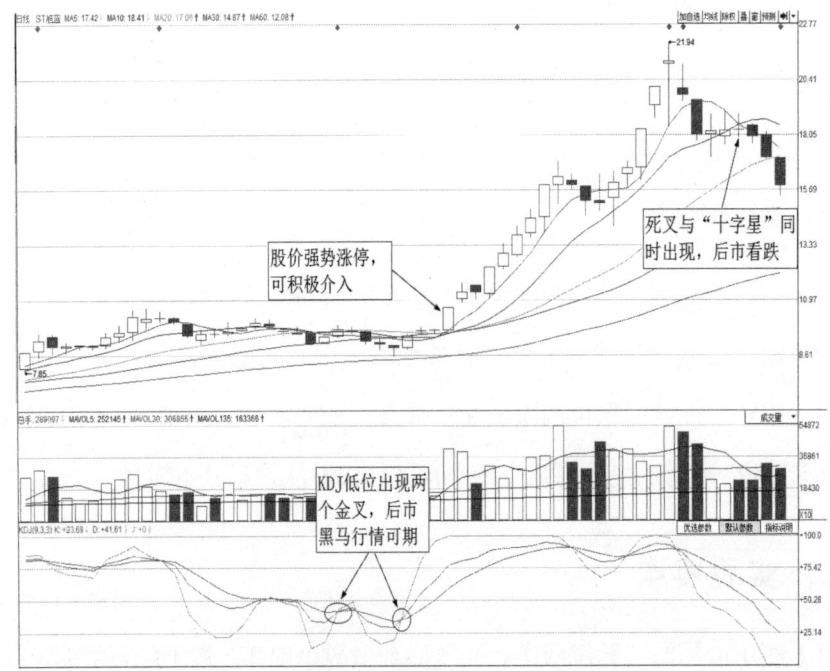

图 6-1 ST 旭蓝（000040）日 K 线图

2）分时买点把握

如图 6-2 所示，ST 旭蓝（000040）日分时图中，该股当日以平开的方式开盘，随后股价便被迅速地拉升。在开盘 30 分钟后，股价上封了涨停板。之后涨停板被打开，但很快股价再一次上冲而封板，直到下午收盘。结合该股的日 K 线进行分析，该股的 KDJ 指标在低位出现了两次金叉，预示着股价会出现强势上涨。在股价涨停当日，投资者在开盘股价被拉升时可买入股票，进行建仓。但由于股价拉升涨停的速度较快，错过第一次买入机会的投资者可在涨停板打开时适当介入，但应合理控制风险。

3）分时卖出解析

如图 6-3 所示，ST 旭蓝（000040）日分时图中，该股股价在当日高开之后便出现了一波小幅的下跌。但没过多久，股价被迅速地拉升，同时成交量密集放大。结合该股的日 K 线图进行分析，由于此时该股已经经过了一波强势上涨，股价在创出新高之后，开始出现回调行情。同样，表现在该股的分时图中，股价在被拉升之后很难保持强势走势，之后其便开始震荡下行，直到下午收盘。投资者应在股价被强势拉升之时卖出股票，或进行减仓操作，以避免股价下跌而损失之前所形成的投资利润。

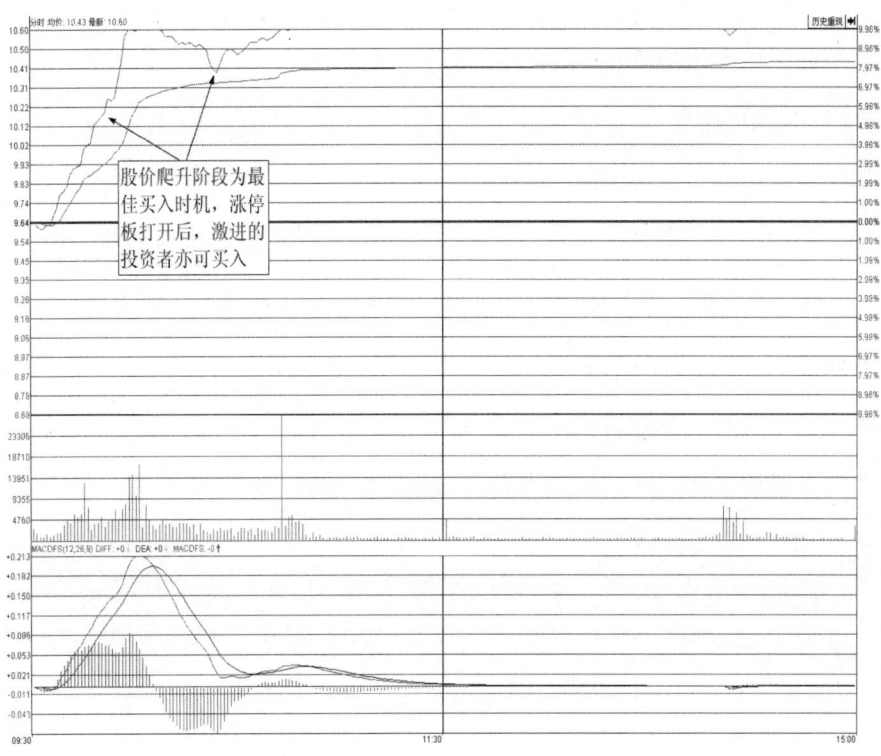

图6-2 ST旭蓝（000040）日分时图

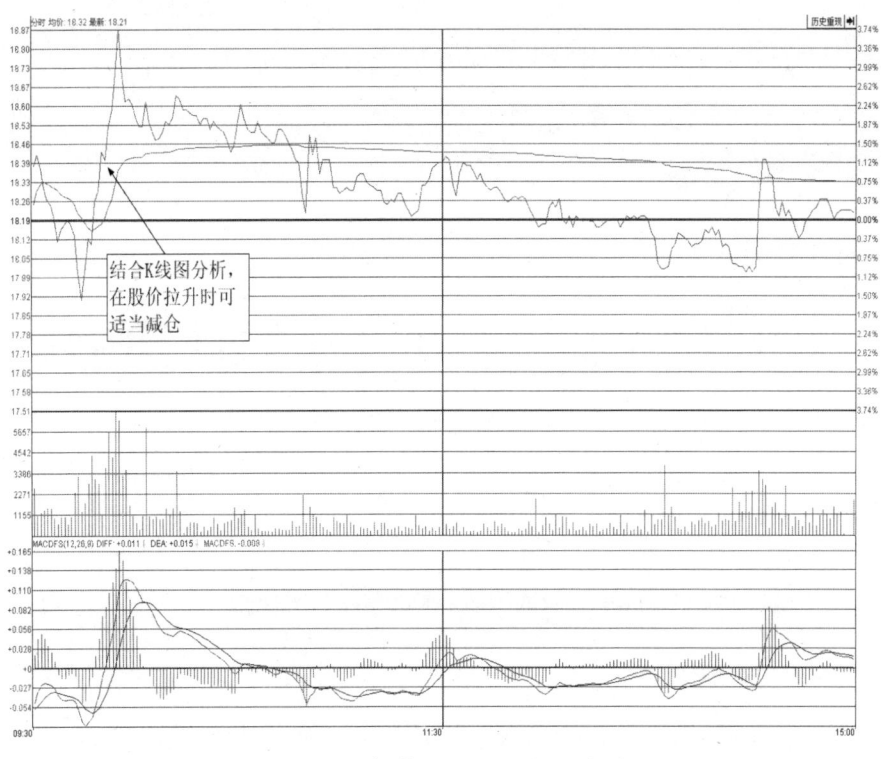

图6-3 ST旭蓝（000040）日分时图

2. 皇庭国际（000056）

1）日K线形态分析

如图6-4所示，皇庭国际（000056）日K线图中，该股股价在前期处于缓慢的爬升走势中，随后出现了短暂的横盘整理。其成交量也逐步地萎缩，没有出现太大的变化。在该股横盘整理走势的末期，其KDJ指标在低位连续出现两个金叉，预示着该股后市将可能成为黑马股，出现一波上涨行情。在该股的均线系统出现多头排列的态势时，其股价也突破了前期的高点。投资者可在股价出现突破之日买入股票，吸取筹码。在股价出现新高之后，该股的回调压力增大，当股价破位下跌时，投资者应卖出股票，进行避险。

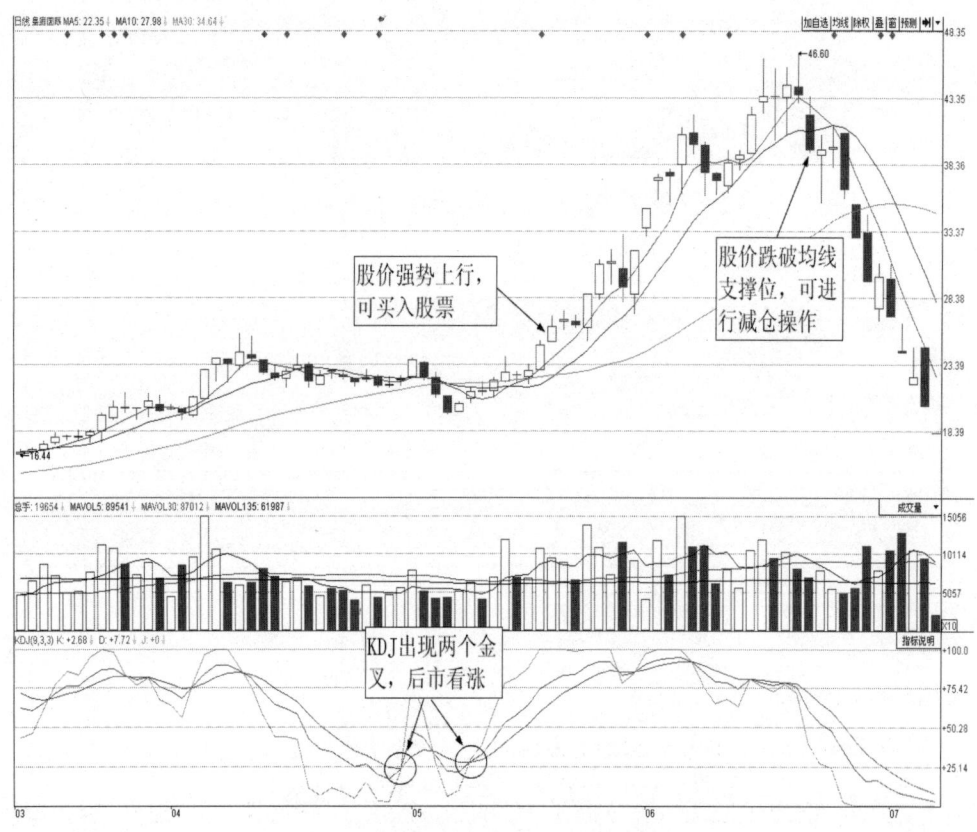

图6-4　皇庭国际（000056）日K线图

2）分时买点把握

如图6-5所示，皇庭国际（000056）日分时图中，该股在小幅高开之后，其

股价便出现了一波强势的拉升,随后开始小幅回落,但从整天的走势来看,其股价线基本上运行在均价线上方。结合该股的日 K 线图进行分析,在该股的 KDJ 指标出现两个金叉之后,股价出现了较强势的爬升。投资者可在股价突破前期高点的当日买入股票,进行适当的建仓。表现在分时图中,在股价开盘后出现强势拉升之时,其成交量也密集放大,投资者可在这一阶段进行介入,积极进场吸取筹码。

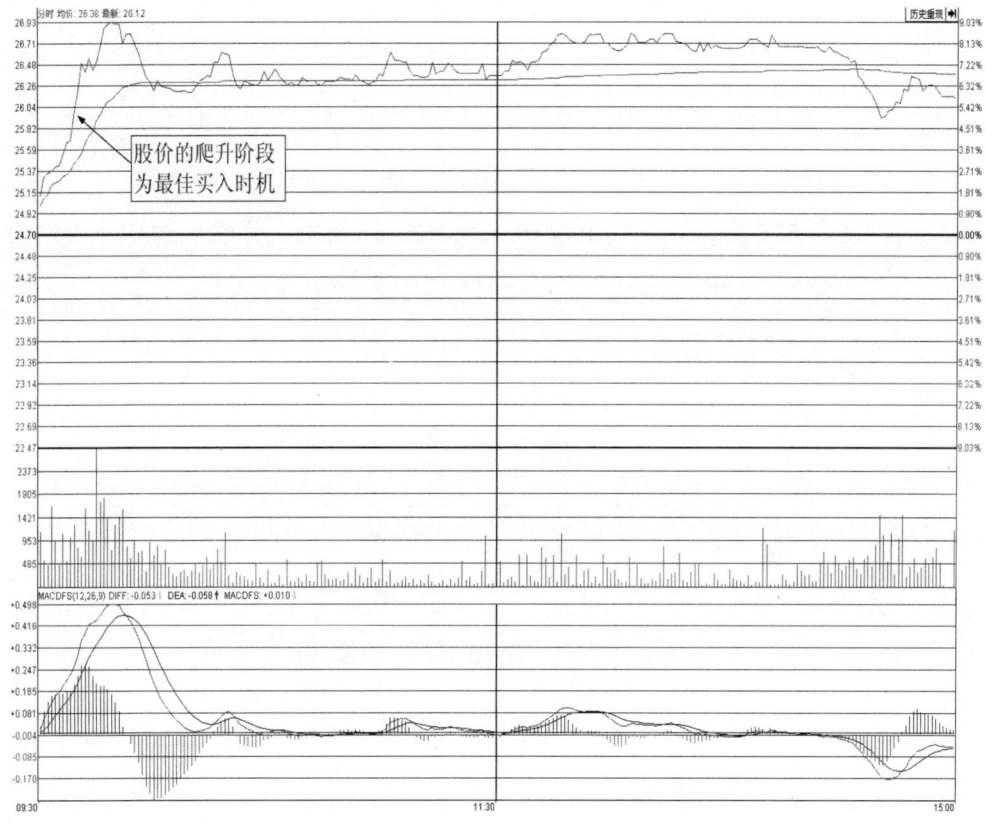

图 6-5 皇庭国际(000056)日分时图

3)分时卖出解析

如图 6-6 所示,皇庭国际(000056)日分时图中,该股股价在低开之后开始爬升,但随后出现了回调,并跌破了均价线。同时,该股的成交量出现了密集的放大,呈现出"价跌量增"的态势。表明市场对该股的后市并不看好,后市该股将会延续这种弱势格局。结合该股的日 K 线图,股价在经过一波强势上涨之后,盘中的做多动能基本衰竭,后市有可能出现反转回调。在股价跌破均线的支撑位时，投资者可进行减仓。表现在分时图中，当股价线再一次跌破均价线震荡下行时，投资者应卖出股票，规避风险。

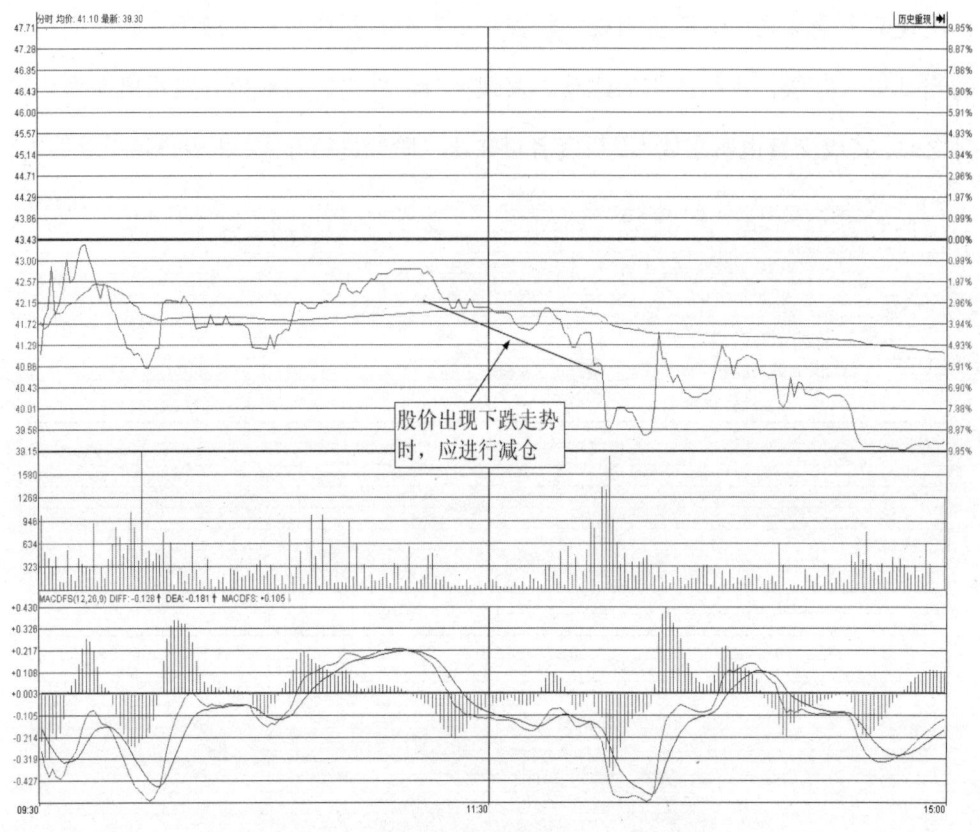

图6-6 皇庭国际（000056）日分时图

在牛市中，KDJ指标低位出现一次金叉，若其他指标也发出买入信号时，投资者就可以进场介入，不必等到出现第二次金叉。

第七技

回调反弹狙杀黑马分时战法

RSI指标的一般运用方法是，当其处在50之上时，表明个股的行情处于强势上涨；当其处在50之下时，表明个股的行情处于弱势下跌。RSI指标运行在80之上，表明该股处在超买区，投资者应该卖出；运行在20之下，表明该股处在超卖区，投资者应该买入。但是在单边行情中，投资者按照上述投资原则进行操作，往往会出现亏损或被套的现象。因为，此时强者恒强、弱者恒弱，在RSI指标进入超买、超卖区之后，个股仍会延续其原有的走势。

在大盘持续向好的情况下，当RSI指标由50以下的低位区进入到高位区时，说明该股已进入强势区，表明市场对该股的后市表现持乐观态度，此时，投资者可密切关注该股的后市走势。但主力在拉升股价前一般都要进行震荡洗盘，再拉升股价的过程。这一行为反应在盘面上，便是RSI指标开始回调到50线附近并获得支撑，再次反弹向上运行。RSI指标回调到50线附近反弹时，是投资者介入的良好时机，如此可捕捉到黑马股的上涨行情，这一形态便是RSI指标50反弹形态。若RSI指标从80以上高位区回落，跌破50时，则表明该股由强转弱，投资者短线不可买入，以空仓观望为宜。

由于RSI指标实用性很强，因而被多数投资者所喜爱。但指标不能决定股价涨跌，股价的变化是决定指标运行的根本因素。RSI指标最重要的作用是能够显示当前市场的基本态势，帮助判断市场是处于强势还是弱势之中。然而，RSI指标只能是从某一个角度观察市场，然后给投资者提供一个辅助的参考，并不意味着市场趋势就一定向RSI指标预示的方向发展。特别是在市场剧烈震荡之时，投资者还应参考其他指标进行综合分析，而不能简单地依赖RSI指标的信号来作出买卖决定，或操作决策。

一、形态解析

（1）RSI 指标的"50 线反弹"形态所用的参数一般为 6、12。

（2）RSI 指标首先已突破 50 线，进入到高位区。

（3）RSI 指标之后出现回落，回调到 50 时获得支撑后开始再一次向高位区运行。

二、实战要点

（1）投资者在利用 RSI 指标的"50 线反弹"形态捕捉黑马股的启动点时，应结合其个股的日 K 线进行分析。若日 K 线出现看涨形态组合，则该形态的买入信号更强。

（2）RSI 指标在 50 线处获得支撑而开始反弹之时，若该股的成交量同步出现了放大，则该形态的看涨信号更加可靠。

三、案例分析

1. 中国联通（600050）

1）日 K 线形态分析

如图 7-1 所示，中国联通（600050）日 K 线图中，该股股价在前期基本上处在横盘整理的走势，其成交量也处于地量状态，没有明显的变化。观察该股的 RSI 指标，该指标从低位区向上突破 50 线之后，进入到高位区，但很快出现了回落。在回落到 50 线附近后，该指标再次获得了支撑并开始向上运行，表明该股后市将会结束横盘走势，出现一波黑马行情。投资者在股价突破均线系统之后，可买入股票，吸取筹码。在股价创出新高，回调压力增强时，投资者可在股价跌破 5 日均线时卖出股票，规避风险。

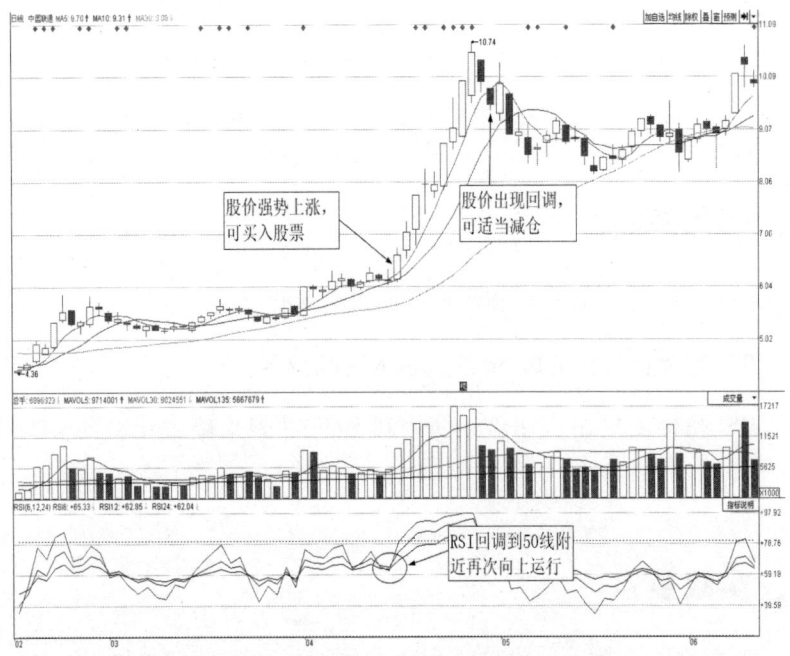

图 7-1 中国联通（600050）日 K 线图

2）分时买点把握

如图 7-2 所示，中国联通（600050）日分时图中，该股股价以平开的方式开盘，之后便出现了一波拉升。同时，其成交量也出现了放大。在经过一段横盘走势之后，股价出现了第二次拉升。随后，股价一直运行在均价线之上，直到下午收盘。结合该股的日 K 线图，RSI 指标在 50 线处获得支撑反弹之后，股价也出现了较大幅度的上涨。投资者可在股价上涨时买入股票。表现在分时图中，该股股价的第一次拉升为投资者买入股票的最佳时机。若错过了这一时机，激进的投资者也可在第二次拉升时买入股票。

3）分时卖出解析

如图 7-3 所示，中国联通（600050）日分时图中，该股股价低开之后就开始震荡下行，之后出现了小幅反弹，并突破了均价线。但好景不长，股价出现突破之后没有延续反弹的走势，又一次跌破了均价线。结合该股的日 K 线图进行分析，在股价创出新高之后，该股的回调压力开始增强，后市将会出现回调走势。投资者在股价跌破支撑位之时，应卖出股票或进行减仓，以规避股价下跌的风险。表现在分时图中，在股价再一次跌破均价线之时，投资者应减持手中的筹码以规避回调风险。

第七技　回调反弹狙杀黑马分时战法

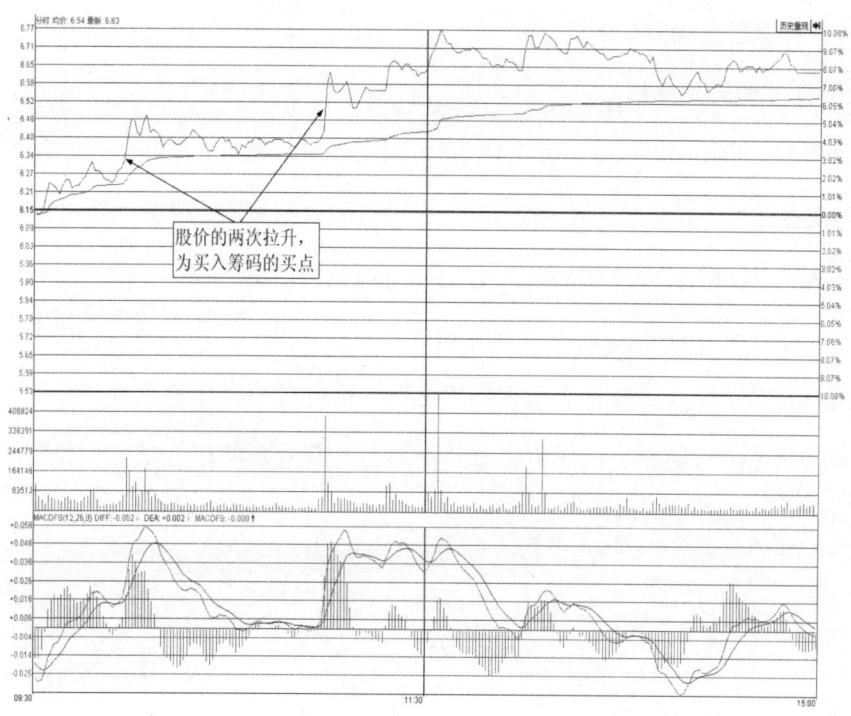

图 7-2　中国联通（600050）日分时图

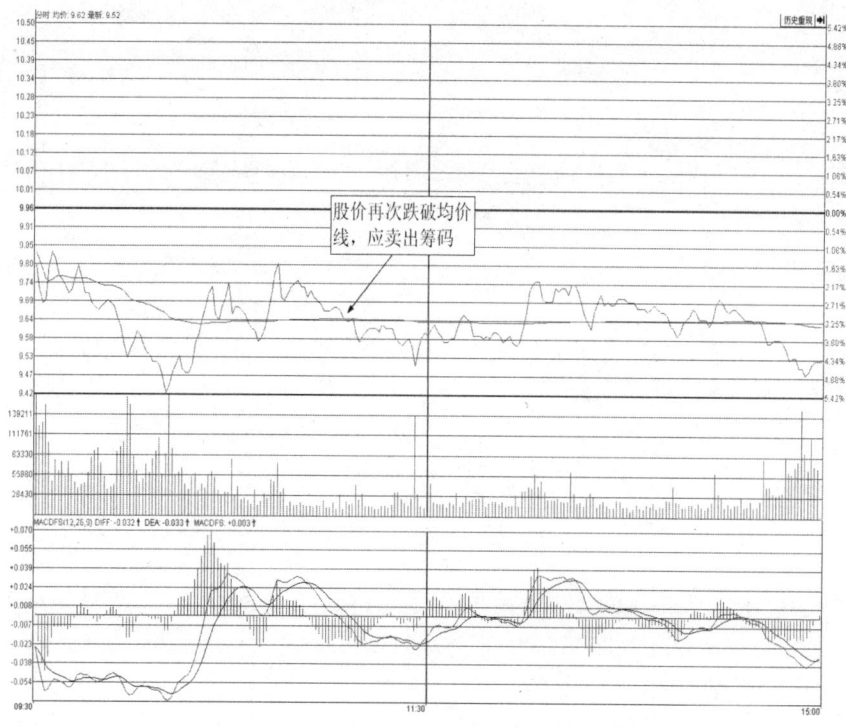

图 7-3　中国联通（600050）日分时图

2. 中国卫星（600118）

1）日K线形态分析

如图7-4所示，中国卫星（600118）日K线图中，该股经过前期的下跌趋势之后，进入到横盘整理的走势。其股价基本走平，没有较大的波动。观察该股的RSI指标，该指标从低位区向上突破50线之后，进入到高位区，表明此时该股走势较强。随后RSI指标出现了回落，在50线附近得到支撑后又再一次向上运行。说明该股具备了黑马股的特征，后市将会出现强势上涨。投资者可在股价出现强势涨停的当日买入股票，进行建仓。在股价创出新高之后，其回调的压力增强，投资者在均线出现死叉之后应卖出股票，进行避险。

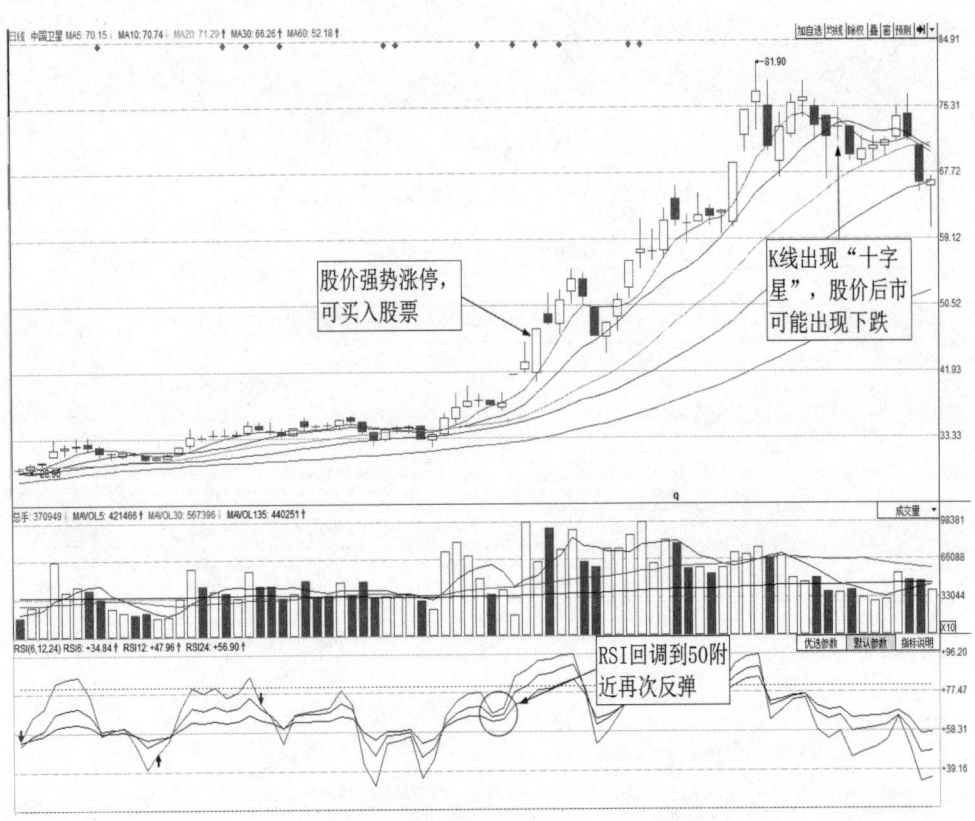

图7-4　中国卫星（600118）日K线图

2）分时买点把握

如图7-5所示，中国卫星（600118）日分时图中，该股股价以低开的方式开盘。在经过小幅的下探之后，股价出现了急速的拉升。盘中该股出现了短暂的横盘，随后股价又出现急速的上涨，在上午收盘之前，股价便上封了涨停板。结合该股的日K线，RSI指标在50线获得支撑反弹之后，该股后市看涨。投资者可在股价出现强势上涨之时买入股票。表现在分时图中，投资者可在股价第一次拉升之时买入股票，进行建仓。股价横盘之后出现的再次拉升也是买入股票的良好时机，实际交易中投资者可灵活把握。

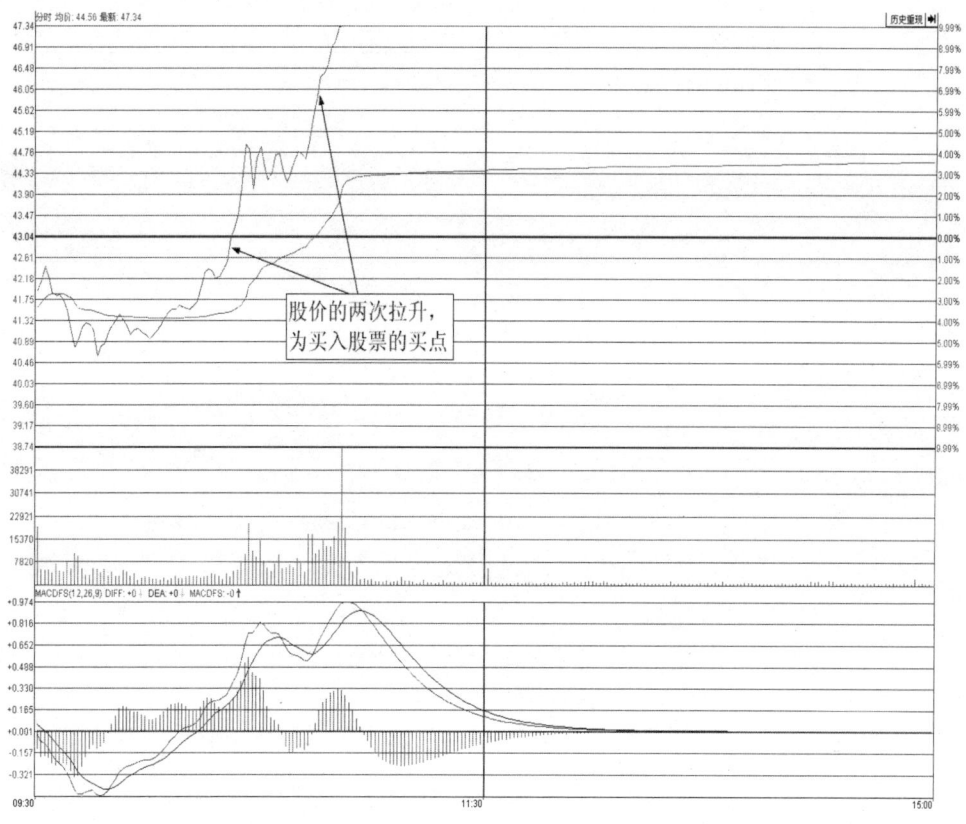

图7-5　中国卫星（600118）日分时图

3）分时卖出解析

如图7-6所示，中国卫星（600118）日分时图中，该股股价高开之后，出现了急速拉升的走势，同时，其成交量也出现了密集的放大。不过股价并没有延续这一强势走势，随后便开始震荡下行。在跌破均价线之后，股价震荡运行直至下午收市。结合该股的日K线进行分析，该股在创出新高之后，其股价有可能出现反转回调。投资者在均线出现死叉之时，应卖出股票进行避险。表现在分时图中，在股价线跌破均价线，开始震荡下行之时，投资者应进行减仓，或卖出筹码，以规避下跌风险。

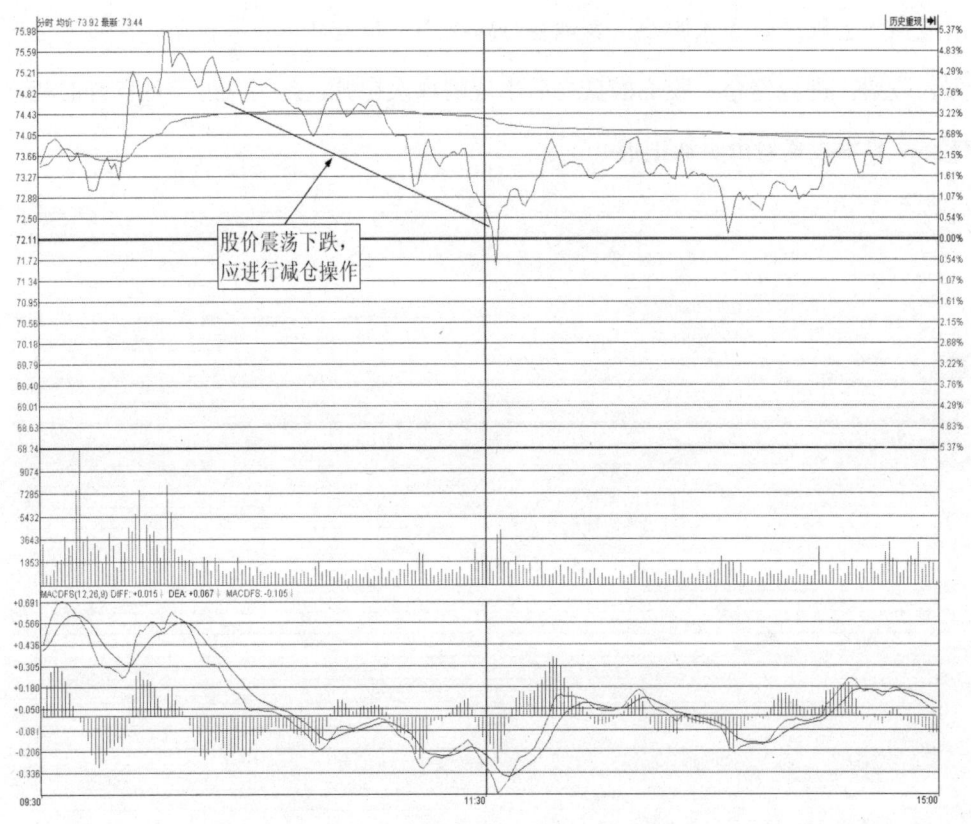

图 7-6 中国卫星（600118）日分时图

在市场剧烈震荡之时，投资者还应参考其他指标进行综合分析，而不能简单地依赖 RSI 指标的信号来做出买卖决策。

第八技

RSI 趋势线狙杀黑马分时战法

通常情况下，黑马股的崛起往往和主力介入有关。但主力在做盘介入某只个股的时候，其行为是非常隐蔽的。不过由于主力的资金量庞大，不论其操盘手有多么谨慎，其操盘手法都会在盘面中留下蛛丝马迹。那么，只要投资者留心观察，然后再利用自己的技术知识就可以发现主力的操盘证据，如此便可捕获潜伏在股海中的超级黑马。在主力洗盘阶段结束之后，将要拉升股价之时，他们是非常不愿意被市场发现其操盘意图的，反映在日 K 线图上就是个股呈小阳线逐步拉升。在不知不觉推到高位后，主力再大张旗鼓地快速拉升，那么投资者可以利用 RSI 指标的趋势线法来提前发现主力的拉升意图，在股价以小阳线拉升之时介入个股，进行建仓。

相信投资者对趋势线并不陌生，趋势线不仅可以在 K 线图上运用，还可以运用在指标图上。在指标图上画出各种支撑线、阻力线、上升趋势线、下降趋势线，然后利用这些趋势线来判断个股的走势，其效果也是非常明显的。具体的使用方法为，连接 RSI 指标连续的两个底部，画出一条由左向右上方倾斜的切线，当 RSI 指标向下跌破这条切线时，表明个股后市走势由强转弱，是投资者的卖出信号；连接 RSI 指标连续的两个峰顶，画出一条由左向右下方倾斜的切线，当 RSI 指标向上突破这条切线时，表明个股后市走势由弱转强，是投资者的买入信号。我们可以叫这种方法为"RSI指标趋势线法"，但投资者在利用RSI指标的趋势线来判断个股行情时，应相应地结合个股的其他技术指标，或者K线组合形态，以增强该形态买入信号的准确程度。

一、形态解析

（1）RSI指标的"趋势线法"形态所用的参数一般为6、12。

（2）连接RSI指标的"两个峰顶"或"两个谷底"，画出压力线或支撑线。

（3）当RSI指标上穿压力线之时，发出买入信号，投资者可适当地介入；当RSI指标跌破支撑线之时，发出卖出信号，投资者可适当地减仓，或卖出股票。

二、实战要点

（1）投资者在利用"RSI指标趋势线法"捕捉黑马股之时，应结合个股的其他技术指标进行分析，不可孤立地使用该指标进行买卖或交易。

（2）在RSI指标突破压力线之时，若股价出现放量上涨，则此时为投资者的良好买点。否则，投资者应继续观察该股的后市走势，寻找合理的介入时机。

三、案例分析

1.晋控煤业（601001）

1）日K线形态分析

如图8-1所示，晋控煤业（601001）日K线图中，该股股价之前处在小幅的下跌趋势之中，其成交量也呈现出逐步递减的走势，表明该股盘中交投萧条。观察该股的RSI指标，把其两个高点连接起来就形成一条压力线，在RSI指标上穿压力线之后，表明该股将结束小幅下跌的走势，后市将会出现一波黑马行情。投资者在RSI指标的压力线变成支撑线，并且支撑RSI指标的反弹之后，可买入股票，进行建仓。股价创出新高之后，其回调压力逐步增强，在股价跌破均线的支撑位后，投资者应卖出筹码，规避风险。

图8-1 晋控煤业（601001）日K线图

2）分时买点把握

如图8-2所示，晋控煤业（601001）日分时图中，该股股价开盘后开始了一波拉升走势。在经过一段时间的横盘震荡之后，股价出现了第二波的拉升，并上穿均价线，直到该股下午收市。结合该股的日K线图，在RSI指标突破其压力线之后，预示着该股后市将开始一波上升行情。投资者可在股价突破其前期高点时买入股票，表现在分时图中，股价开盘后的第一波拉升走势是投资者买入股票的良好时机。不过考虑到这次拉升出现在开盘之时，投资者一般很难把握，那么其在午盘的再次拉升投资者也可进行建仓。

3）分时卖出解析

如图8-3所示，晋控煤业（601001）日分时图中，该股股价开盘之后便开始震荡下行，虽然上午盘股价出现了反弹并一度上穿均价线，但后市股价并没有延续这一走势。在下午盘，股价持续运行在均价线下方，震荡下行直到收市。观察该股的日K线图，在股价创出新高之后，该股的做多动能开始减退，后市股价有可能出现回调下跌的行情。投资者在股价跌破均线支撑位之时应卖出筹码，其表

第八技　RSI趋势线狙杀黑马分时战法

现在分时图中，股价线再一次下穿均价线之时，投资者应进行减仓，或卖出股票，以规避后市的风险，实现收益。

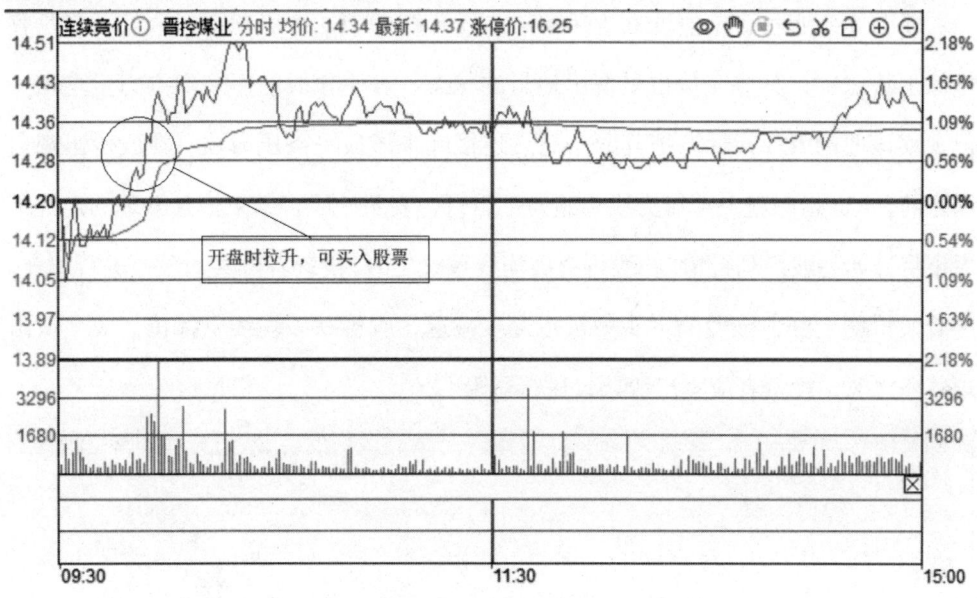

图 8-2　晋控煤业（601001）日分时图

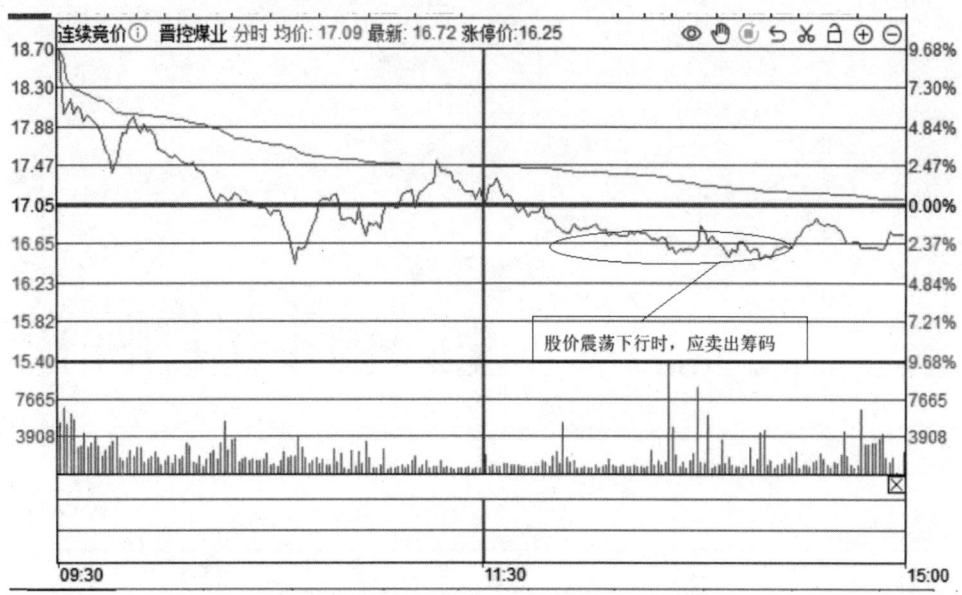

图 8-3　晋控煤业（601001）日分时图

2. 中信证券（600030）

1）日K线形态分析

如图8-4所示，中信证券（600030）日K线图中，该股前期一直处于横盘整理的走势之中，其成交量也呈现出地量的状态，表明该股的多空双方力量均衡。但观察该股的RSI指标，把其两个高点连接起来形成一条压力线，在股价出现启动之前，RSI指标就上穿压力线开始向上运行，表明该股将结束横盘整理的走势，后市将开始一波黑马行情。在股价突破均线系统之时，投资者可买入股票进行建仓。随着股价的上涨，该股的多头力量也逐步减退，股价跌破均线支撑位，成交量出现萎缩之时，投资者应卖出股票，进行避险。

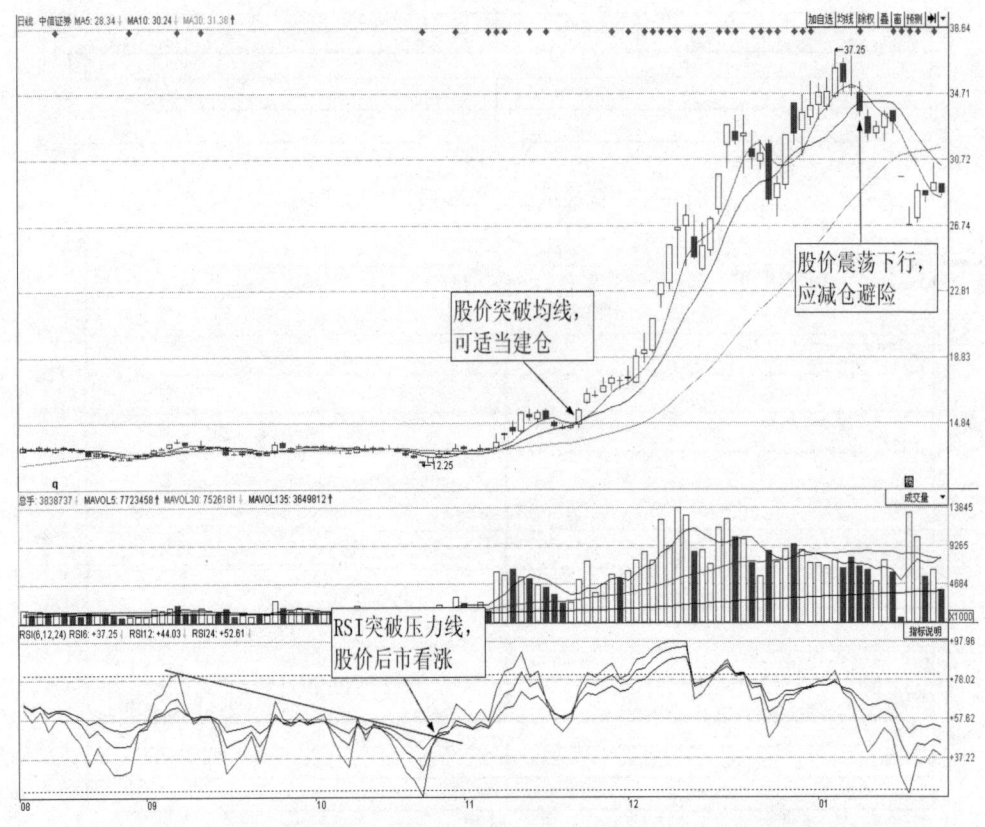

图8-4 中信证券（600030）日K线图

2）分时买点把握

如图 8-5 所示，中信证券（600030）日分时图中，该股股价以平开的方式开盘，在上午盘股价并没有出现较大的波动。在上午盘停市之前，股价出现了拉升走势，下午开盘之后，股价延续了强势走势，之后其一直处在爬升走势之中，直到下午收市。结合该股的日 K 线图进行分析，在 RSI 指标突破其压力线之后，表明该股后市将开始一波上升行情。投资者在股价站上均线之后，应买入股票进行建仓。表现在分时图中，股价开始拉升时，其成交量也出现了放量，投资者可在此时买入筹码。

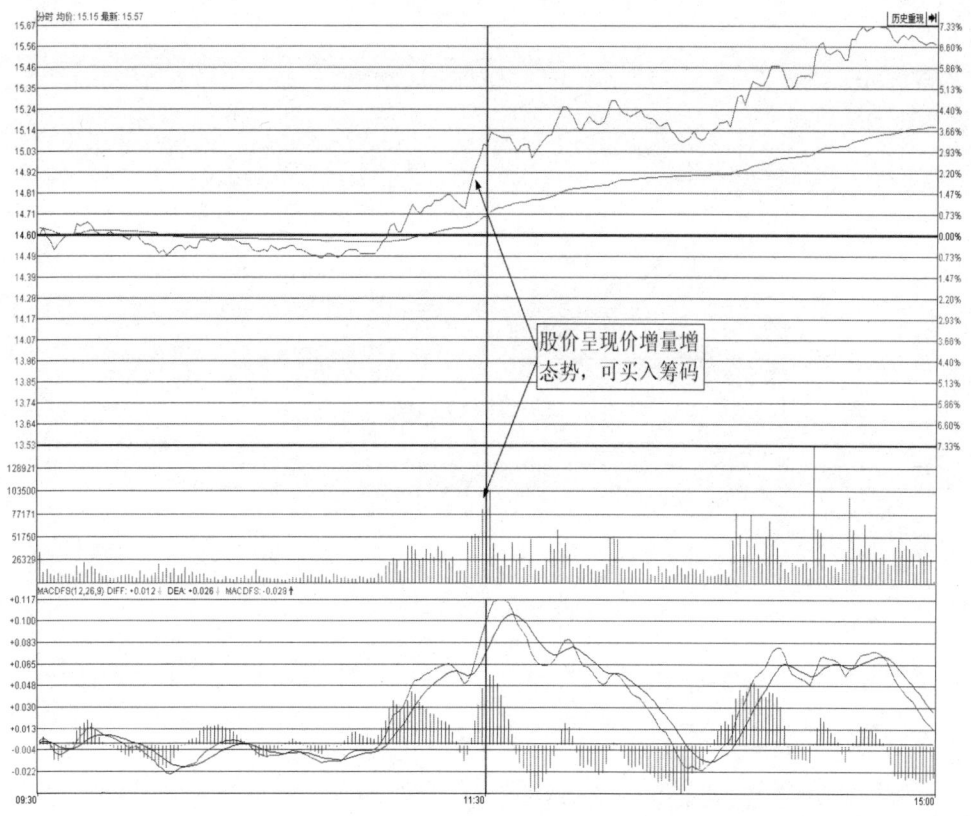

图 8-5 中信证券（600030）日分时图

3）分时卖出解析

如图 8-6 所示，中信证券（600030）日分时图中，该股股价在低开之后便开始横盘震荡，随后股价线跌破了均价线进入下跌的趋势之中。下午开盘之后股价延续了弱势走势，一直运行在均价线之下直到收市。结合该股的日 K 线图进行分析，在股价创出新高之后，其成交量开始逐步萎缩，表明该股走势后市有可能出现反转，投资者在股价跌破均线支撑位之时应卖出股票。表现在分时图中，当股价线下穿均价线，并进入下跌趋势之时，投资者可进行减仓操作，或卖出股票，以规避后市股价下行的风险。

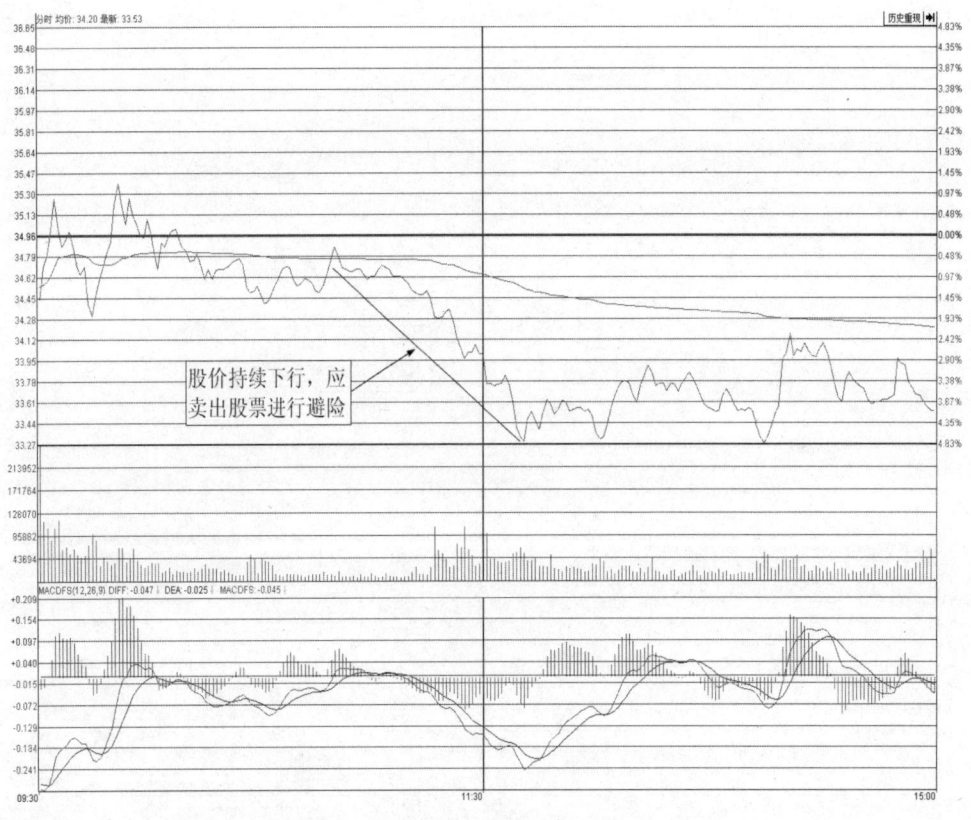

图 8-6　中信证券（600030）日分时图

投资者在利用 RSI 指标的趋势线法来研判行情时，应结合其他技术指标进行分析，以提高该形态买入信号的准确程度。

第九技

开口突破狙杀黑马分时战法

通常情况下,在股价横盘整理的过程中,投资者最想知道的一定是股价的盘整走势到什么时候结束,个股的上涨行情到什么时候才会启动。因为,如果投资者介入太早,而股票却一直处在横盘整理的状态,其资金的利用率就会非常低,并且其还要承担股价下跌的风险。而BOLL(布林纬)指标则可以在个股盘整走势结束之时给予正确的提示,使投资者避免过早买入股票。BOLL指标对个股行情的研判有非常明显的作用,所以对想要捕捉长期横盘黑马股的投资者来讲,其是非常有用的指标之一。

投资者利用BOLL指标来捕捉长期横盘的黑马,主要是观察BOLL指标上、下轨开口的大小。对于那些开口逐渐缩小的个股,投资者需要多加留意,因为BOLL指标的开口逐渐变小代表了股价的涨跌幅度逐渐变小,表明该股的多空双方力量趋于均势,后市股价将会选择方向进行突破。一般情况下,BOLL指标的开口越小,其股价的突破力度越大。在这里我们引入BOLL宽指标(WIDTH),来测量BOLL指标开口的大小。其计算方法可以表示为:

WIDTH=(布林上限值—布林下限值)÷20日股价平均值

一般情况下,WIDTH值小于10的个股,其股价走势发生突破的可能性较大。但是，WIDTH值会随个股的不同而发生改变，所以投资者应结合该股过去1年来的WIDTH值进行判断，以确定该股WIDTH值的参考值。因为，BOLL指标只表明个股走势会出现突破，但却没有明确个股的突破方向，所以在选定目标个股之后，投资者不可匆忙介入。投资者在实际交易中应结合目标股的其他指标，或其基本面进行研判。

一、形态解析

（1）BOLL指标的"开口突破"战法所用的参数一般为20、2。

（2）BOLL指标的"开口突破"一般多出现在长期横盘整理的个股之中。

（3）BOLL指标的开口越小，其股价的突破力度越大。

二、实战要点

（1）公司基本面良好的个股，其BOLL指标的开口突破多为向上。

（2）在K线图上，股价站在240日、120日、60日、30日和10日均线之上的个股，其BOLL指标的开口突破多为向上。

（3）投资者在选择目标股时，应注意当前股价所处的位置。股价在相对底部的个股，其BOLL指标的开口容易向上突破。

（4）BOLL指标的WIDTH小于10时，个股的最佳买入时机是在股价放量向上突破之时。

三、案例分析

1. 国华网安（000004）

1）日K线形态分析

如图9-1所示，国华网安（000004）日K线图中，该股在前期处在缓慢爬升的走势之中，其股价沿着BOLL指标的上轨逐渐上涨。在该股出现一根中阴线之后，其股价开始进入横盘整理的趋势之中，其BOLL指标的开口也逐步缩小，表明该股盘中的多空双方力量逐步趋于均衡。当股价再一次突破BOLL指标的上轨之时，表明该股的多头又从新占据了优势，投资者可在股价出现突破的当日买入股票，进行适当的建仓。在经过一段时间的强势上涨之后，该股的黑马行情出现反转，股价跌破BOLL指标中轨时，投资者应考虑卖出筹码。

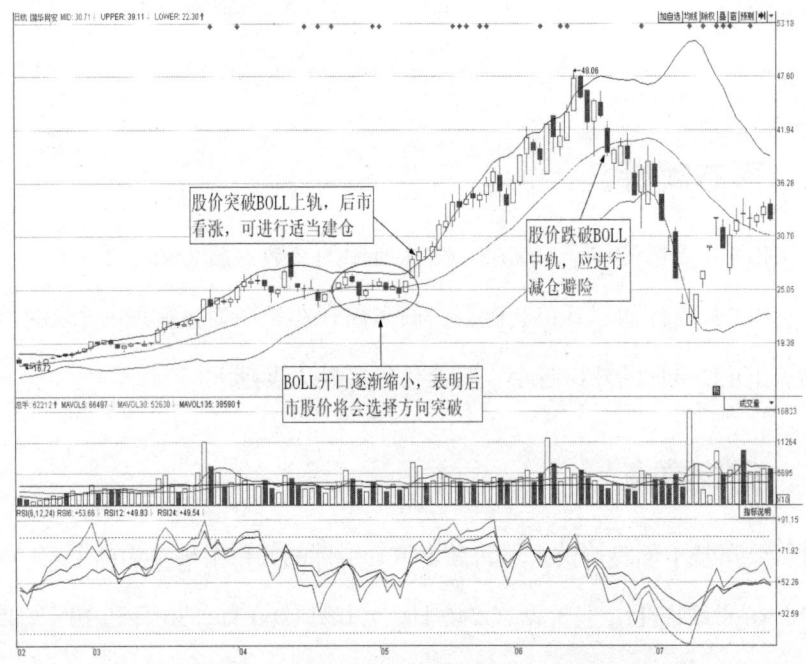

图 9-1 国华网安（000004）日 K 线图

2）分时买点把握

如图 9-2 所示，国华网安（000004）日分时图中，该股股价以小幅低开的方式开盘，之后开始了一波短暂的下跌走势。在股价跌破均价线之后，其进行了短暂的调整，随后便开始了上扬。下午开盘之后，股价又出现了一波拉升，之后其一直呈现横盘走势，直到下午收盘。结合该股的日 K 线图，当股价向上突破 BOLL 指标上轨之时，投资者应积极介入该股。表现在分时图中，当股价出现第一次拉升时，是投资者买入股票的最好时机。在第二次拉升之时，激进的投资者也可进行适当的建仓。

3）分时卖出解析

如图 9-3 所示，国华网安（000004）日分时图中，该股股价在低开之后便开始震荡运行，股价线与均价线相互交织，其成交量也出现了不同程度的放量。尾盘时，当股价再一次跌破均价线之后，其开始出现了跳水，之后股价低位横盘直到收市。结合该股的日 K 线图进行分析，在个股经过一波强势上涨之后，盘中的多方力量开始减退，股价后市有可能出现回调走势。投资者在股价跌破 BOLL 指标中轨之时，应进行适当的减仓，或卖出股票，以规避后市股价下行的风险，同时实现其投资收益。

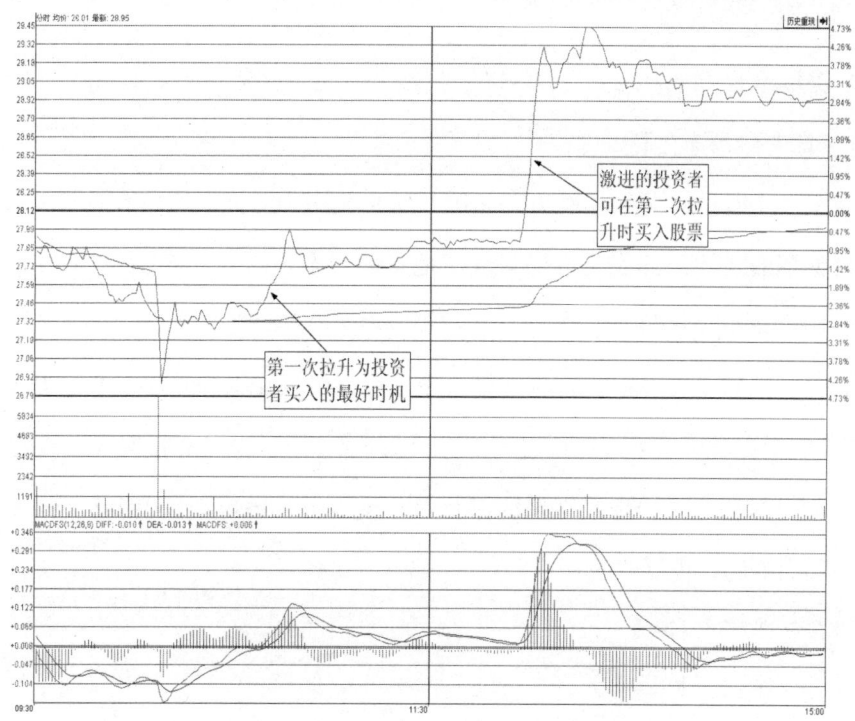

图 9-2　国华网安（000004）日分时图

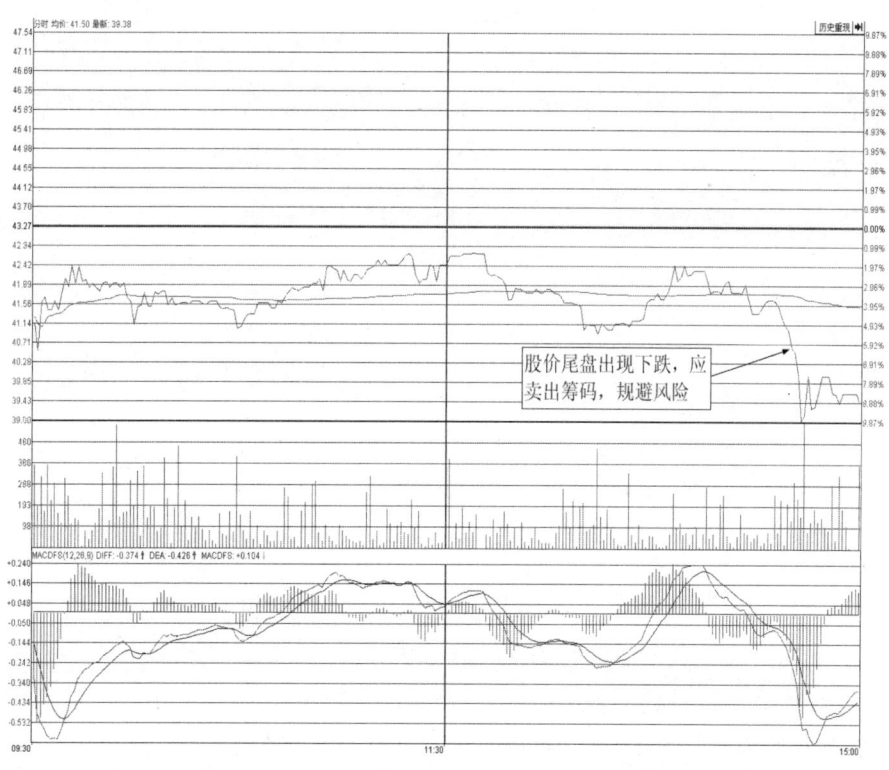

图 9-3　国华网安（000004）日分时图

2. 深粮控股（000019）

1）日 K 线形态分析

如图 9-4 所示，深粮控股（000019）日 K 线图中，该股股价在前期基本上处于横盘整理的走势，其成交量也呈现出地量的状态。同时，该股的 BOLL 指标的开口也逐步缩小，表明该股盘中的多空双方力量逐步趋于均衡。某日，股价出现强势涨停，突破了 BOLL 指标的上轨，并且当日的成交量出现了巨型的放量。在突破当日，投资者可以买入股票进行建仓，以获取该股后市上涨行情所形成的收益。在股价创出新高之后，该股出现回调行情，投资者在股价跌破 BOLL 指标的中轨之时应卖出筹码，进行避险。

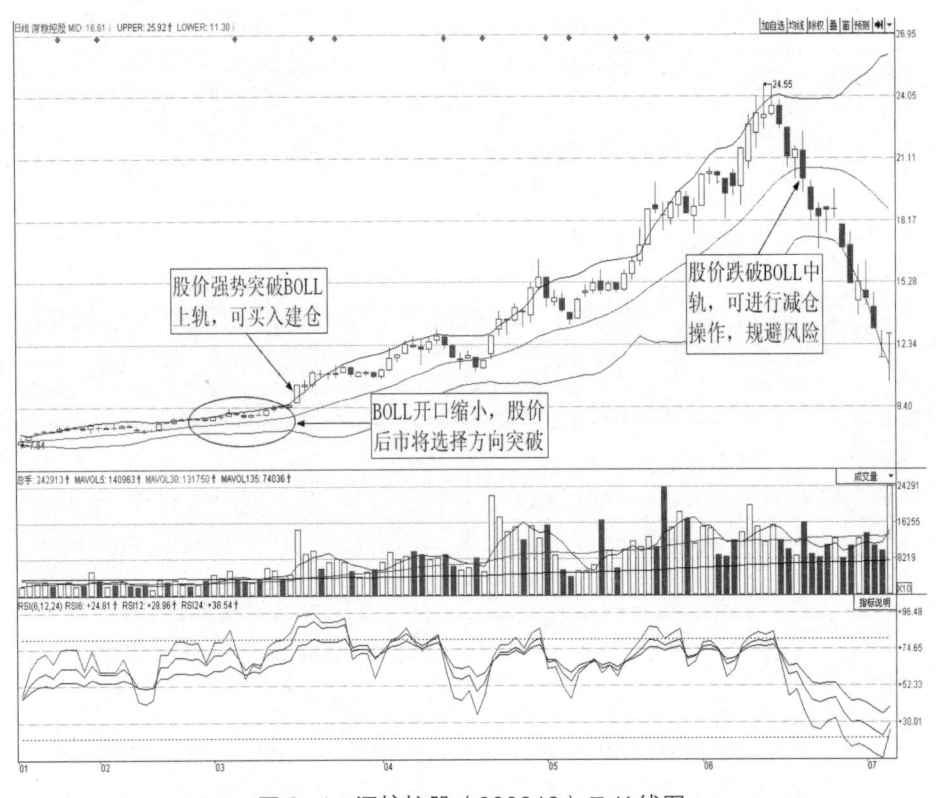

图 9-4　深粮控股（000019）日 K 线图

2）分时买点把握

如图 9-5 所示，深粮控股（000019）日分时图中，该股股价在小幅高开之后，开始了一波拉升走势，并且上封了涨停板。不过封板没有多久便被打开，股价之后一直高位横盘。在尾盘，股价出现了第二次的拉升，并再一次上封了涨停板，直到收市。同时，其成交量也出现了密集的放大。结合该股的日 K 线图进行分析，在股价强势突破 BOLL 指标的上轨之时，投资者应买入股票，积极入场。表现在分时图中，股价开盘后的第一次拉升是投资者的最佳买点，股价在尾盘再一次拉升之时，投资者也可买入股票。

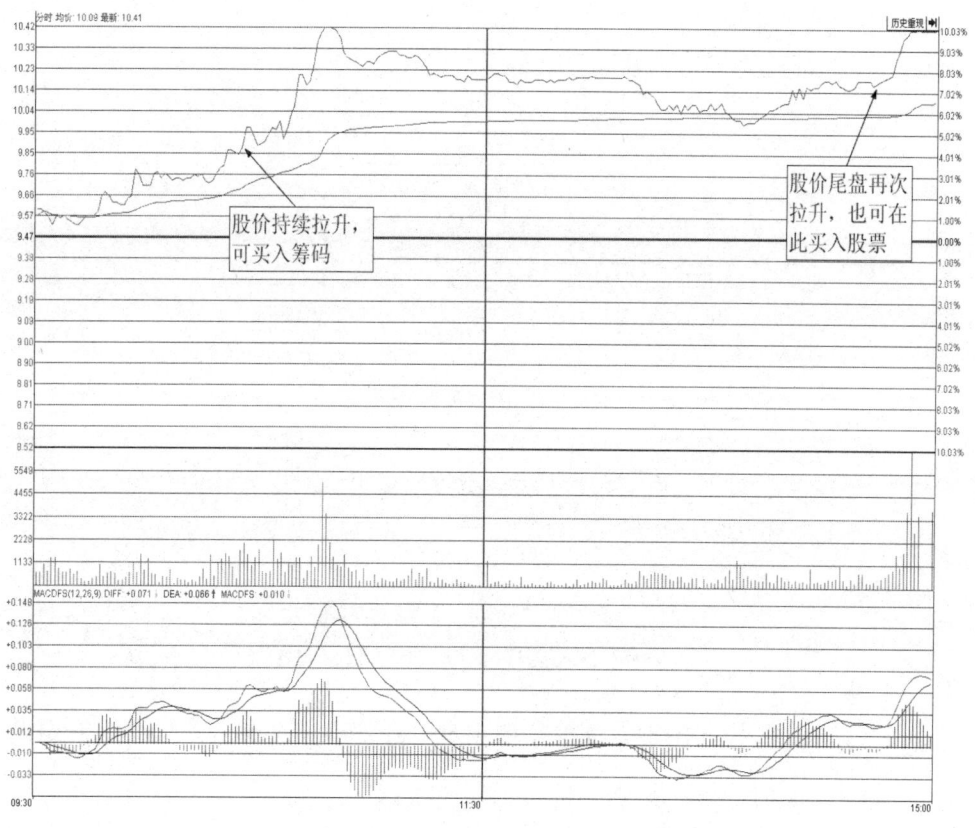

图 9-5 深粮控股（000019）日分时图

3）分时卖出解析

如图 9-6 所示，深粮控股（000019）日分时图中，该股股价小幅低开之后，开始了一波缓慢的爬升。不过该爬升趋势并没有得到延续，随后股价进入横盘整理的走势。下午开盘之后，股价跌破了均价线，开始震荡下行，直到收市。结合该股的日 K 线图进行分析，在股价经过强势上涨的行情之后，盘中的多方力量逐步衰退。该股后市可能开始回调下跌，投资者在股价跌破 BOLL 指标的中轨之时，卖出股票进行避险。表现在分时图中，在股价跌破均价线开始下行时，投资者应卖出筹码，规避风险。

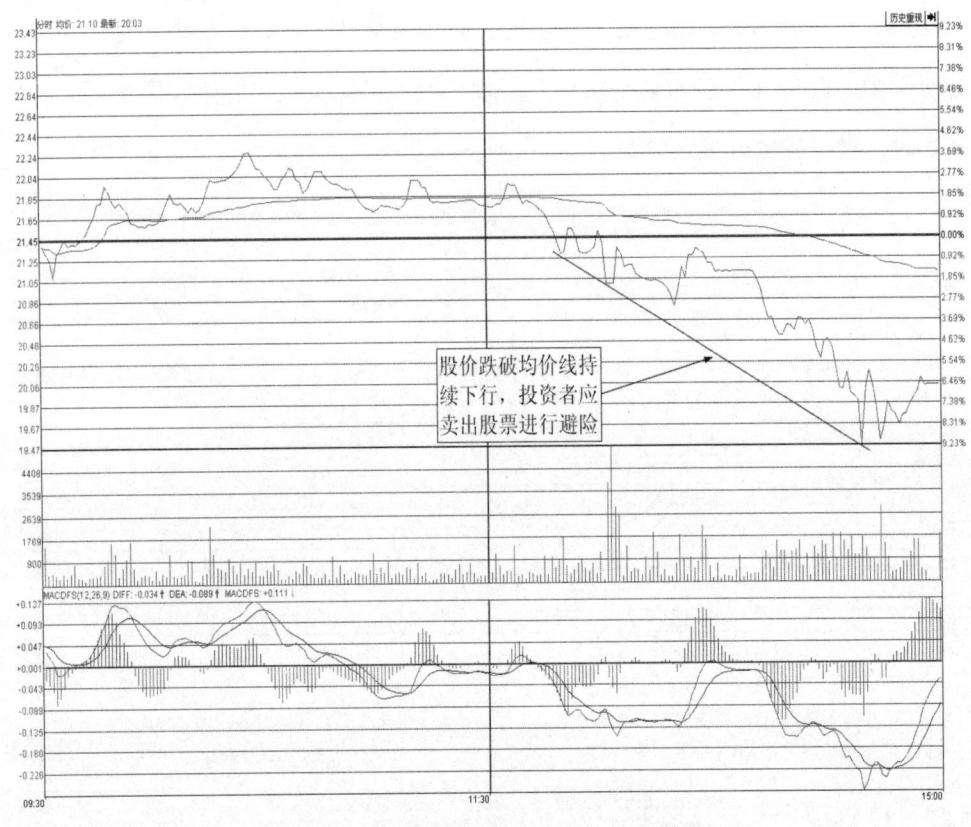

图9-6　深粮控股（000019）日分时图

当WIDTH值小于10时，同时个股出现"放量向上突破"，此时正是BOLL指标开口扩大之时，投资者应抓住时机买入股票。

第十技

中轨支撑狙杀黑马分时战法

在传统理论中，BOLL指标的轨线所形成的通道一般作为研判股价走势的辅助指标，即通过股价所处在BOLL指标通道内的位置来评估股票走势的强弱，当股价位于BOLL指标上轨与中轨之间时，则表明该股处在上升行情之中，投资者可继续持股或买入筹码；而当股价位于BOLL指标中轨与下轨之间时，则表明该股处在下跌行情之中，投资者应卖出筹码或进行减仓。由此可见，BOLL指标的两极为上轨和下轨，表示极强和极弱，那么现在该指标的中轨就有了较大的意义。若股价在出现回调走势之后，能在中轨线获得支撑，那么就表明该股仍处在多头行情之中，而在中轨线的反弹位置则成了投资者捕捉黑马股，买入股票进行建仓的良好时机。

一、形态解析

（1）BOLL 指标的"中轨支撑"战法所用的参数一般为 20 和 2。

（2）BOLL 指标的"中轨支撑"一般多出现在个股上涨走势的回调行情之中。

（3）股价回踩 BOLL 指标中轨的时间越短，其后市反弹的高度或幅度往往越大。

二、实战要点

（1）BOLL 指标的中轨经长期下跌之后开始走平，开始出现向上的抬头的迹象，并且股价在 2～3 日内均在中轨线之上。此时，若股价出现回调，其回调低点往往是投资者进行建仓的买入点。若此时成交量出现明显放大，则投资者可积极进场，往往能捕捉到黑马股的暴涨波段。

（2）在股价回踩 BOLL 指标的中轨过程中，若 K 线组合的阳线多于阴线，阳线实体大于阴线，或者股价呈现出圆弧底、双底、头肩底等形态则表明中轨支撑的看涨信号更强。

（3）对于运行在 BOLL 指标的中轨与上轨之间的强势股，其回踩中轨的支撑点不仅是投资者的买入点，同时，其中轨线也可以作为投资者重要的止盈、止损线。

（4）若股价回踩 BOLL 指标的中轨之后，连续多日进行横盘整理没有调头向上，且该股的成交量也没有出现连续放大，则投资者应注意下跌风险。

三、案例分析

1. 深粮控股（000019）

1）日 K 线形态分析

如图 10-1 所示，深粮控股（000019）日 K 线图中，该股股价经过缓慢的爬升之后，开始出现小幅的回调，同时，其成交量也出现了一定程度的萎缩。在回

第十技　中轨支撑狙杀黑马分时战法

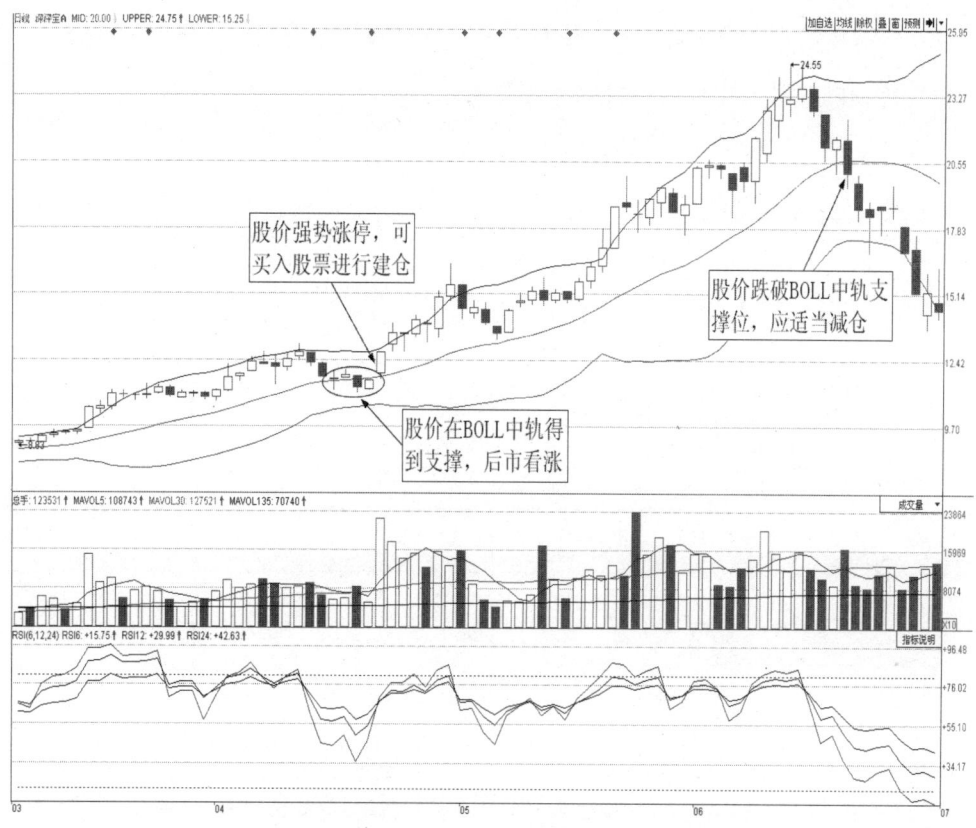

图 10-1　深粮控股（000019）日 K 线图

调的过程中，股价回落到 BOLL 指标的中轨线时，该股的多头又开始积极拉升，使股价重新回到上升趋势之中，表明股价的强势上涨行情并没有结束。随后股价开始强势反弹，投资者在 K 线出现涨停阳线的当日，应买入股票进行建仓。经过一段时间的上涨之后，股价开始反转下跌，在跌破 BOLL 指标的中轨线时，投资者应卖出股票，进行避险。

2）分时买点把握

如图 10-2 所示，深粮控股（000019）日分时图中，该股小幅高开之后，股价开始横盘震荡。上午盘中，股价上穿均价线后出现了一波拉升走势，同时，其成交量也出现了密集的放大。之后，股价又进入到横盘整理的趋势。下午开盘之后，股价被再一次拉升，并且上封了涨停板，直到收市。结合该股的日 K 线进行分析，股价在 BOLL 指标的中轨线获得支撑并开始反弹之后，投资者可买入股票，进行建仓。表现在分时图中，股价第一次拉升时是投资者买入股票的最佳时机。不过，股价涨停前的拉升，投资者也可以考虑介入。

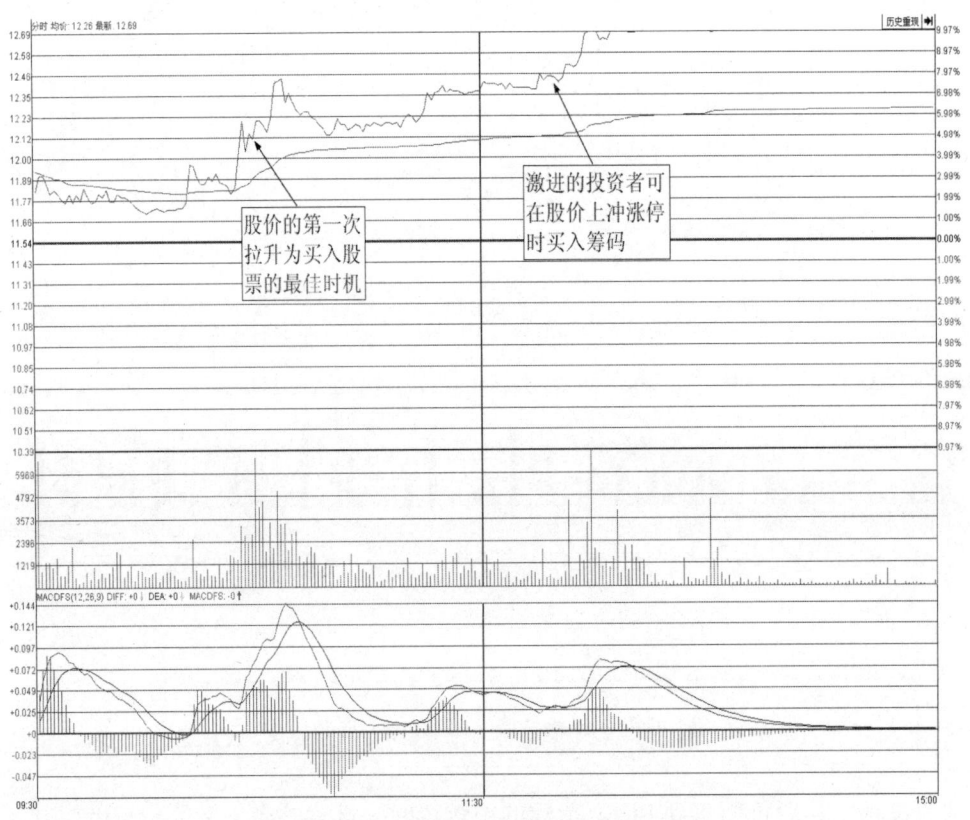

图 10-2　深粮控股（000019）日分时图

3）分时卖出解析

如图 10-3 所示，深粮控股（000019）日分时图中，该股股价开盘之后，出现了一次小幅的拉升走势，其成交量也出现了放量。但随后，股价并没有延续这一上升趋势，在下午开盘之后，其跌破了均价线，开始震荡下行，直到该股下午收盘。结合该股的日 K 线图进行分析，在股价创出新高之后，其回调的压力也开始增强，股价后市可能将出现反转下跌的行情。投资者在股价跌破 BOLL 指标的中轨线时，应卖出筹码规避风险。表现在分时图中，在股价下穿均价线开始震荡下行时，投资者应卖出股票或进行减仓。

第十技　中轨支撑狙杀黑马分时战法

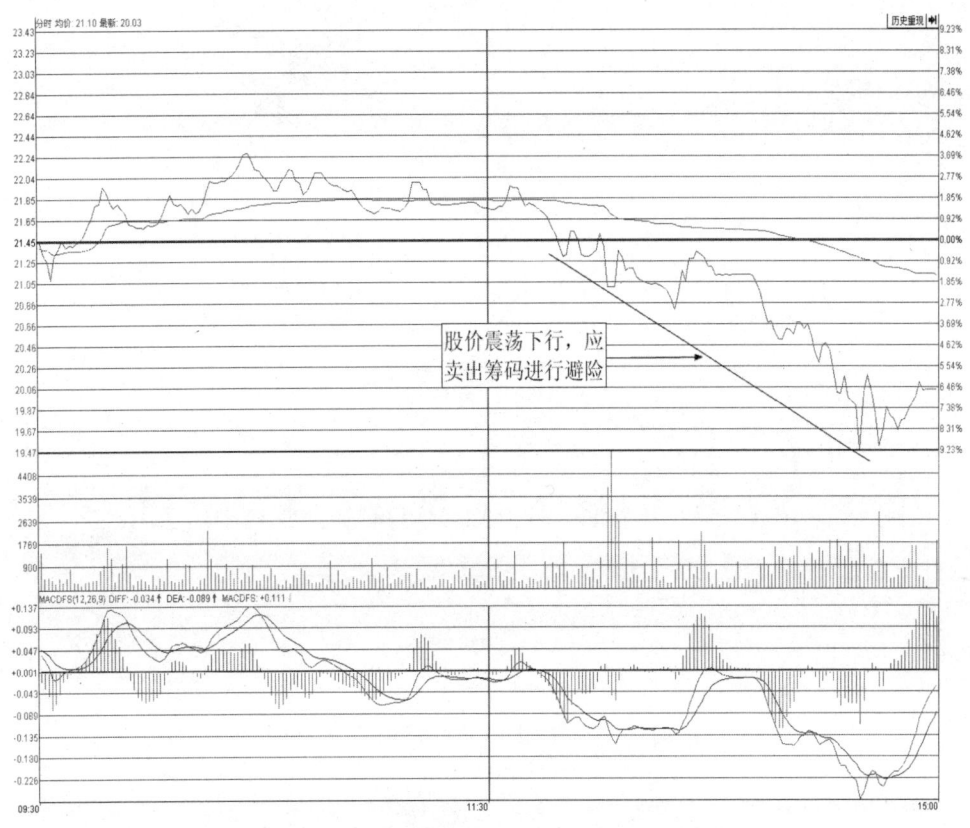

图 10-3　深粮控股（000019）日分时图

2. 北方国际（000065）

1）日 K 线形态分析

如图 10-4 所示，北方国际（000065）日 K 线图中，该股之前一直处于上升趋势之中。在突破 BOLL 指标的上轨线时，股价开始进入回调走势，同时，其成交量也出现了逐步的萎缩。该股在下跌到 BOLL 指标的中轨线时获得了支撑，随后其开始反弹向上。这一走势表明，该股的上升行情还没有结束，股价后市仍有一定的上涨空间。投资者在股价出现强势涨停的当日可买入股票，进行适当的建仓。在股价创出新高之后，该股出现回调走势的可能性增强。投资者应在股价跌破 BOLL 指标的中轨线时卖出股票，规避风险。

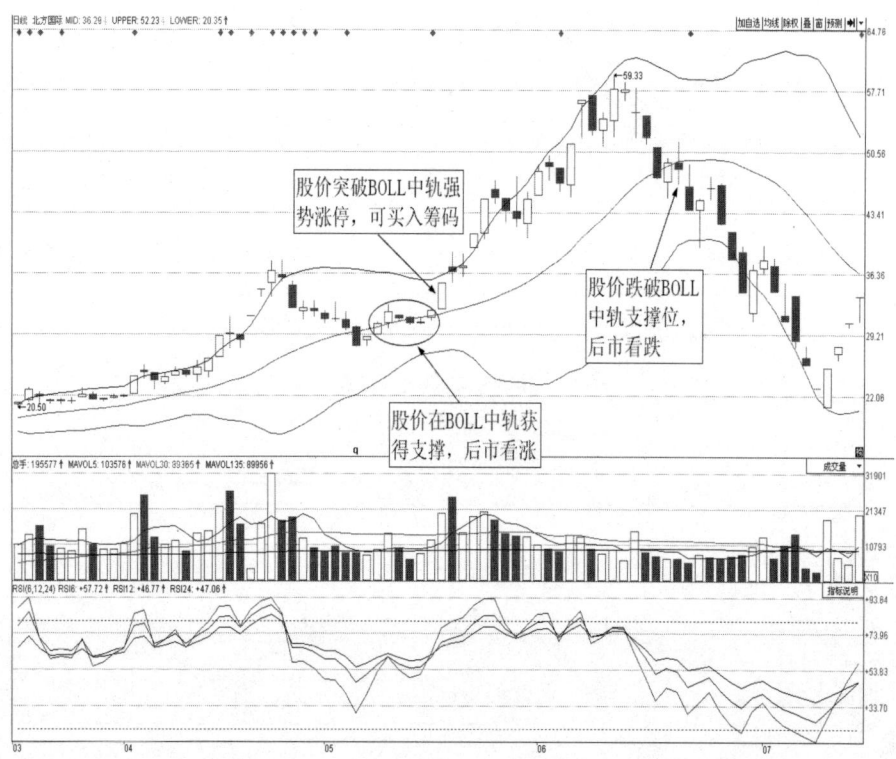

图 10-4　北方国际（000065）日 K 线图

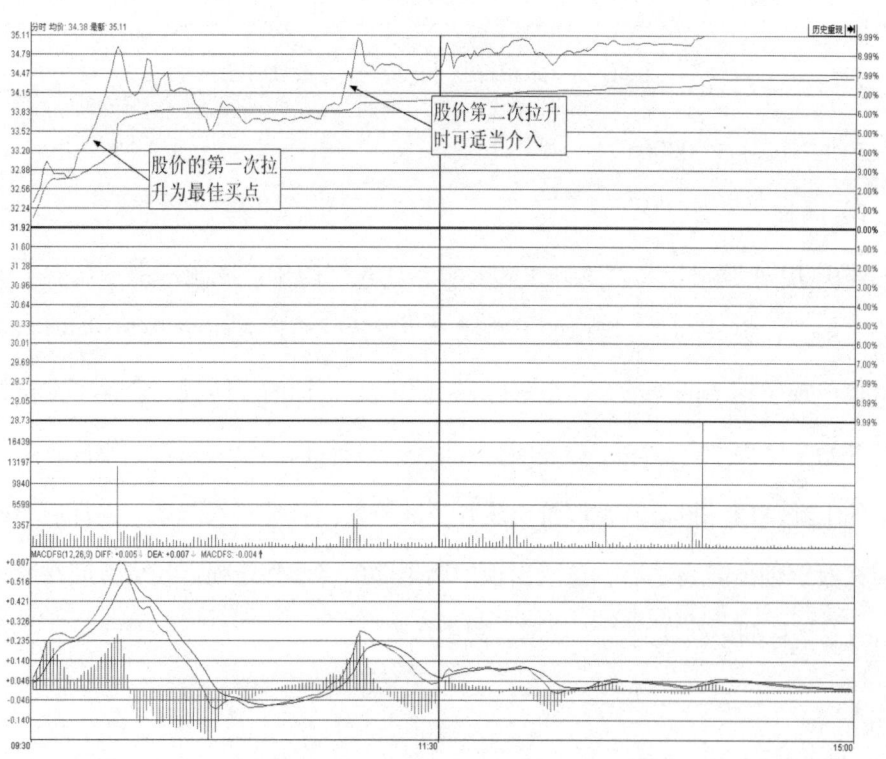

图 10-5　北方国际（000065）日分时图

2）分时买点把握

如图 10-5 所示，北方国际（000065）日分时图中，该股股价以小幅高开的方式开盘。之后，其开始了一波拉升走势，成交量也出现了一定程度的放大。不过，股价后期并没有延续之前的强势走势，在拉升之后，股价便开始出现回调。在短暂高位横盘之后，股价出现了第二拉升，在下午收市之前股价上封了涨停板。结合该股的日 K 线图，在股价强势涨停之时，投资者应买入筹码，进行建仓。表现在分时图中，投资者可在股价的第一次拉升时买入股票。股价第二次拉升涨停时，亦可进行建仓。

3）分时卖出解析

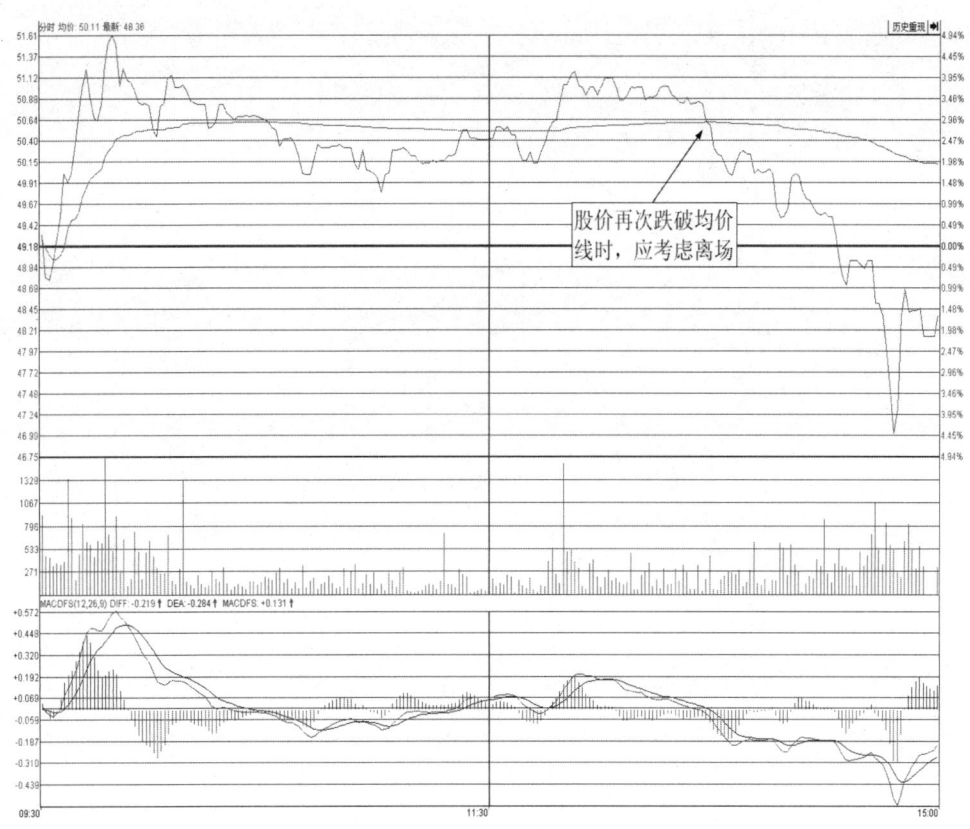

图 10-6　北方国际（000065）日分时图

如图 10-6 所示，北方国际（000065）日分时图中，该股股价在开盘之后便出现了一波急速的拉升，同时，其成交量也出现了密集的放大。随后，股价没有延续之前的走势，在拉升之后便开始进入到震荡下行的趋势之中。在下午开盘之后，股价又出现一波拉升行情，但很快其就跌破了均价线，进入到下跌走势之中，直到收市。结合该股的日 K 线图进行分析，在股价跌破 BOLL 指标的中轨线后，表明该股后期将会出现反转下跌，投资者应卖出股票。表现在分时图中，在股价尾盘震荡下行时，投资者应卖出筹码，以规避风险。

投资者在利用 BOLL 指标的中轨线捕捉黑马股时，应注意结合该股的技术指标或 K 线组合进行分析，以提高其研判的准确性。

第十一技

蜻蜓点水狙杀黑马分时战法

在实际交易过程中,我们可以把个股的 MACD 指标与 MA 指标结合使用,用来捕捉黑马股。当个股经过一段时间的下跌之后,其股价会处在一个相对较低的位置。经过筑底过程之后,个股的 MACD 指标和 MA 指标会同时出现向上突破的走势,这一走势表明该股具备了成为黑马股的特征,后市会出现上涨行情。但是主力在拉升股价的过程中,一般都会进行震荡洗盘,所以,此时投资者不应过于急切介入。在主力的洗盘过程中,个股 MACD 指标的 DIF 线与 DEA 线和 MA 指标的 5 日线与 10 日线将会出现靠拢或相互黏合的走势,在 MACD 指标的 DIF 线与 DEA 线和 MA 指标的 5 日线与 10 日线相互黏合之后,若两指标的两线形成死叉并向下运行,则表明股价后市将会走低;若两指标的两线并未形成死叉而是向上运行,则表明股价后市会出现黑马行情。该形态是把 MACD 指标的 DIF 线与 DEA 线的走势与 MA 指标的 5 日线与 10 日线的走势相互结合起来使用的,由于两个指标的两线都未形成死叉时,个股后市才会出现黑马行情,所以我们把这种形态称为"蜻蜓点水"形态。

这一形态在股价底部出现时,表明主力吸货结束,即将展开一轮拉升行情。投资者在实际运用的过程中,应对两指标同时进行分析。两指标若在不同的时间段出现黏合反弹的走势,则该形态不能成立。所以,投资者在运用的过程中应仔细辨别。

一、形态解析

（1）个股经过一轮下跌之后，股价已处在较低的位置。

（2）个股的 MACD 指标和 MA 指标同时出现向上运行的迹象，并且两指标的 DIF 线与 DEA 线、5 日线与 10 日线同时出现黏合反弹的走势。

（3）在个股的指标线向上运行时，若成交量出现较大的放量，那么该形态的看涨信号更强。

二、实战要点

（1）若 MACD 指标的 DIF 线与 DEA 线之前形成金叉，在股价回调时 DIF 线回调到 DEA 线附近，继而 DIF 线又开始反转向上，那么该股的后市涨幅会更高。

（2）若 MA 指标的 5 日线与 10 日线形成金叉后向上运行，因股价回调，5 日线回调到 10 日线后又开始反转向上，那么该形态的看涨信号会更强。

三、案例分析

1.皖通高速（600012）

1）日 K 线形态分析

如图 11-1 所示，皖通高速（600012）日 K 线图中，该股在经过小幅的爬升之后，其股价出现了横盘整理的走势，同时，其成交量也出现了一定程度的萎缩。在该股的 MACD 指标和 MA 指标出现金叉之后，其股价开始有所启动。不过由于主力的震荡吸筹行为，股价很快出现了回调，其 MACD 指标和 MA 指标也开始向下运行。在回调走势结束后，该股股价也重新回到了上涨态势。投资者在该股的两指标都出现"蜻蜓点水"的形态之后，可进行建仓。在股价经过一轮上涨，跌破均线支撑位时，应离场避险。

第十一技 蜻蜓点水狙杀黑马分时战法

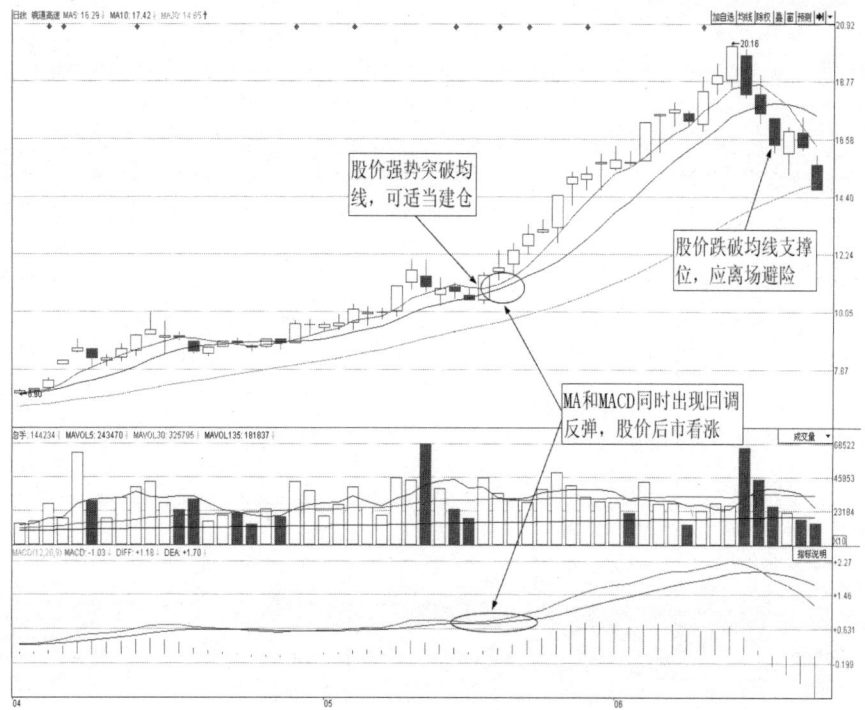

图 11-1 皖通高速（600012）日 K 线图

2）分时买点把握

如图 11-2 所示，皖通高速（600012）日分时图中，该股的股价以小幅低开的方式开盘，之后其股价一直与均价线相互缠绕运行，并没有出现较好的表现。在上午盘的尾盘，股价出现了一波拉升走势，同时，其成交量也出现了较大的放量。下午开盘之后，股价延续了上午的走势，直到收市。结合该股的日 K 线图，在该股的指标出现"蜻蜓点水"形态之后，投资者可在股价突破均线时，买入股票进行建仓。表现在分时图中，股价的第一次拉升是投资者买入股票的良好时机，风险偏好的投资者也可在股价第二次拉升时买入筹码。

3）分时卖出解析

如图 11-3 所示，皖通高速（600012）日分时图中，该股的股价在较大幅的低开之后开始震荡运行，随后其出现了一波下跌走势，同时其成交量也出现了较大幅的放量，形成价跌量增的走势。表明此时市场对该股的后市表现并不看好，该股后市将会出现反转行情。之后，股价延续了这一弱势走势，一直运行在均价线以下，直到下午收市。结合该股的日 K 线图进行分析，在股价跌破均线的支撑位时，投资者应卖出股票，进行避险。表现在分时图中，在股价出现放量下跌的走势时，应卖出股票，实现收益。

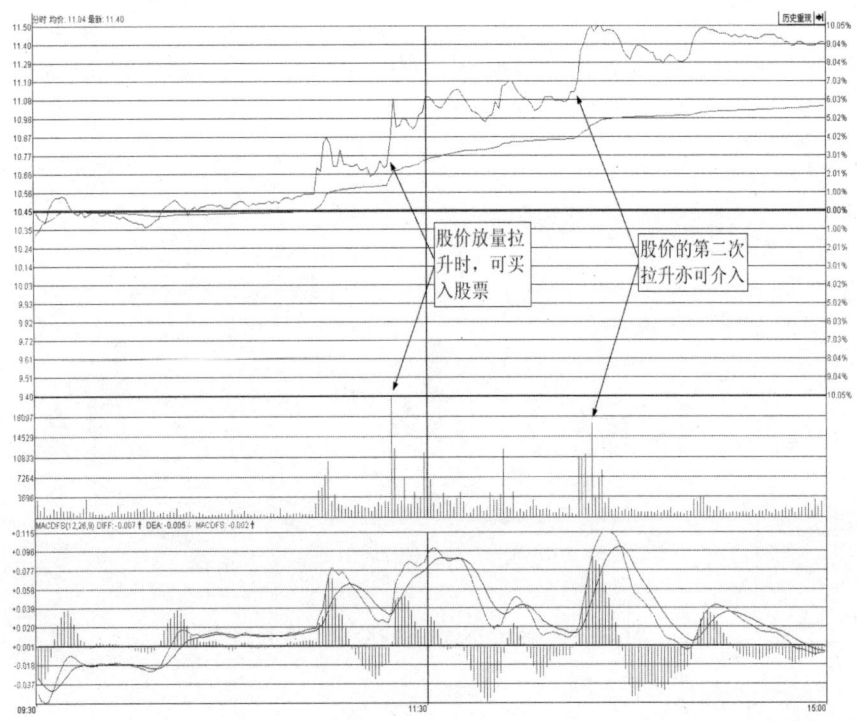

图 11-2　皖通高速（600012）日分时图

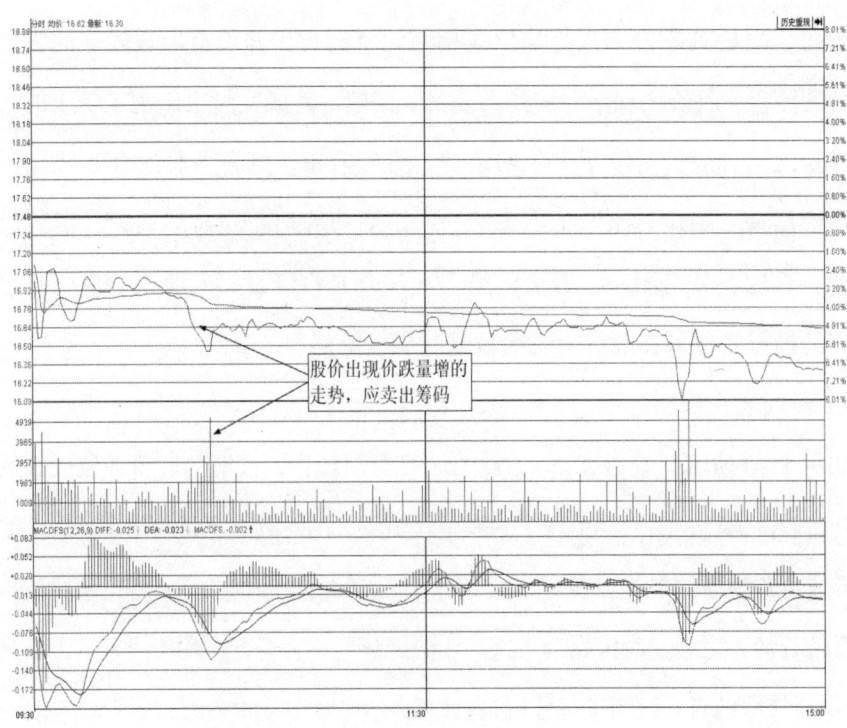

图 11-3　皖通高速（600012）日分时图

2. 中信证券（600030）

1）日K线形态分析

如图11-4所示，中信证券（600030）日K线图中，该股的股价前期一直处在横盘整理的走势之中，随后股价开始缓慢上涨。但在小幅爬升之后，股价出现短暂的回调，同时，其成交量也出现了萎缩。此时，该股的MACD指标的DIF线与DEA线和MA指标的5日线与10日线呈现出靠拢的走势，但是其并未形成死叉，而是在靠拢之后出现反弹向上的走势。表明股价后市会延续上涨行情。投资者在股价突破均线时应买入股票，进行建仓。而当股价创出新高后，一旦跌破支撑位时卖出股票，规避风险。

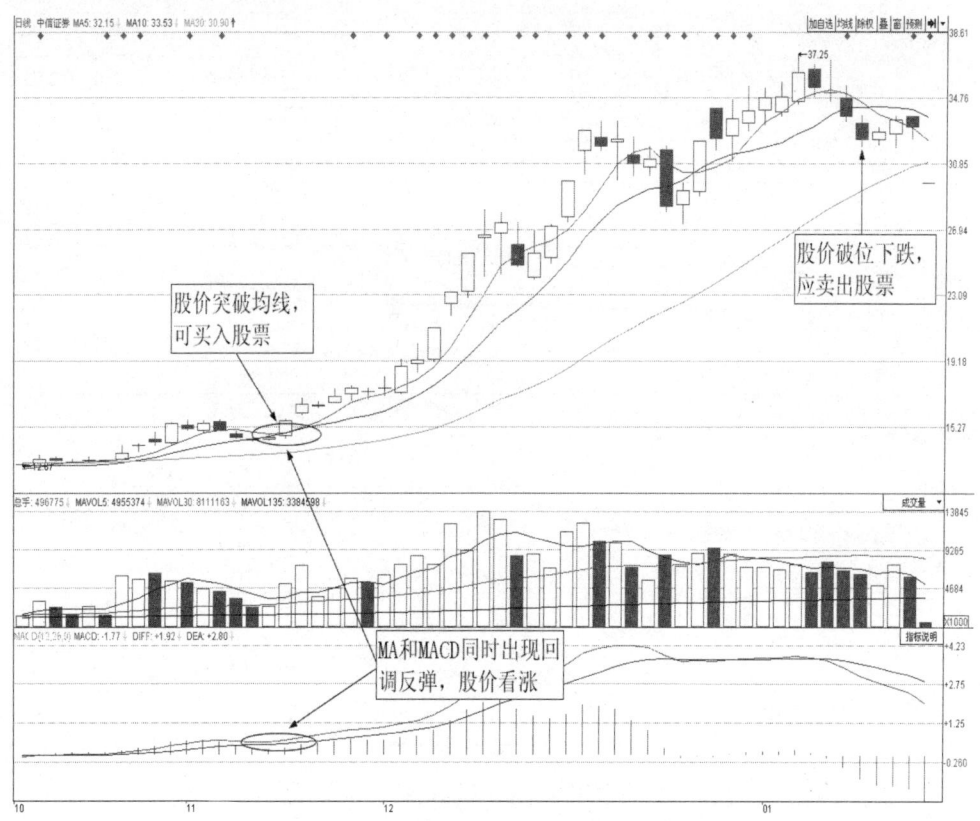

图11-4　中信证券（600030）日K线图

2）分时买点把握

如图 11-5 所示，中信证券（600030）日分时图中，该股基本上以平开的方式开盘，之后其股价并没有出现较大的波动，而是与均价线呈现出相互缠绕运行的走势。在上午盘的尾盘，股价向上突破了均价线，出现了一波上升走势。下午开盘之后，股价延续了这一上升走势，并且持续走高，直到下午收市。结合该股的日K线图，在该股指标出现"蜻蜓点水"形态之后，投资者可在股价突破均线系统之时买入股票。表现在分时图中，在股价出现拉升走势之时，应果断买入筹码，进行建仓。

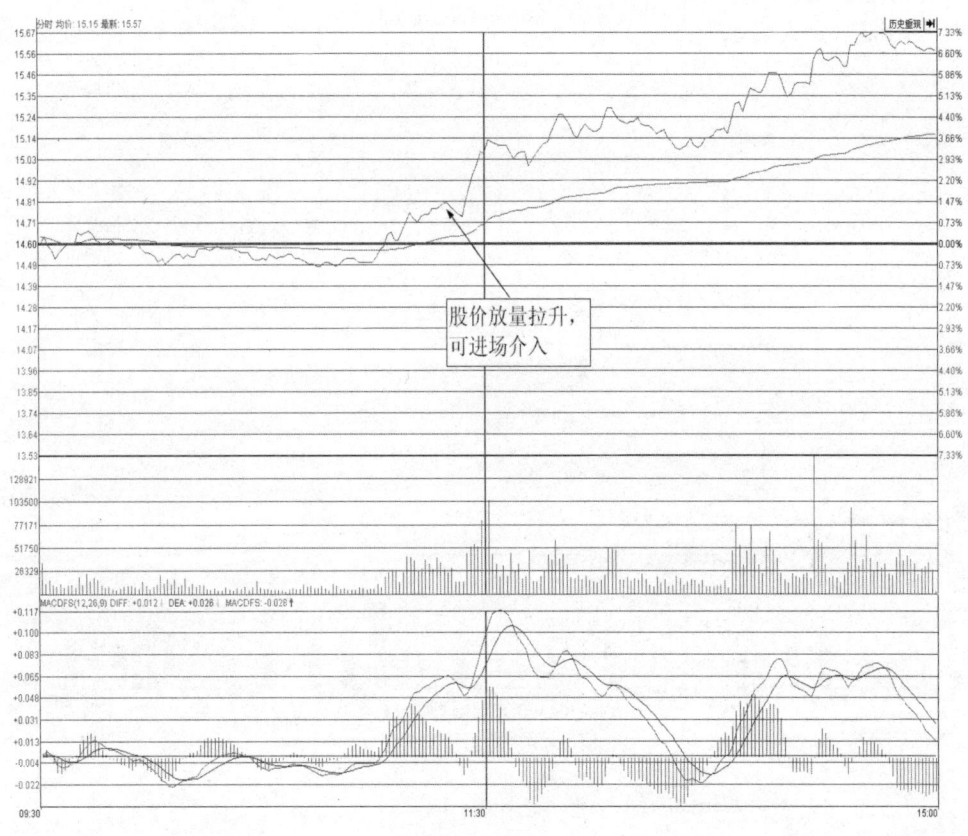

图 11-5　中信证券（600030）日分时图

3）分时卖出解析

如图 11-6 所示，中信证券（600030）日分时图中，该股股价以平开的方式开盘之后，便开始了一波下跌走势。随后股价出现了短暂的反弹，并且上穿了股价线。

第十一技 蜻蜓点水狙杀黑马分时战法

但后市该股并没有延续这一上涨趋势，股价做了短暂的横盘之后，又一次跌破了均价线并持续走低，直到该股下午收市。结合该股的日K线图进行分析，在该股股价创出新高之后，其卖盘压力开始增强。在股价跌破均线的支撑位后，投资者应进行减仓或卖出股票，以规避后市的风险。表现在分时图中，在股价再一次跌破均价线之时，投资者应卖出筹码。

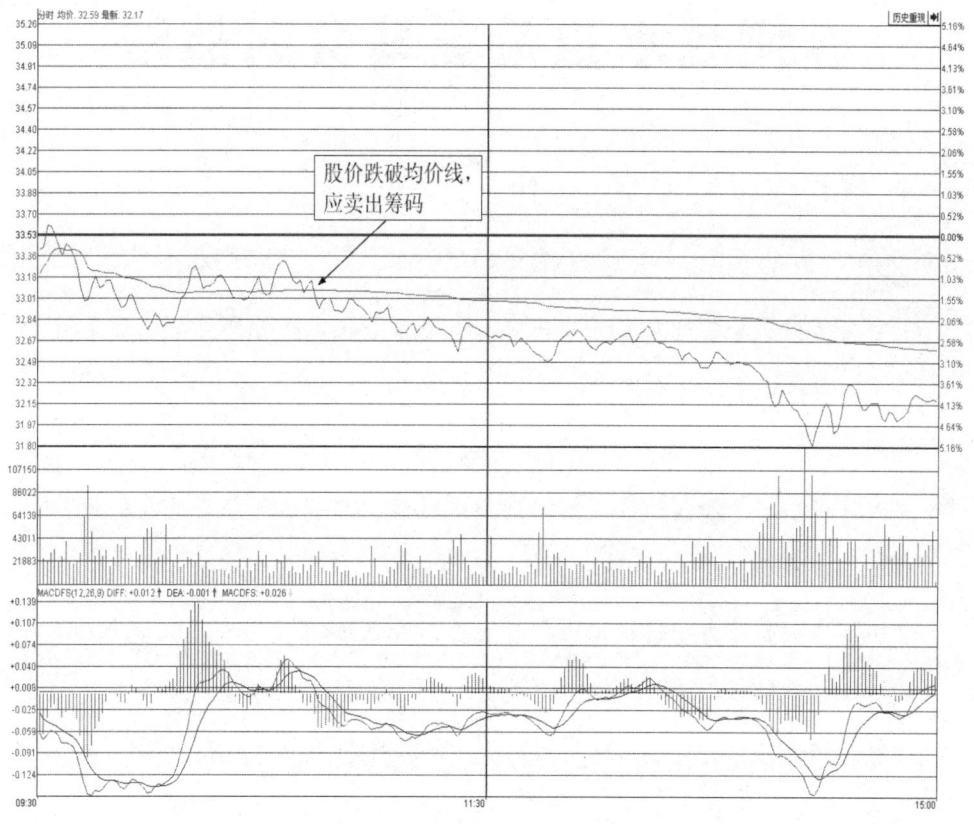

图11-6 中信证券（600030）日分时图

在运用该形态捕捉黑马股时，投资者可结合该股的成交量来进行判断，以增强该形态的看涨信号。

第十二技

春鸭戏水狙杀黑马分时战法

在捕捉黑马股的众多方法当中,利用多个技术指标相互配合确定黑马股的启动点是非常有用的一种方法。在实际交易过程中,利用MACD指标和MA指标的买入信号进行相互验证,如此可更加准确地判断黑马股的介入时机。当个股经过一段时间的下跌之后,其股价一般会处在低位。此时,该股的MACD指标线也会运行在0轴线以下。经过横盘整理之后,盘中的多头积蓄力量再次发力拉升股价,这时MACD指标的DIF线与DEA线就会在0轴线下形成金叉。但此时空方的力量尚未完全消耗,在股价短暂上扬之后,有可能出现回调走势。而其MACD指标的DIF线与DEA线就会在穿越0轴线之后形成死叉。若MACD指标的这一死叉没有持续多久就被另一金叉所代替,同时,该股的MA指标的5日线与10日线也形成金叉,那么表明该股盘中的空方抛压已被市场消化,此时,多方完全占据了优势,股价在后期将会出现一波较强的上升行情。投资者在遇到这一走势时,便可寻找合理的时机大胆地介入,进行建仓。

这一形态如同在春江上戏水的春鸭,时而一头扎进水里,片刻之后又露出水面。预示着寒冷的冬季即将过去,温暖的春天即将来临,所以我们称这种形态为"春鸭戏水"。一般情况下,这种形态的形成主要是

第十二技 春鸭戏水狙杀黑马分时战法

因为主力拉升股价前的试探行为，其目的是为了清洗浮筹，进一步夯实该股的底部。投资者在遇到这一形态时，也可结合该股的成交量情况来进一步判断，以提高该形态买入信号的准确度。

一、形态解析

（1）个股经过一轮下跌行情之后，股价已处在较低的位置。

（2）个股的 MACD 指标形成金叉之后向上穿越 0 轴线，在股价出现回调反弹之后，在 0 轴线上方再次形成金叉。

（3）个股的 MACD 指标在 0 轴线上方形成金叉之后，其 5 日均线与 10 日均线也形成金叉。

二、实战要点

（1）在股价出现回调后，该股 MA 指标的 5 日均线与 10 日均线形成死叉，但在 30 日均线处获得支撑，则这一形态的买入信号更加强烈。

（2）个股的成交量萎缩后再度放大，5 日均量大于 10 日均量，说明股价的上涨有成交量积极放大的配合，呈现典型的"价升量增"形态，表明后市该股可能会产生一波较强的上涨行情。

三、案例分析

1. 光电股份（600184）

1）日 K 线形态分析

如图 12-1 所示，光电股份（600184）日 K 线图中，该股股价前期处在小幅的下跌走势之中，其成交量也基本上处在地量的状态。在股价创出新低开始反弹之时，该股的 MACD 指标的 DIF 线与 DEA 线在 0 轴线下形成金叉，同时向上穿越了 0 轴线。在股价横盘整理走势的末期，该股的 MACD 指标在 0 轴线上方再次形成金叉，同时，其 MA 指标的 5 日线与 10 日线也形成金叉。这一形态表明该股后期将会出现黑马行情，投资者可在股价站上均线之后买入股票，进行建仓。在股价跌破 30 日线时，应减仓避险。

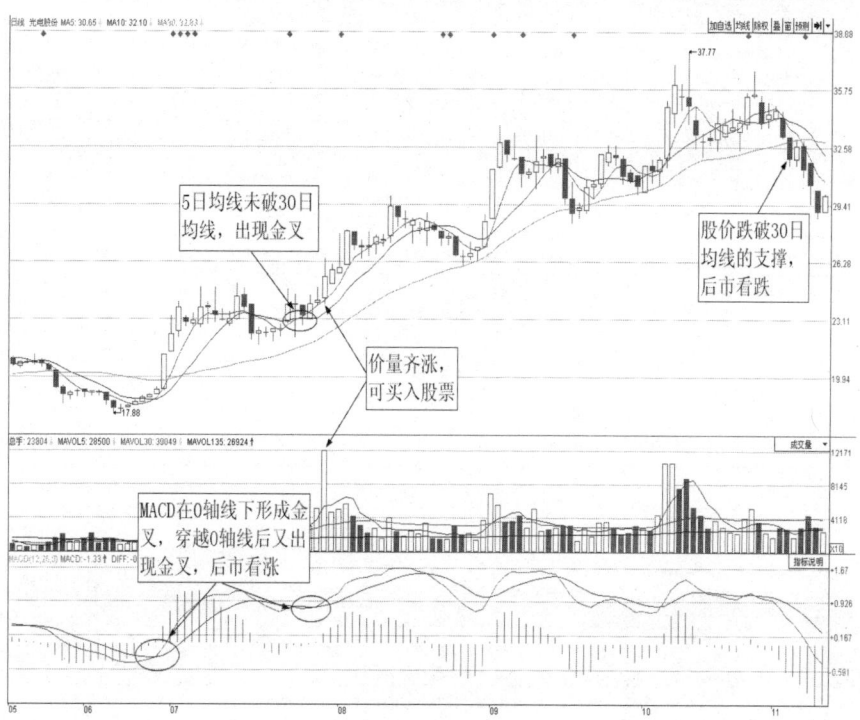

图 12-1　光电股份（600184）日 K 线图

2）分时买点把握

如图 12-2 所示，光电股份（600184）日分时图中，该股股价以平开的方式开盘，随后出现了小幅的拉升，其成交量也出现了放量。之后，股价进入横盘整理的走势，在上午收盘之前，股价被迅速地拉升到高位，但后期走势并没有保持这一强势上涨行情，随后开始一段缓慢的下跌走势，直到收市。结合该股的日 K 线图，在股价站上该股的均线系统之后，投资者可以进行适当的建仓。表现在分时图中，在盘中股价被迅速拉升之后，投资者应积极买入该股，吸取筹码，以期获取该股后市的投资收益。

3）分时卖出解析

如图 12-3 所示，光电股份（600184）日分时图中，该股在小幅低开之后就开始下跌走势，但很快股价横盘企稳，并向上穿越了均价线。但这一走势没有成交量的支撑很难延续，所以之后股价与均价线相互黏合横盘运行。在下午开盘之后，股价线再一次跌破了均价线进入到下跌趋势，同时，其成交量出现了较大的放量，直到下午收市。结合该股的 K 线图，在股价跌破均线的支撑位之后，投资者应卖出筹码，规避风险。具体表现在分时图中，股价跌破均价线时，是投资者卖出筹码的良好时机。

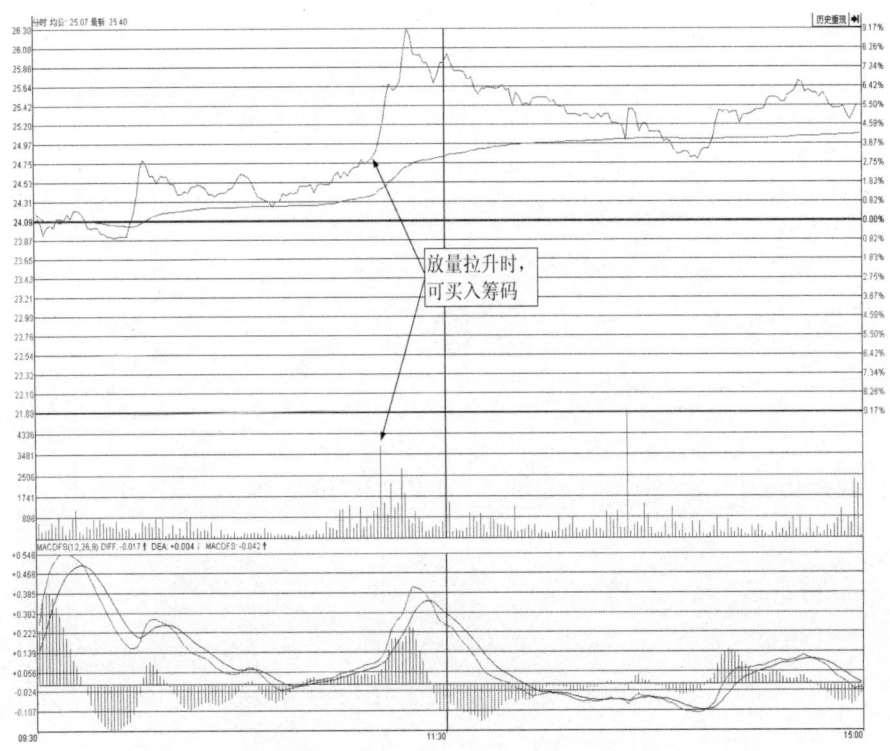

图 12-2　光电股份（600184）日分时图

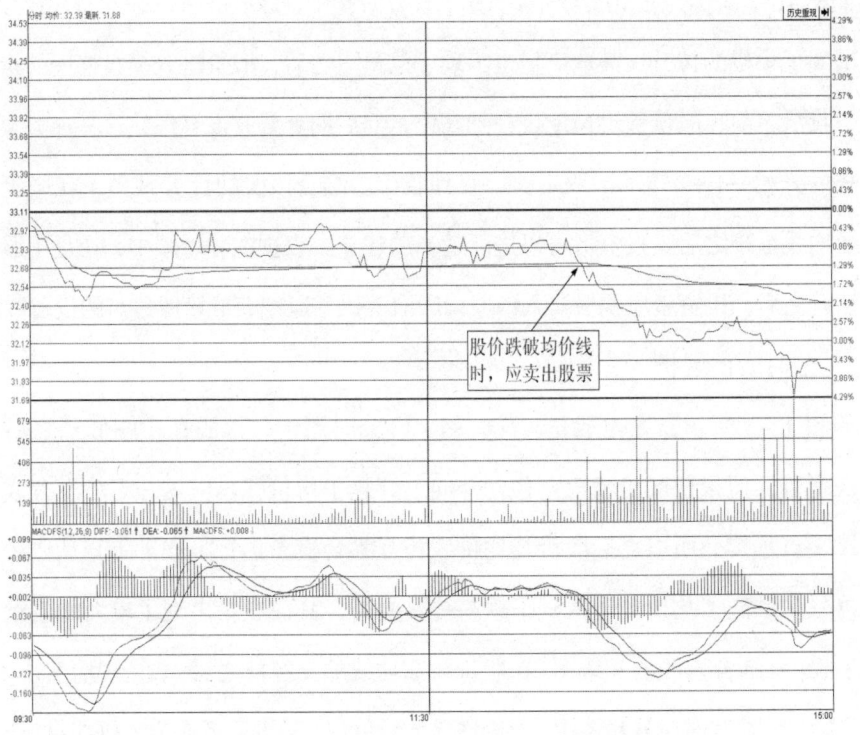

图 12-3　光电股份（600184）日分时图

2. 中国长城（000066）

1）日K线形态分析

如图12-4所示，中国长城（000066）日K线图中，该股前期基本上处在横盘整理的走势之中，MACD指标在0轴线下形成金叉后，股价出现了小幅的爬升，同时，其成交量也出现了一定程度的放大。在股价再次横盘整理的末期，该股的MACD指标在0轴线上方形成金叉的同时，其MA指标也形成了金叉。这一走势表明该股具备了出现黑马行情的条件，投资者在股价强势上涨之时，应积极买入股票，进行建仓，以期获取投资收益。在股价创出新高后，该股后市的回调压力增强，在均线出现死叉之时，投资者应卖出筹码。

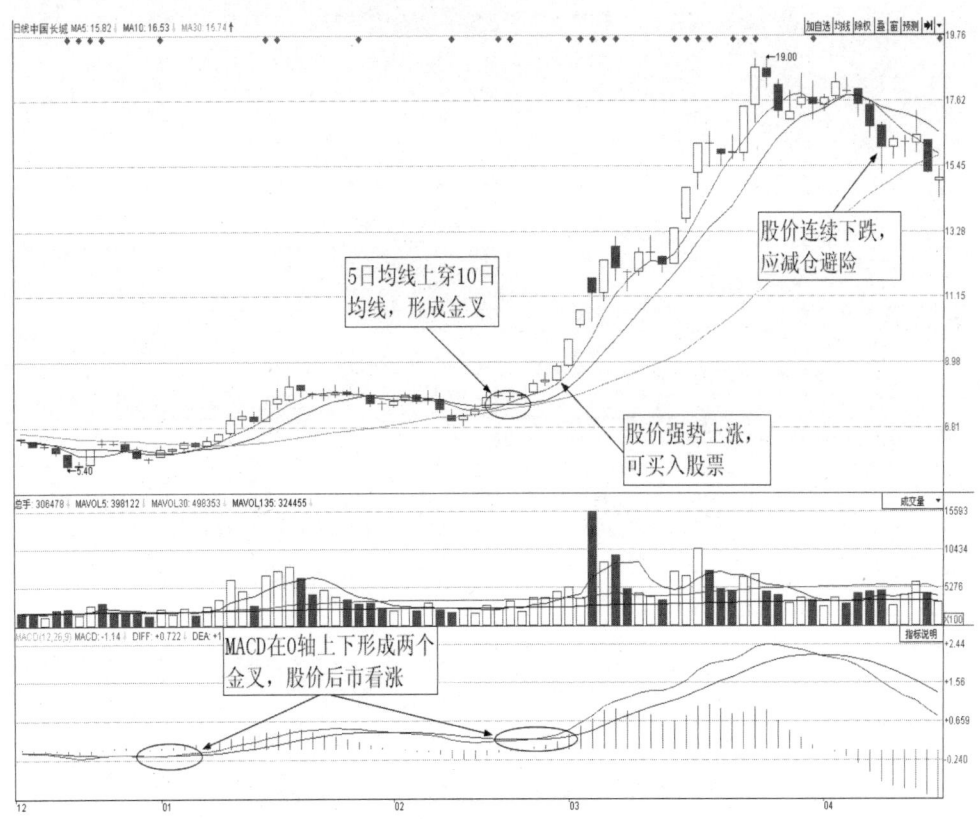

图12-4　中国长城（000066）日K线图

2）分时买点把握

如图 12-5 所示，中国长城（000066）日分时图中，该股股价在开盘之后就开始了一波拉升行情，同时，其成交量也出现了密集的放大。之后，股价进入到横盘整理的走势之中，但整体上股价运行在均价线之上。结合该股的日 K 线图进行分析，在该股的 MACD 指标与 MA 指标同时形成金叉之后，表明该股后市将会出现一波上涨行情。投资者在股价出现强势上扬的走势之后，应买入股票进行建仓。表现在分时图中，股价开盘后的拉升是买入股票的良好时机，投资者应积极进场，吸取筹码。

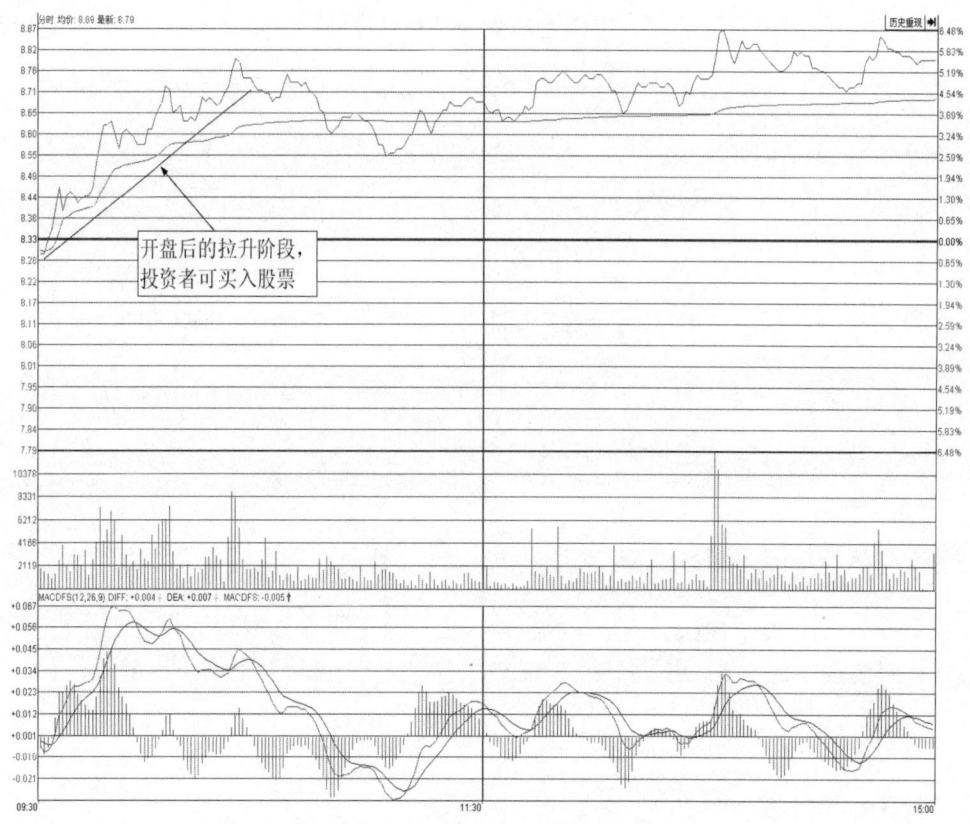

图 12-5　中国长城（000066）日分时图

3）分时卖出解析

如图 12-6 所示，中国长城（000066）日分时图中，该股股价在开盘之后就进入到下跌走势之中，同时，其成交量也出现了密集的放大，呈现出"价量齐跌"

的走势。虽然股价在下午开盘之后,向上穿越了均价线,但并没有出现较大的涨幅,保持横盘整理的走势直到收盘。结合该股的日K线图进行分析,在该股创出新高之后,其股价走势后市有可能出现回调,投资者在股价破位下跌之时,应卖出筹码规避风险。表现在分时图中,在股价开盘持续下跌的走势中,投资者应考虑卖出股票,实现收益。

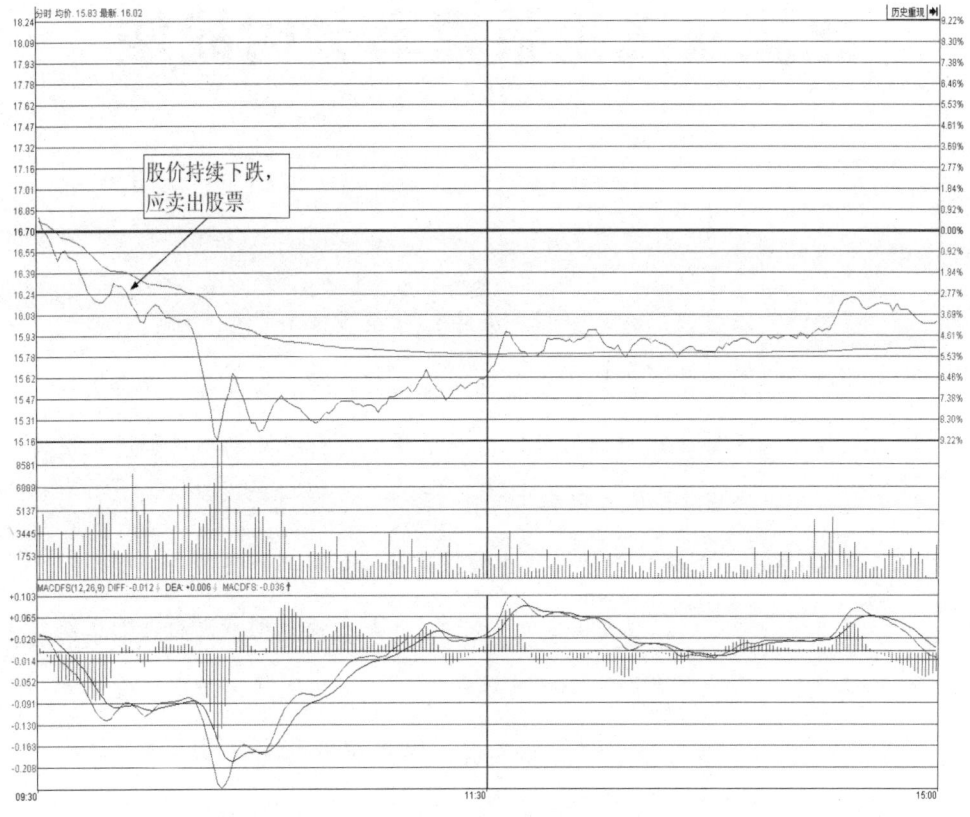

图 12-6　中国长城（000066）日分时图

需要注意的是,如果该形态中个股的 5 日均线与 10 日均线形成死叉,又下穿 30 日均线,那么这一形态就很难成立。

第十三技

比翼双飞狙杀黑马分时战法

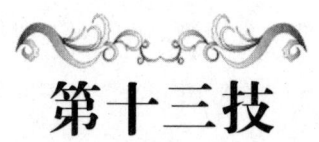

在股票市场投资的技术分析方法中,有很多技术指标可供投资者选择利用;而且各个技术指标的特点也不尽相同,所以投资者可以将不同特点的技术指标结合起来进行分析,以增强对行情判断的准确程度。在这里我们可以把KDJ指标与RSI指标结合使用,以期捕捉到黑马股的启动时点。KDJ指标是对股市行情反映比较敏感的指标,可以使投资者提前获取股价启动的信息。但也是由于这一特点,KDJ指标有时候对行情的反映会过度超前,使投资者面临踏空的风险。所以,在实际交易中,投资者在利用KDJ指标对行情进行研判之时,可以结合RSI指标进行使用。从而有效地减少投资者在投资过程中所面临的风险,避免不必要的损失。

在个股经过一段时间的下跌走势之后,该股的KDJ指标线也运行到20值附近的超卖区域。若此时,KDJ指标的J线向上穿越D线、K线形成金叉,并且指标线开始向上运行;同时,RSI指标线在50值下方也形成金叉,则表明该股后市将会出现上涨行情。投资者在个股出现这种走势后,应选择合理的时机买入股票,进行建仓。由于这一形态是由两个指标的金叉所构成的,所以我们称这种形态为"比翼双飞"形态。这一形态表明股价经过一轮下跌后,空方力量得到充分释放,而多方力量乘机发起反攻,掌握市场优势。在实战中,当发现 KDJ 指标与 RSI 指标在低位同时出现向上金叉时,投资者就可适当地介入。若有成交量的配合,则其看涨信号更加强烈。

一、形态解析

（1）个股经历一轮下跌走势之后，股价处在相对的历史低位，其成交量也出现明显的缩量。

（2）个股的 KDJ 指标在 20 值附近的超卖区形成金叉，并且呈现向上运行的走势；其 RSI 指标在 50 值以下的区域同时形成金叉，并且向上运行。

（3）个股的 KDJ 指标与 RSI 指标同时出现金叉后，若该股的成交量呈现出逐步放大的态势，则这一形态的看涨信号更加强烈。

二、实战要点

（1）该形态多出现在个股下跌行情的末期。

（2）在 KDJ 指标与 RSI 指标同时出现金叉时，若该股的 MACD 指标线在 0 轴线下方的区域出现走平或上翘的趋势，则表明该形态的买入信号更加可靠。

三、案例分析

1. 光明肉业（600073）

1）日 K 线形态分析

如图 13-1 所示，光明肉业（600073）日 K 线图中，该股股价在经过一波下跌走势之后，开始进入横盘整理的趋势。其成交量也呈现出逐步萎缩的态势，表明此时盘中该股的空方力量已基本上释放完毕，后市股价有可能出现反转上涨的行情。观察该股的 KDJ 指标与 RSI 指标，两指标同时出现金叉，表明该股具备了黑马行情的启动条件，后市股价会反转进入上涨趋势。在股价完全站上均线系统之时，投资者可买入股票，吸取筹码。在股价创出新高之后，其回调压力增强，股价跌破支撑位后，投资者应卖出筹码。

第十三技　比翼双飞狙杀黑马分时战法

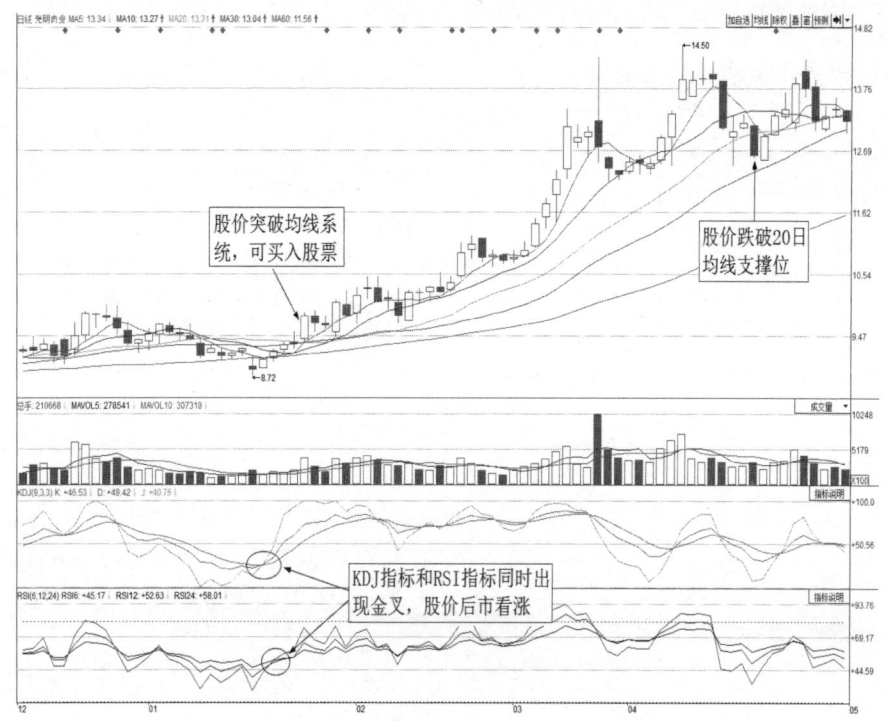

图 13-1　光明肉业（600073）日 K 线图

2）分时买点把握

如图 13-2 所示，光明肉业（600073）日分时图中，该股在小幅高开之后并没有什么良好的表现，股价与均价线相互缠绕呈现出横盘整理的走势，在上午盘的尾盘出现了小幅的拉升。下午开盘之后，股价延续了强势上涨的走势，经过一波拉升之后，股价又进入到横盘整理的趋势之中，直到下午收市。结合该股日 K 线图，在股价突破均线系统之时，投资者可买入股票进行建仓。具体表现在分时图中，在股价放量拉升的阶段，投资者应积极跟进入场，买入股票，以期获取投资收益。

3）分时卖出解析

如图 13-3 所示，光明肉业（600073）日分时图中，该股在小幅低开之后，股价便开始了一波下跌走势，随后进入横盘整理的趋势。虽然，盘中股价出现过一波上涨，并向上穿越了均价线，但由于没有成交量的支撑，所以没有延续这一走势。在下午开盘之后，股价再一次跌破了均价线，开始一波新的下跌走势，直到收市。观察该股的日 K 线，在股价创出新高之后，股价后市的回调压力也逐步增大。在股价跌破支撑位时，投资者应卖出股票。表现在分时图中，在股价跌破均价线之时，投资者应卖出筹码，规避风险。

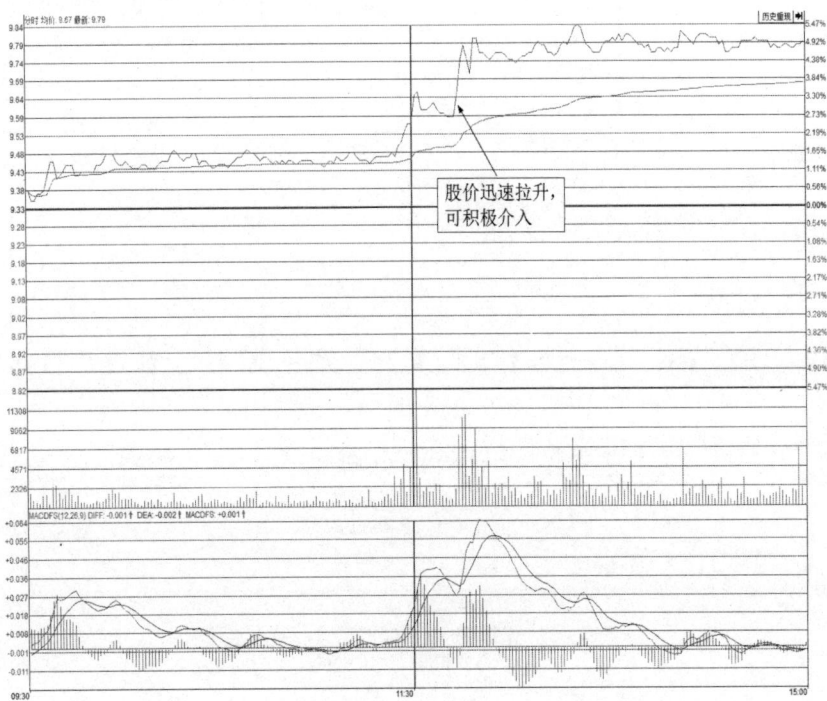

图 13-2　光明肉业（600073）日分时图

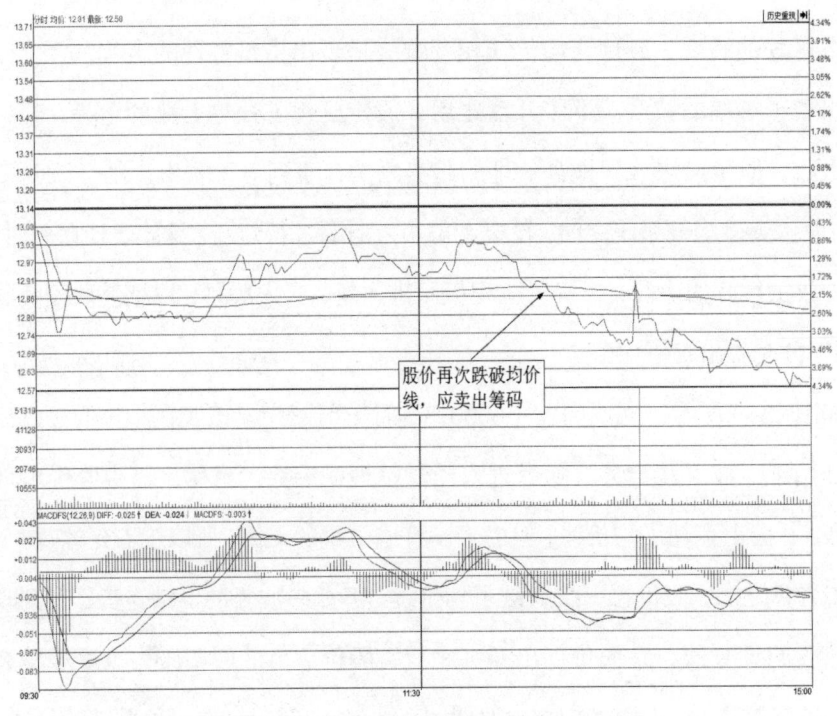

图 13-3　光明肉业（600073）日分时图

2. 人福医药（600079）

1）日K线形态分析

如图13-4所示，人福医药（600079）日K线图中，该股股价前期处在横盘整理的走势之中，其成交量也呈现出逐步萎缩的趋势，表明该股经过一轮下跌行情之后，已经运行到了阶段性的底部。观察该股的KDJ指标与RSI指标，两指标同时出现金叉，预示着该股后市会结束横盘走势，开始一轮新的上升行情。在股价突破均线系统，该均线系统呈现出多头排列的走势之时，投资者可积极进场，买入股票进行建仓。经过一波上涨之后，股价出现了大幅下跌，投资者应暂时减持筹码，以规避股价下行的风险。

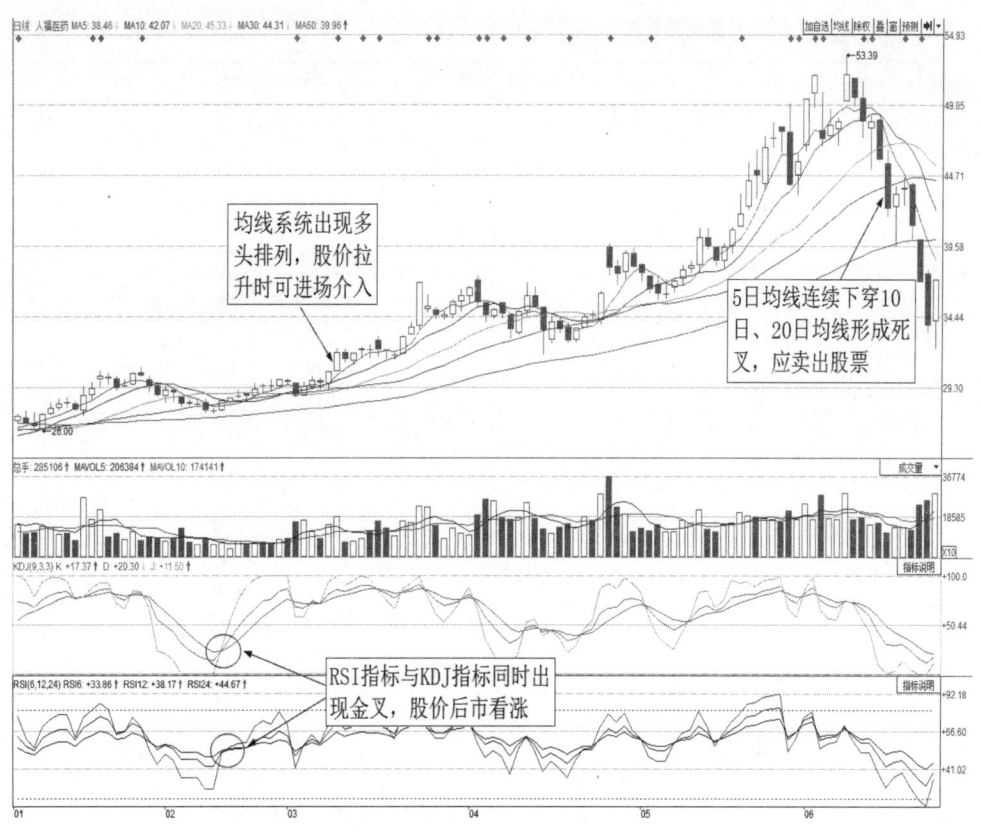

图13-4 人福医药（600079）日K线图

2）分时买点把握

如图13-5所示，人福医药（600079）日分时图中，该股股价小幅高开之后，便被迅速地拉升，同时，其成交量出现了比较密集的放大。在拉升到一定的高位之后，股价进入到横盘整理的走势之中，并一直保持在均价线之上，直到下午收市。结合该股的日 K 线图进行分析，在均线系统出现多头排列的态势之后，投资者应在股价出现强势上涨的行情之时，买入股票进行布局。具体表现在分时图中，开盘后的拉升是投资者买入股票的良好时机，投资者应积极跟进，吸取筹码，以期获取投资收益。

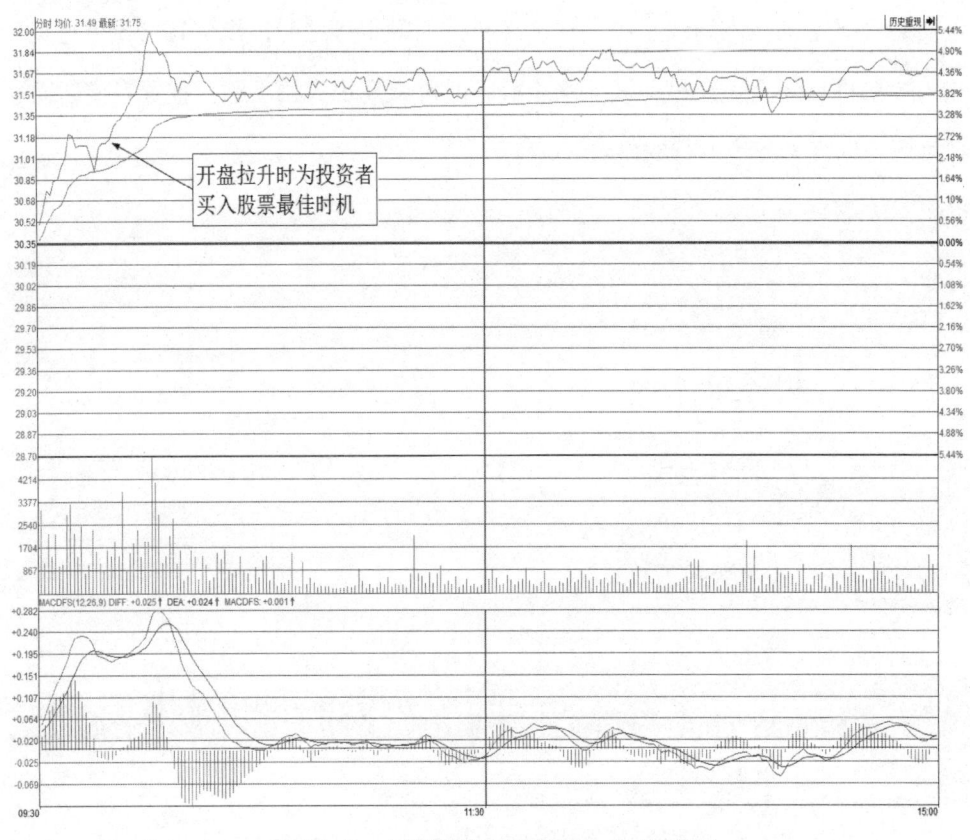

图 13-5　人福医药（600079）日分时图

3）分时卖出解析

如图 13-6 所示，人福医药（600079）日分时图中，该股股价小幅低开之后，便开始了横盘整理的走势。同时，其成交量也出现了比较密集的放大。在下午开盘之后，股价逐步走弱，伴随着成交量的放大，股价开始了一波下跌走势，直到收市。结合该股的日 K 线图进行分析，在股价创出新高之后，多方的力量基本上消耗完毕，

股价后市可能会进入下跌行情。投资者在均线系统出现死叉之后，应选择合理的时机卖出筹码。表现在分时图中，股价下午开始放量下跌之时，投资者应卖出股票，规避风险。

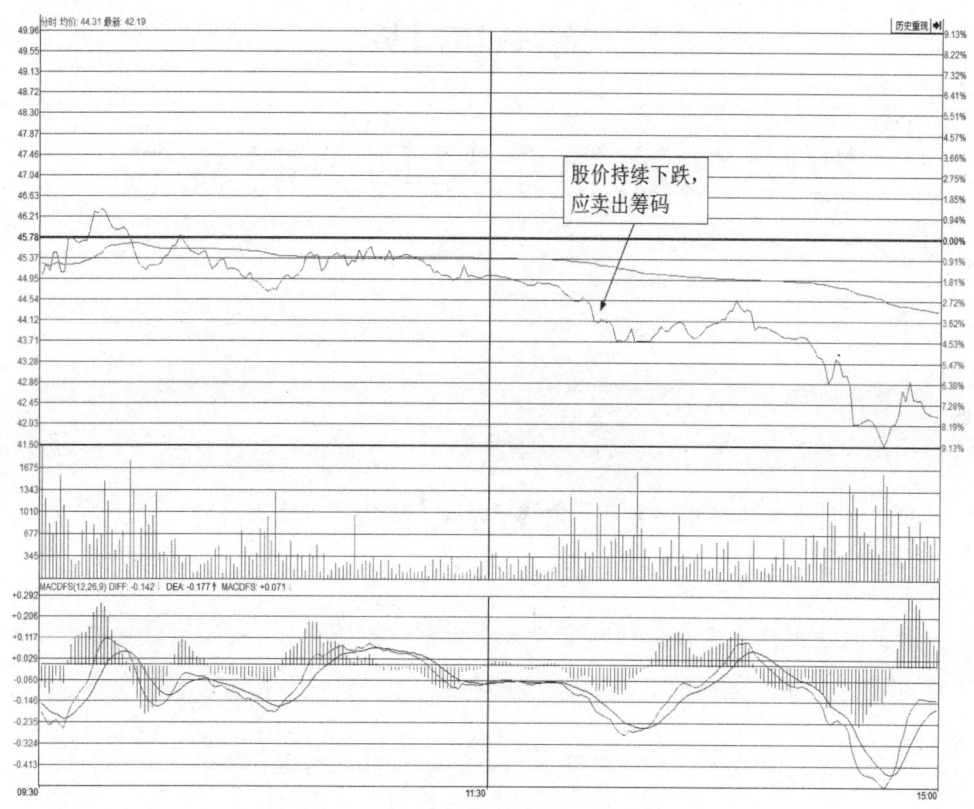

图 13-6　人福医药（600079）日分时图

在出现这一形态之后，投资者应观察该股的成交量是否有效放大。若有成交量的配合，则这一形态的看涨信号更加可靠。

第十四技

空中加油狙杀黑马分时战法

个股经过一轮下跌行情之后，其筹码的分布基本上处在非常分散的状态。股价在底部横盘整理一定的时期之后，由于供求之间的关系变化，后期市场将会出现回暖，而股价也形成向上突破的需求。此时，主力便开始在底部逐渐吸取筹码，为后市拉升股价进行准备。主力吸收筹码的过程一般都比较隐秘，因为如大张旗鼓地买入筹码，就会引来盘中散户跟风买入，如此便不能达到控盘的目标，进而也无法实现拉升出货、获取利润的目的。但无论主力的手法有多么隐秘，其在盘面上都会留下痕迹。投资者可以把KDJ指标与RSI指标结合使用，寻找这些吸筹痕迹，择机买入筹码，获得收益。

在实际交易中，KDJ指标与RSI指标的指标线都在超卖区形成金叉后，由于股价的逐步攀升，其指标线也开始向超买区运行。此时，主力并不会一鼓作气把股价拉升到目标位，而是要对股价进行打压，营造市场的恐慌情绪，如此便可将跟风买入的散户剔除出局，以获取更多的低价筹码。随后，主力便会稳步地拉升股价。表现在KDJ指标与RSI指标上为指标线运行到超买区后，会呈现出不完全死叉形态，或者在形成短暂的死叉后又迅速地形成金叉，之后继续向超买区运行。这时若个股的成交量也呈现出逐步递增的态势，投资者则可选择时机买入筹码，进行适当的建仓。由于这一形态是股价在上涨途中进行回踩的走势，所以我们可以把这种形态称之为"空中加油"形态。投资者在交易中应仔细辨别，加以利用。

一、形态解析

（1）个股经过一轮下跌行情之后，股价处在相对的历史低位，呈现出价平量缩的形态。

（2）个股的 KDJ 指标与 RSI 指标在超卖区形成金叉，并且呈现向超买区运行的走势。

（3）个股的 KDJ 指标与 RSI 指标的指标线运行到超买区后，在超买区形成不完全死叉，或形成短暂的死叉后，继续向上运行。则该股后市看涨，投资者可适当加入。

二、实战要点

（1）该形态一般出现在个股下跌行情的末期，及上涨行情的初期。

（2）个股的 KDJ 指标与 RSI 指标形成不完全死叉，或形成短暂的死叉后，继续向上运行时，若该股的成交量出现持续性的放量，则这一形态的看涨信号更加可靠。

三、案例分析

1. 沙河股份（000014）

1）日 K 线形态分析

如图 14-1 所示，沙河股份（000014）日 K 线图中，该股股价经过前期的下跌走势之后，逐渐进入到横盘整理的阶段。其成交量也萎缩到了地量状态，表明该股盘中交易清淡。观察该股的 KDJ 指标与 RSI 指标，两指标在低位形成金叉之后，开始逐步向上运行。在运行到高位后又都形成了不完全的死叉，说明该股盘中有主力介入吸筹，后市股价将会结束横盘整理的走势，开始一波上涨行情。在股价突破均线系统之时，投资者可买入股票，进行建仓。股价创出新高之后，其回调压力增加，均线形成死叉后，投资者应卖出筹码。

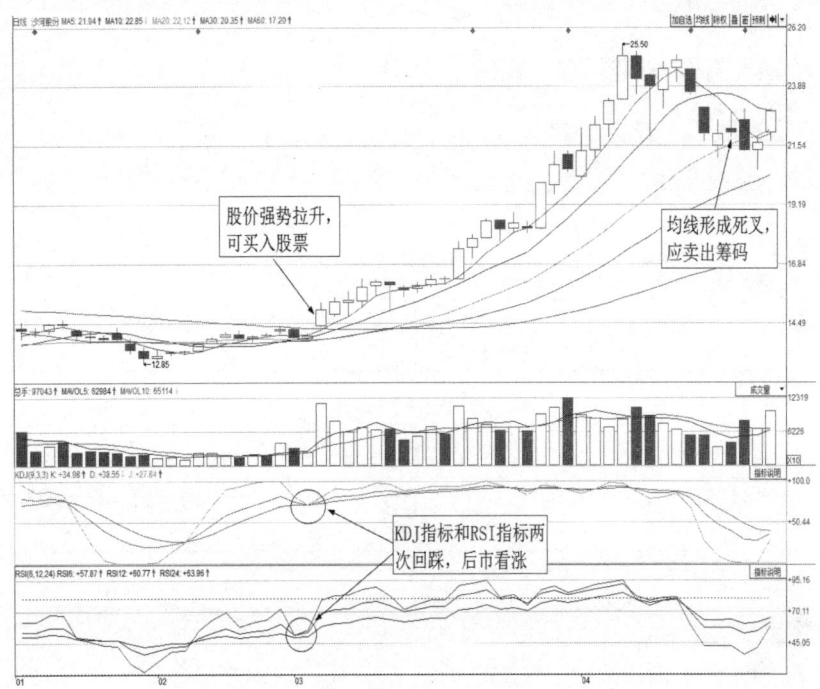

图 14-1 沙河股份（000014）日 K 线图

2）分时买点把握

如图 14-2 所示，沙河股份（000014）日分时图中，该股股价在高开之后，并没有出现较大的波动，而是与均价线相互缠绕开始了横盘整理的走势。在上午盘的尾盘，股价出现了一波拉升，同时，其成交量也出现了较为密集的放大。下午盘延续了股价的拉升走势，在拉升到一定高位之后，股价又出现横盘整理的走势，直到收市。结合该股的日 K 线图进行分析，在股价出现突破之时，投资者可买入股票，进行建仓。具体表现在分时图中，股价放量拉升之时是投资者买入股票的最佳时机，应积极跟进。

3）分时卖出解析

如图 14-3 所示，沙河股份（000014）日分时图中，该股在高开之后出现了急剧的拉升，在拉升到高位之后，股价开始出现回落走势，并进入到较长的下跌走势之中。虽然盘中股价有过向上突破的走势，但由于成交量没有出现合理的配合，之后股价又跌破了均价线。随后股价一直运行在均价线下方，直到下午收市。结合该股的日 K 线图，在股价创出新高之后，其回调压力增加。均线形成死叉之后，投资者应卖出筹码，规避风险。表现在分时图中，在股价再一次跌破均价线之时，投资者应卖出股票，或进行减仓。

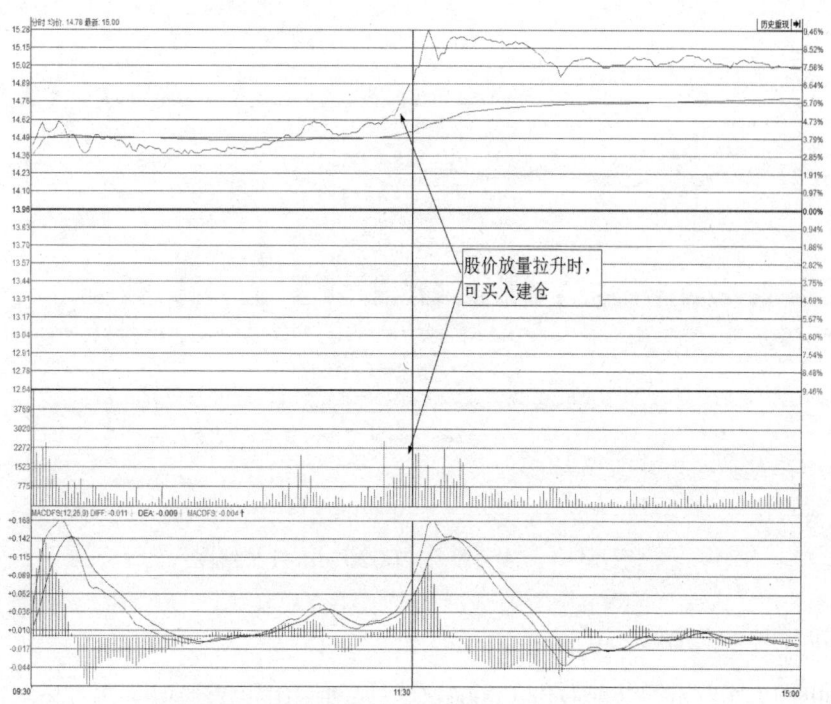

图 14-2 沙河股份（000014）日分时图

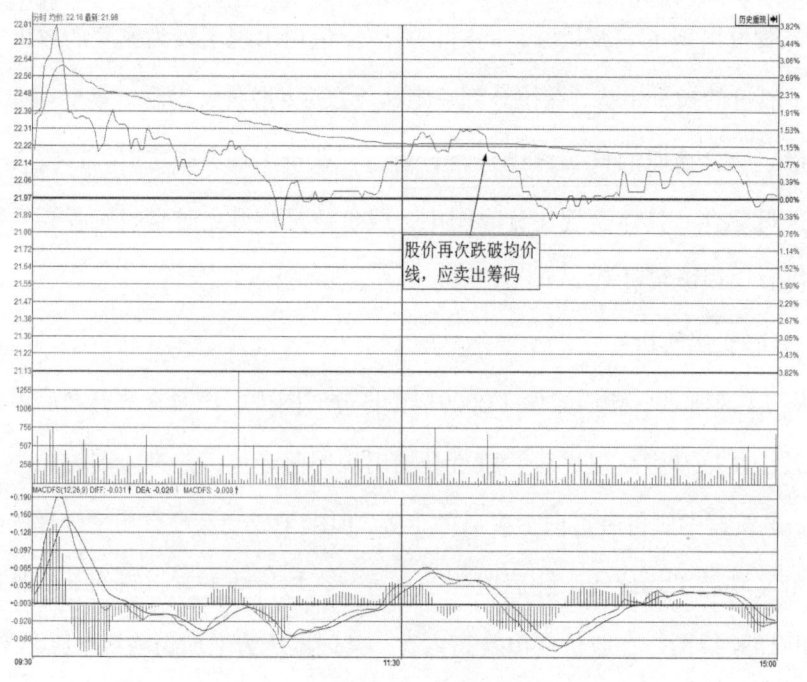

图 14-3 沙河股份（000014）日分时图

2. 华塑控股（000509）

1）日K线形态分析

如图14-4所示，华塑控股（000509）日K线图中，该股股价前期一直处在横盘整理的走势之中，其成交量也呈现出地量的状态。观察该股的KDJ指标与RSI指标，两指标在低位形成金叉之后，其指标线开始逐步向上运行。在运行到高位后又都形成了短暂的死叉，说明该股经过回踩之后，股价会结束横盘整理的走势，开始一波上涨行情。在股价小幅攀升之时，其成交量也出现了同步的放大。股价出现向上突破之时，投资者可买入股票。经过一波上涨行情之后，股价的回调压力增加。股价破位下跌之时，投资者应卖出筹码。

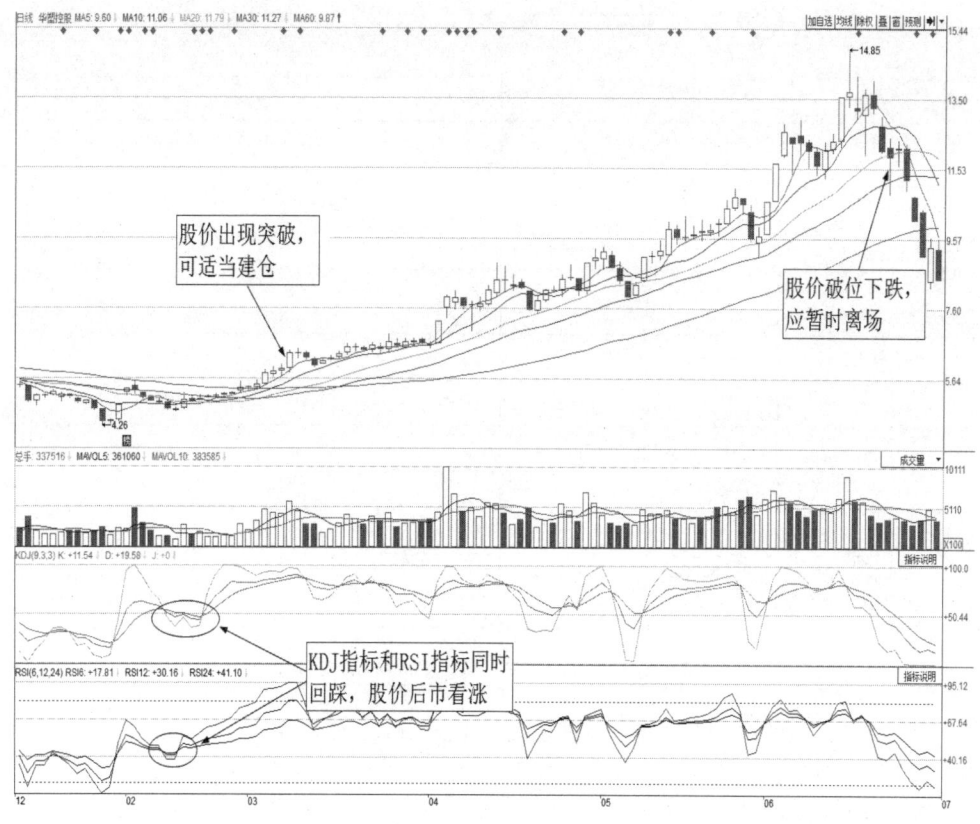

图14-4 华塑控股（000509）日K线图

2）分时买点把握

如图 14-5 所示，华塑控股（000509）日分时图中，该股股价在开盘之后出现了小幅爬升的走势，随后股价进入到了横盘整理的走势。下午开盘之后，股价出现了一波急剧的拉升行情，之后股价又进入到横盘整理的状态，直到下午收市。结合该股的日 K 线图，在股价向上突破均线的阻力位之后，投资者可适当地买入股票，吸取筹码进行建仓。具体表现在分时图中，投资者可在开盘后股价小幅爬升的阶段买入股票，同时，下午盘的放量拉升走势也是投资者买入股票的良好时机。

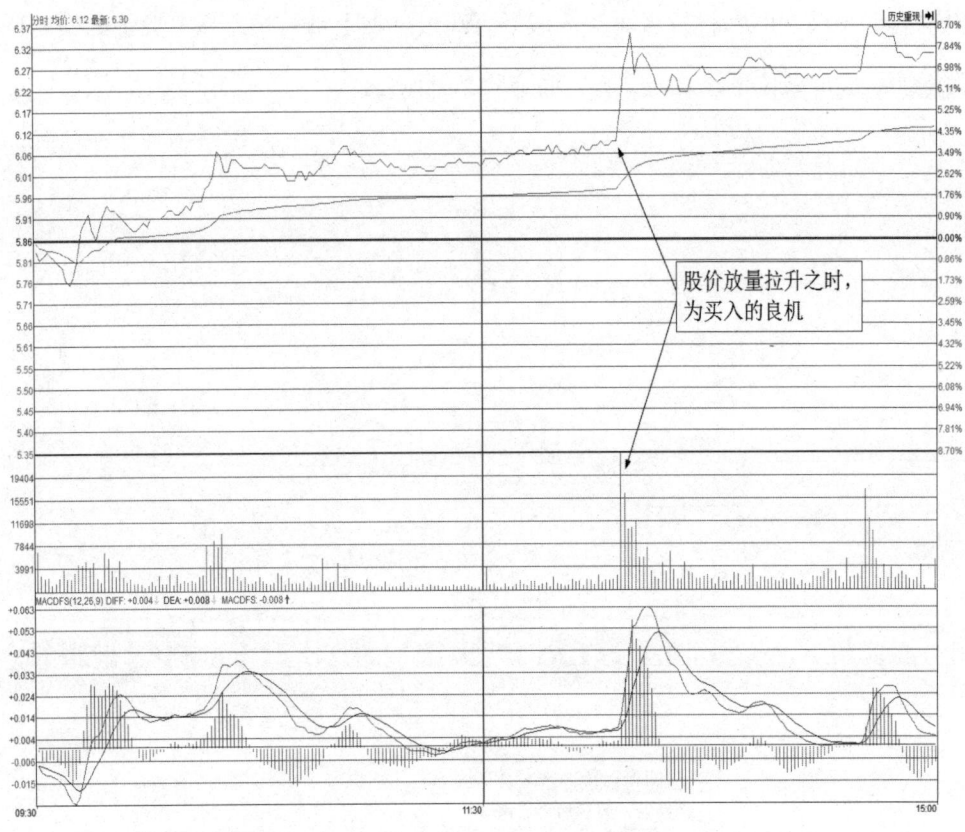

图 14-5　华塑控股（000509）日分时图

3）分时卖出解析

如图 14-6 所示，华塑控股（000509）日分时图中，该股股价在高开之后就开始了一波持续的下跌行情。在上午盘的尾盘，股价虽然出现了反弹，但由于缺少成交量的配合，股价在下午盘并没有延续这一反弹走势，而是进入到横盘整理的趋势之中，直到下午收市。结合该股的日 K 线图进行分析，股价经过一波上涨行情之后，盘中的多方实力已基本上消耗完毕，所以其后市将会出现回调的走势。在股价跌破支撑位时，投资者应卖出股票。表现在分时图中，股价开盘后持续放量下跌，投资者可择机卖出筹码，规避风险。

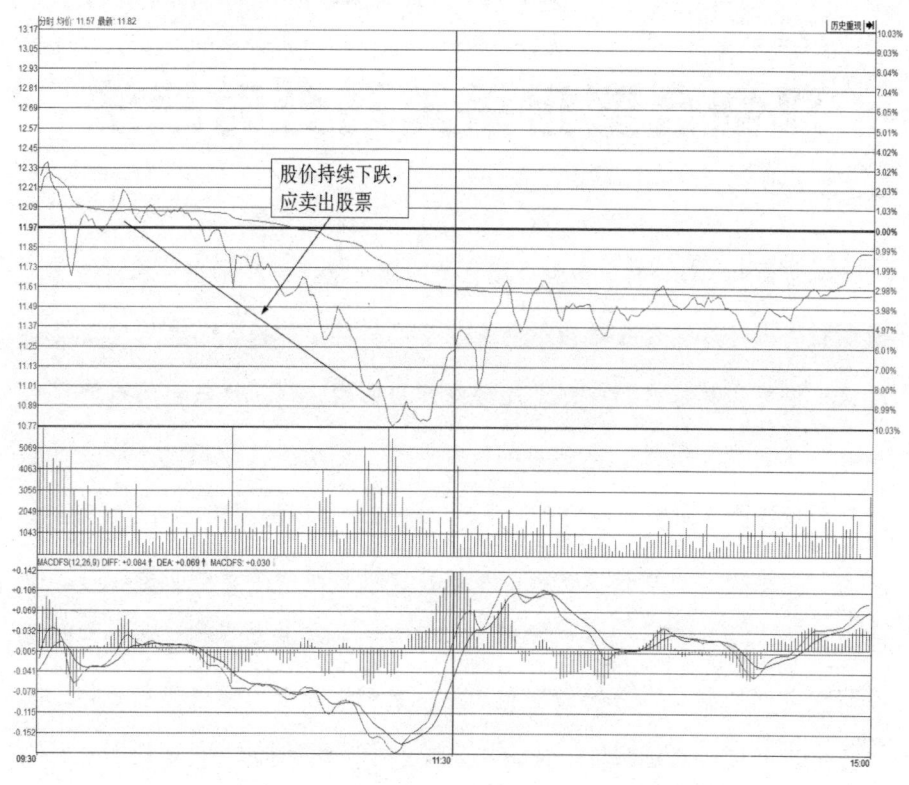

图 14-6　华塑控股（000509）日分时图

在个股形成"空中加油"形态之后，该股的成交量出现持续性的放量，则其看涨信号更加可靠，投资者应牢记这点。

第十五技

双剑合璧狙杀黑马分时战法

在股票市场投资中,由于个股行情的变化情况会反映在技术指标上,所以投资者可以凭借技术指标的变化情况和发出的买卖信号来制定投资决策。但每一种技术指标都是局部的和片面的指标,反映出的市场信息也具有片面性。所以,投资者在利用技术指标捕捉黑马股时,应按照各个技术指标的不同特点来结合使用,以增强对市场的判断准确度。KDJ指标是一项重要的短线技术指标,是投资者进行短线交易的重要工具。而MACD指标则是一项中长线技术指标,它利用短期移动平均线和长期移动平均线之间的聚合与分离的征兆功能,来研判股市的未来变化趋势,以确定股票的最佳买卖时机。我们可以将KDJ指标与MACD指标结合起来使用,这样既可以剔除KDJ指标过于频繁的超买超卖信号,使发出的信号更具准确性,又可以捕捉到被MACD指标忽略的买卖信号。

个股在经过一段下跌行情之后,KDJ指标线从高位下跌到超卖区附近,同时MACD指标的指标线也呈现出走平的状态。在筑底完成之后,该股盘中的多头开始聚集力量发力上攻。此时,若KDJ指标的J线向上穿越D线、K线形成金叉,同时MACD指标的DIF线也向上穿越DEA线形成金叉,表明该股后市将会出现上涨行情,投资者应选择合理时机介入。将KDJ指标与MACD指标结合使用的最大优点是可以最大限度地发挥两个指标的优点,使投资者作出更加准确的判断,所以我们把这一形态称为"双剑合璧"。

一、形态解析

（1）个股股价经过一轮下跌行情之后，开始逐渐走平，其成交量呈现出地量的形态。

（2）个股 KDJ 指标的 J 线向上穿越 D 线、K 线，在低位区形成金叉，同时，指标线向高位区运行。

（3）个股 MACD 指标的 DIF 线与 DEA 线逐渐走平，或形成金叉；其 MACD 柱由绿转红，或红柱呈现逐渐放大的趋势。

二、实战要点

（1）该形态多出现在个股横盘整理行情的末期，有时候也出现在反转行情的初期。

（2）个股的 MACD 指标所形成的金叉一般要慢于 KDJ 指标所形成的金叉；投资者应在两个金叉形成之后再寻找合理的介入时机，不可贸然买入。

三、案例分析

1. 皖维高新（600063）

1）日 K 线形态分析

如图 15-1 所示，皖维高新（600063）日 K 线图中，该股股价在经过一段小幅爬升之后，股价出现了短暂的回调，其成交量也出现了逐步萎缩的态势。观察该股的 KDJ 指标，在股价回调的过程中，K 线、D 线、J 线运行到了低位区，随后在超卖区形成金叉，表明该股有反转上涨的潜力。同时，其 MACD 指标的 DIF 线上穿 DEA 线形成金叉，MACD 柱由绿转红，验证了 KDJ 指标的买入信号，预示着该股后市将会出现上涨行情。在股价突破均线的阻力位之后，投资者可买入筹码。股价出现回调行情时，投资者应暂时离场避险。

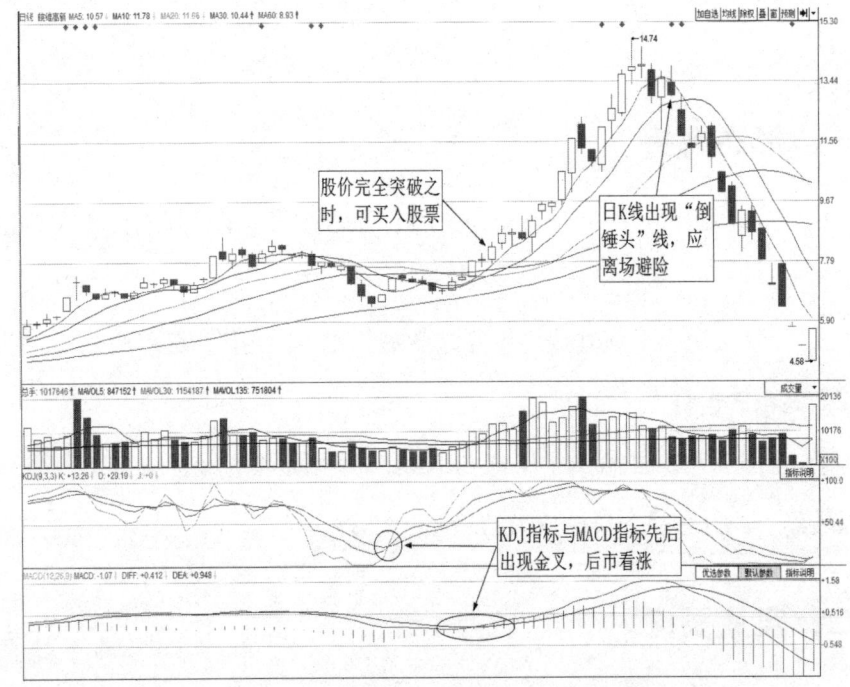

图 15-1　皖维高新（600063）日 K 线图

2）分时买点把握

如图 15-2 所示，皖维高新（600063）日分时图中，该股股价在开盘之后出现了小幅的拉升走势，随后股价进入横盘整理的行情。在盘中，随着成交量出现密集的放大，股价又出现了一波拉升行情。之后，股价一直在高位运行，直到下午收市。结合该股的日 K 线图进行分析，在 KDJ 指标与 MACD 指标都出现金叉之后，表明该股后市将会出现强势上涨的行情。投资者在股价突破均线阻力位的时候，可买入股票，进行建仓。表现在分时走势图中，投资者可在盘中股价的放量拉升阶段买入筹码，介入进场。

3）分时卖出解析

如图 15-3 所示，皖维高新（600063）日分时图中，该股股价在低开之后，出现了急剧的拉升走势，同时，其成交量也出现了密集的放大。但后市并没有延续这一强势走势，股价出现了震荡下行的行情。在下午开盘之后，股价跌破了均价线开始了一波下跌走势，直到下午收市。结合该股的日 K 线图进行分析，股价创出新高之后，日 K 线出现了倒锤头线，表明股价后市有回调的压力。投资者应选择时机，卖出筹码。表现在分时图中，在股价跌破均价线开始下跌行情之时，投资者应卖出筹码，以规避风险。

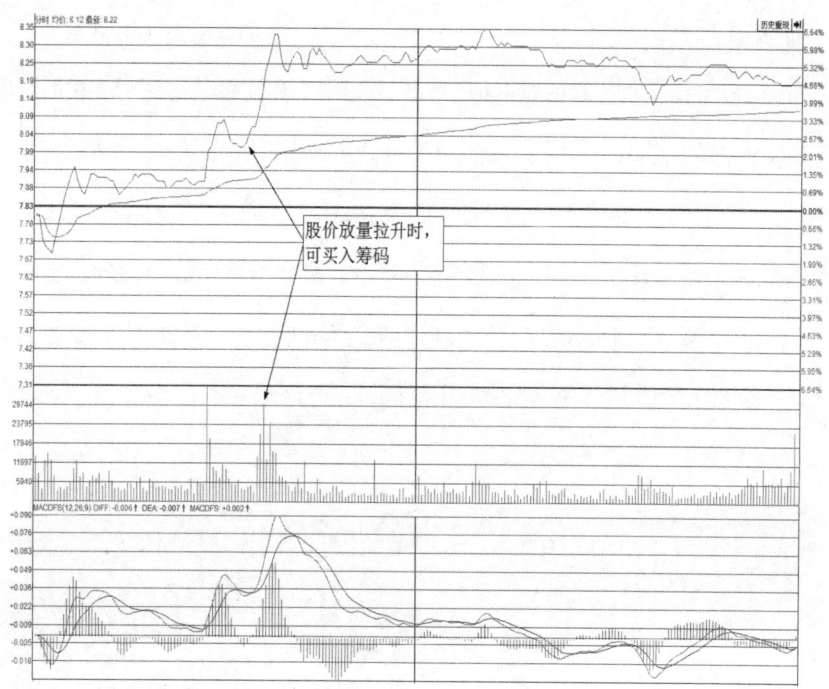

图 15-2　皖维高新（600063）日分时图

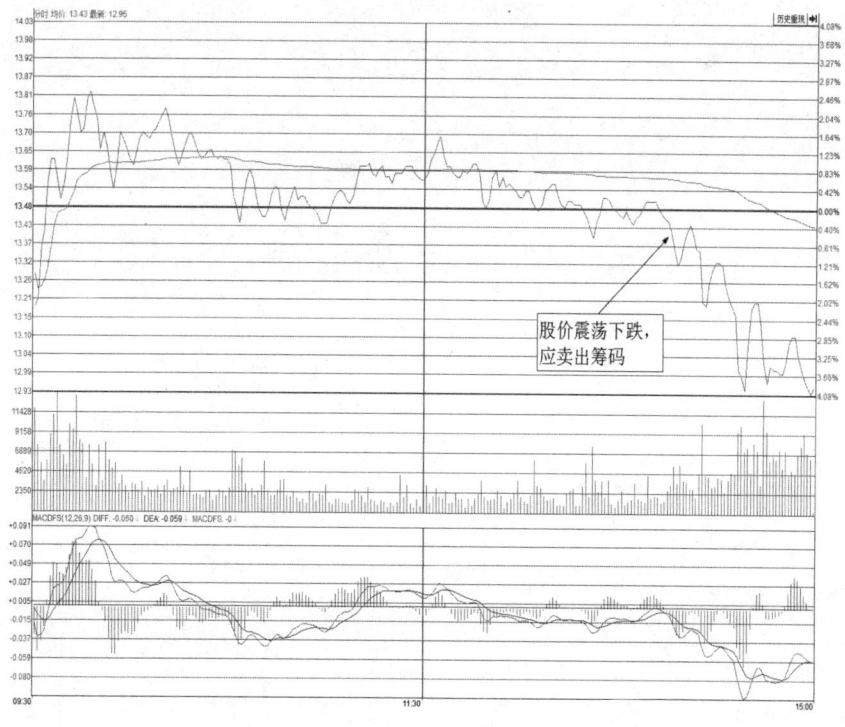

图 15-3　皖维高新（600063）日分时图

2.ST 旭蓝（000040）

1）日 K 线形态分析

如图 15-4 所示，ST 旭蓝（000040）日 K 线图中，该股股价经过小幅的上涨之后，进入到横盘整理的走势，其成交量也基本上呈现出地量的状态。观察该股的 KDJ 指标，J 线在超卖区上穿 D 线、K 线形成金叉，之后向上运行，表明该股将要结束横盘整理的走势，开始一波上涨行情。随后，MACD 指标的 DIF 线与 DEA 线也形成金叉，并且 MACD 指标的红柱出现逐步放大的走势，验证了 KDJ 指标的买入信号。投资者可在股价强势涨停之时买入筹码，进行建仓。在均线出现死叉之后，投资者应卖出筹码，规避回调风险。

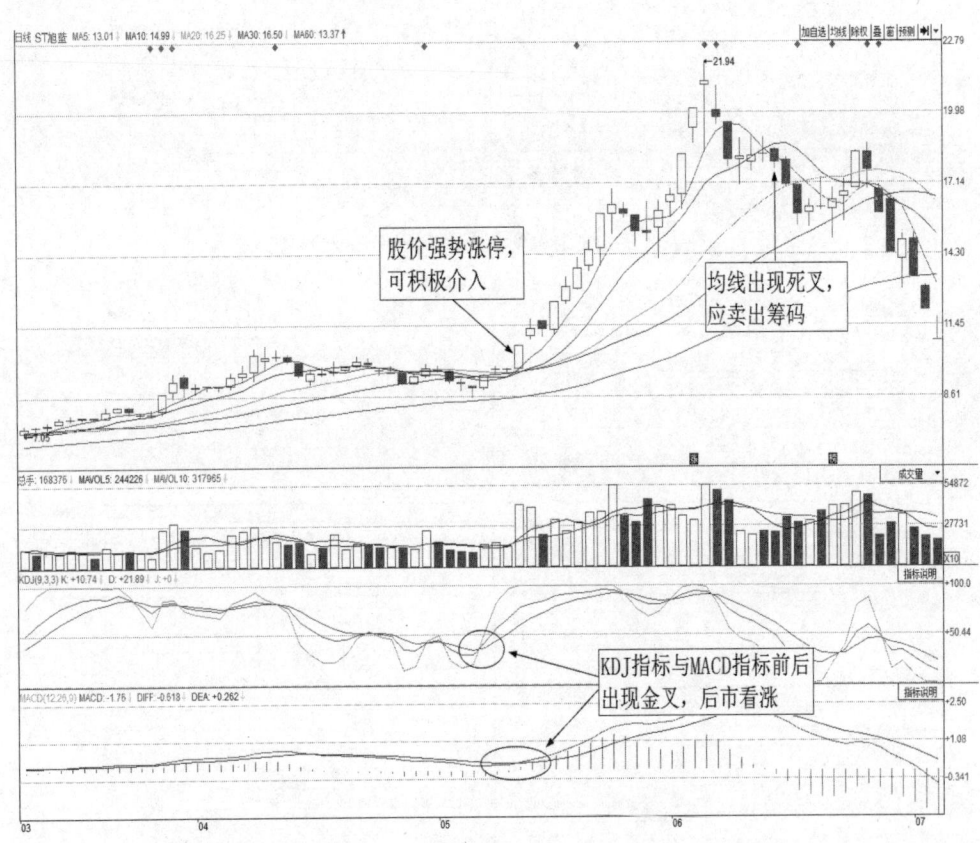

图 15-4　ST 旭蓝（000040）日 K 线图

2）分时买点把握

如图 15-5 所示，ST 旭蓝（000040）日分时图中，该股股价在平开之后出现了迅速拉升的走势，并且在开盘后 30 分钟内上封了涨停板。虽然在封板之后，涨停板出现了短暂的打开，但随后股价又出现拉升，上封了涨停板。结合该股的日 K 线图进行分析，在该股的 KDJ 指标与 MACD 指标都出现金叉之后，投资者应买入股票，以期分享该股后市的上涨收益。具体表现在分时图中，股价在开盘后的拉升阶段，是投资者买入股票进行建仓的良好时机。激进的投资者也可在涨停板打开时买入筹码。

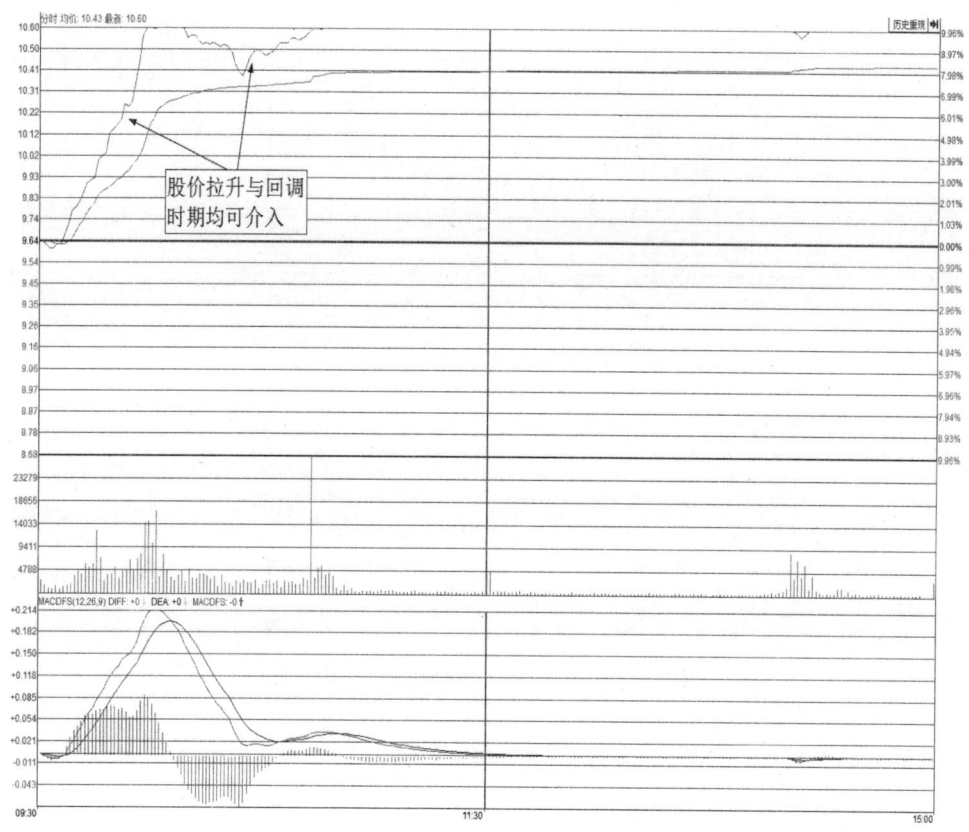

图 15-5　ST 旭蓝（000040）日分时图

3）分时卖出解析

如图 15-6 所示，ST 旭蓝（000040）日分时图中，该股股价在小幅的高开之后，便开始了一波震荡下跌的走势。随后，股价在低位逐步企稳，进入横盘整理的趋势。下午盘中，股价出现一波拉升，并上穿了均价线。但股价在后期并没有延续这一走势，在拉升之后便开始出现回调，直到下午收市。结合该股的日 K 线图进行分析，在均线形成死叉之后，投资者应卖出筹码，规避下跌风险。表现在分时图中，股价开盘后的放量下跌是卖出股票，或进行减仓的良好时机，投资者应在这时进行操作。

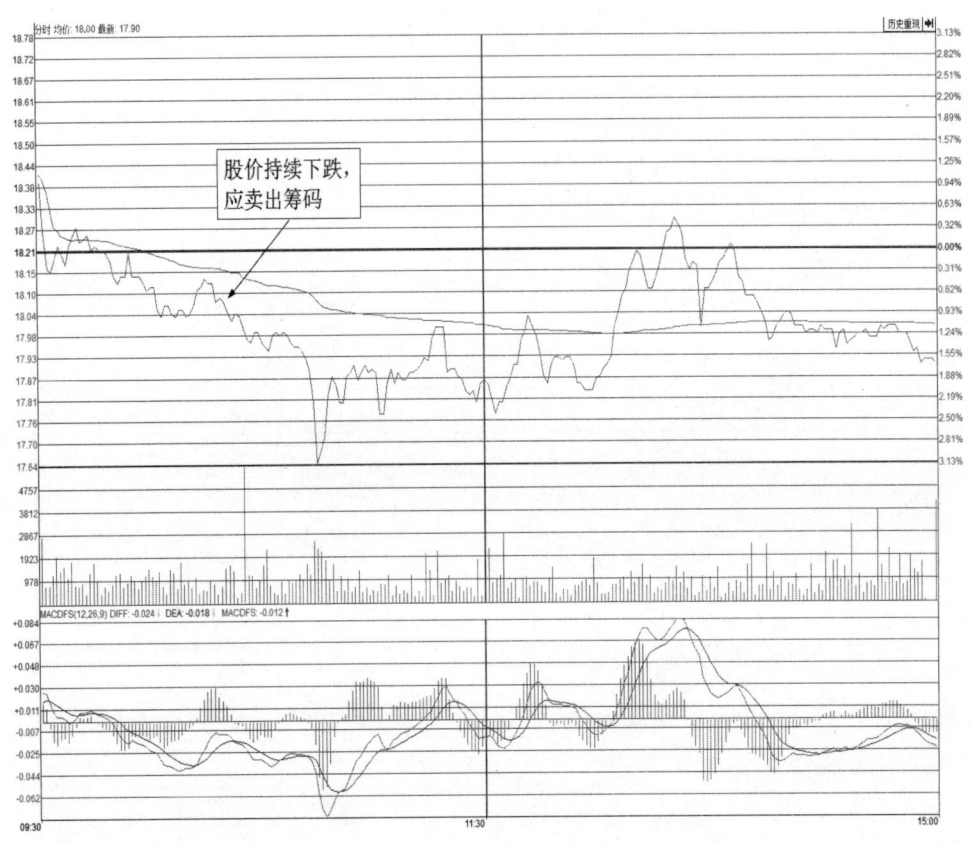

图15-6　ST旭蓝（000040）日分时图

MACD指标的买入信号要慢于KDJ指标的买入信号出现，投资者应在两个信号都确定之后，再寻找合理的介入时机。

第十六技

浪子回头狙杀黑马分时战法

一般来讲，KDJ指标是一种超前指标，运用上多以短线操作为主；而MACD指标是一种慢性指标，是市场平均成本的离差值，反映中线的整体趋势。KDJ指标的超前主要体现在对股价的反应速度上，KDJ指标在80值附近属于强势超买区，投资者介入有一定的风险；50值附近为徘徊区；20值附近则属于强势超卖区，投资者可以适当建仓。但由于该指标速度较快，往往造成频繁出现的买入与卖出信号，从而导致投资者在操作上出现失误。有时候还会出现钝化现象，使投资者不知所措。MACD指标则因为其与市场价格基本同步移动，使发出信号的要求和限制增加，从而避免了假信号的出现。将这两者结合起来判断，可以更为准确地把握住KDJ指标短线买入与卖出的信号。同时，由于MACD指标的特性所反映的中线趋势，利用两个指标可以判定股票价格的中、短期波动。

因为KDJ指标是一项短线指标，会频繁发出买卖信号和出现钝化现象，所以主力根据这一特性常常制造虚假信号，以达到目的。股价经过一轮下跌行情之后，KDJ指标也会随着股价的下跌而进入到超卖区，此时若股价继续下探，指标线就会在超卖区开始徘徊，出现钝化的现象。若投资者据此而买入股票往往会出现被套的局面。这时投资者就应观察MACD指标的变化情况，在 MACD 指标的 DIF 线向上穿越 DEA 线形成金叉，其 MACD 柱由绿变红，并逐步递增的时候，投资者才可适当地介入建仓。由于这种形态是由 KDJ 指标的钝化想象与 MACD 指标结合所形成的，所以我们可以把该形态称为"浪子回头"形态。投资者可以利用该指标捕捉经过一段时间下跌之后、后市将会出现突破上涨的黑马股。

一、形态解析

（1）个股处在下跌行情或横盘整理走势之中，股价处在相对较低的位置。

（2）KDJ 指标的 J 线、D 线、K 线随着股价的下跌进入到超卖区，但由于股价的继续下探，使该指标出现钝化的现象。

（3）个股 MACD 指标的 DIF 线与 DEA 线逐渐向上移动，或形成金叉；MACD 柱由绿转红，或红柱呈现逐渐放大的趋势。

二、实战要点

（1）KDJ 指标的钝化多出现在下跌行情的中期。

（2）在个股的 KDJ 指标出现钝化之后，投资者应等 MACD 指标发出看涨信号之后再做投资决定，以规避被套的风险。

三、案例分析

1. 广州发展（600098）

1）日 K 线形态分析

如图 16-1 所示，广州发展（600098）日 K 线图中，该股股价前期经过小幅的回落之后逐步走平，其成交量也呈现出地量的态势。表明此时该股盘中交投比较平淡，股价已到阶段性的底部。观察该股的 KDJ 指标，随着股价的回调，K 线、D 线、J 线已运行到超卖区，并出现了钝化的现象。观察该股的 MACD 指标，在 KDJ 指标出现钝化之后，该指标在 0 轴线附近出现金叉，其红柱也逐渐放大，表明该股后市将会出现上涨行情。投资者在股价实现突破之时，应买入筹码。均线出现死叉之后，投资者应离场避险。

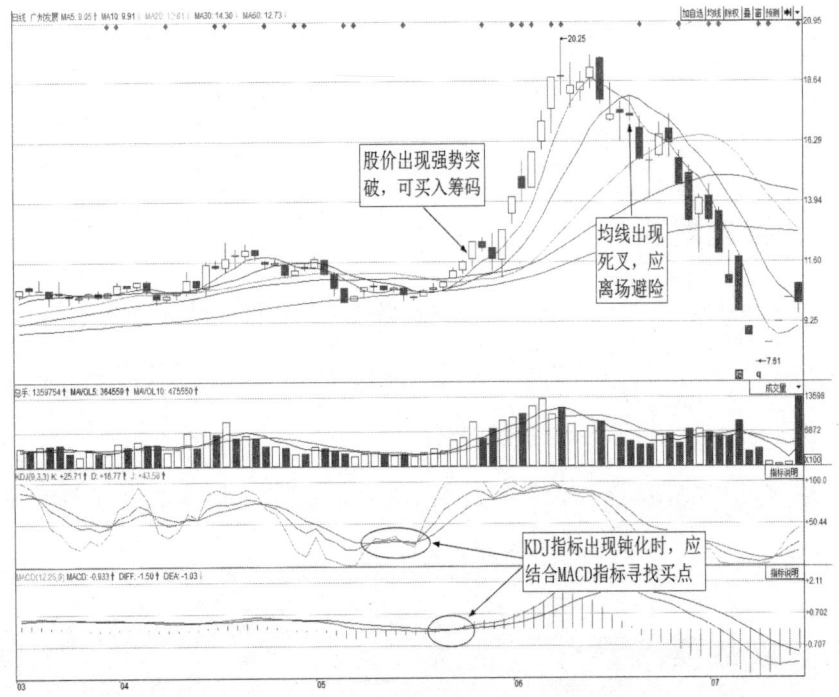

图 16-1 广州发展（600098）日 K 线图

2）分时买点把握

如图 16-2 所示，广州发展（600098）日分时图中，该股股价小幅高开之后就开始逐步下行，同时其成交量也出现了一定程度的放大。但这种弱势格局并没有持续多久，上午盘中股价向上穿越了均价线开始向上运行。下午盘延续了这一强势走势，伴随着股价的上涨，其成交量也出现了密集的放大，直到下午收市。结合该股的日 K 线图进行分析，在该股 MACD 指标出现看涨的信号之后，投资者可买入股票进行建仓。具体表现在分时图中，当股价上穿均价线进入上升走势时，投资者可买入筹码。

3）分时卖出解析

如图 16-3 所示，广州发展（600098）日分时图中，该股股价开盘之后开始了震荡上涨的行情，但上午盘中出现了回调走势。下午盘没有延续该股的回调行情，而是出现了一波拉升走势，并且上穿了均价线。不过这一强势走势也没有持续，随后股价出现了震荡下行的行情，直到下午收市。结合该股的日 K 线图进行分析，在股价出现新高，均线形成死叉之后，投资者应卖出筹码，以规避风险。具体表现在分时图中，当股价从高位开始回落，再一次跌破均价线之时，投资者应卖出

第十六技 浪子回头狙杀黑马分时战法

股票，或进行减仓操作。

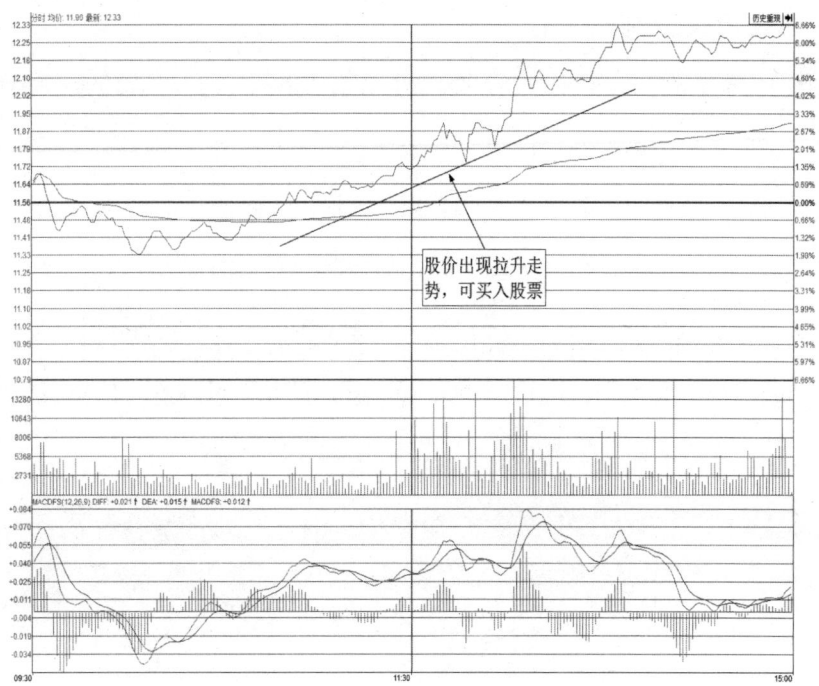

图 16-2 广州发展（600098）日分时图

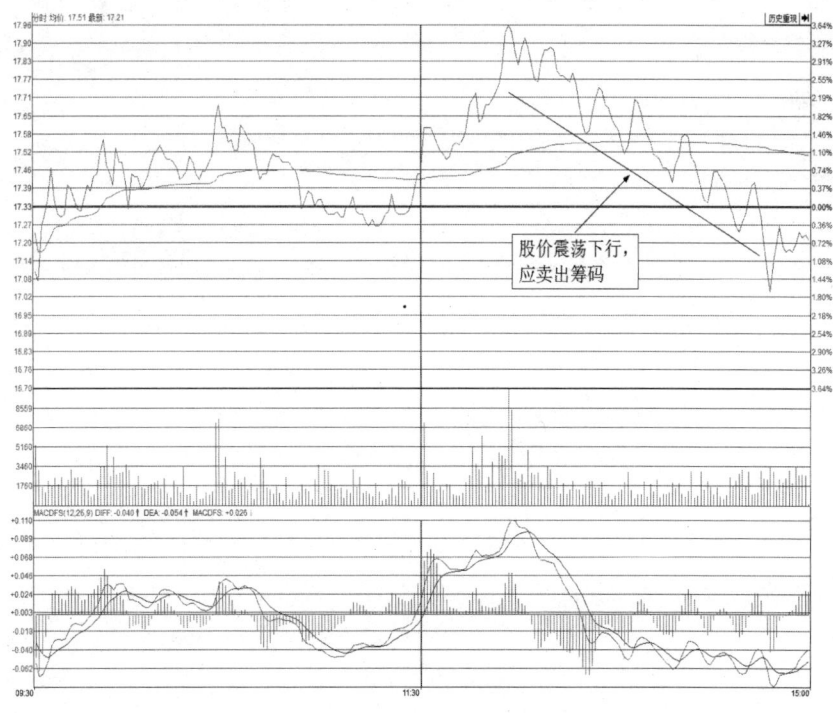

图 16-3 广州发展（600098）日分时图

2. 山东钢铁（600022）

1）日K线形态分析

如图16-4所示，山东钢铁（600022）日K线图中，该股股价经过小幅的爬升之后，出现了回调的行情。同时，其成交量也出现了逐步的萎缩，表明该股的交投比较清淡，股价到了阶段性底部。观察该股的KDJ指标，随着股价的回调，指标线已运行到超卖区，同时出现了钝化的现象。在KDJ指标出现金叉之后，投资者应结合该股的MACD指标进行判断，若MACD指标也出现看涨信号，表明该股后市将会出现上涨走势。股价强势突破之时，投资者可买入筹码。股价创出新高破位下跌之时，投资者应卖出股票，以规避风险。

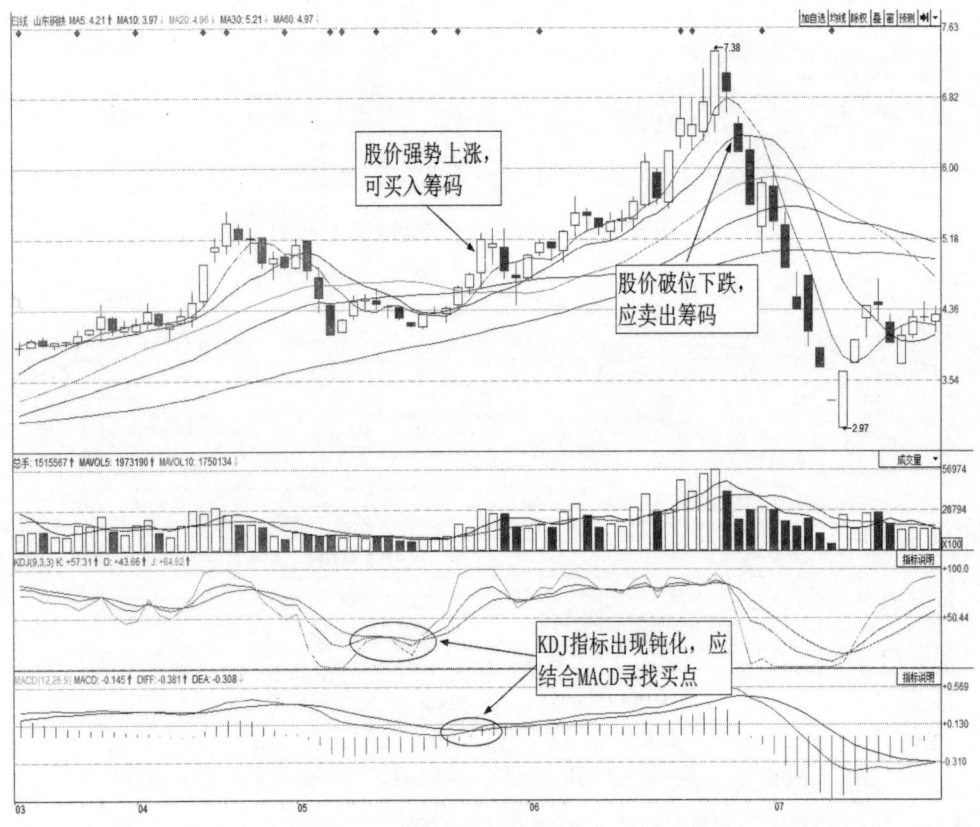

图16-4　山东钢铁（600022）日K线图

2）分时买点把握

如图16-5所示，山东钢铁（600022）日分时图中，该股股价在开盘之后基本上处在横盘整理的走势之中，在上午盘的尾盘股价出现了小幅的拉升。下午开盘之后，股价延续了这一强势走势。在经过一段时间的横盘整理行情之后，在尾盘出现了一波迅速的拉升，同时，其成交量也出现了较大程度的放大。结合该股的日K线图进行分析，在股价出现强势突破之时，投资者可买入股票，吸取筹码。具体表现在分时图中，股价放量拉升之时是投资者买入股票的良好时机，投资者可在这一阶段入场介入。

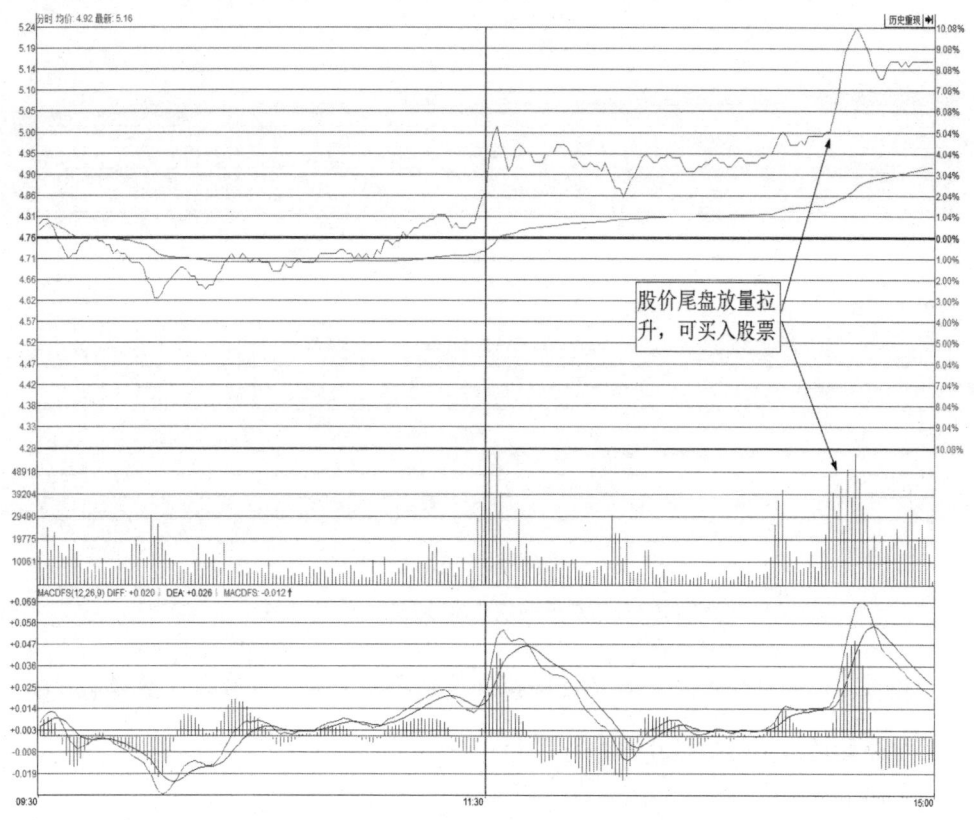

图16-5 山东钢铁（600022）日分时图

3）分时卖出解析

如图16-6所示，山东钢铁（600022）日分时图中，该股股价在大幅低开之后，开始了震荡横盘的走势，同时其成交量也出现了一定程度的放大。在股价跌破均价线之后,该股的弱势走势逐步加剧,在下午开盘之后股价下探到跌停板。结合该股的日 K 线图进行分析,在股价出现新高之后,该股盘中的回调压力开始增加。投资者在股价出现破位下跌之时,应卖出筹码或进行减仓,以规避风险。具体表现在分时图中,股价跌破均价线开始加速下探时,投资者应卖出其所持有的股票。

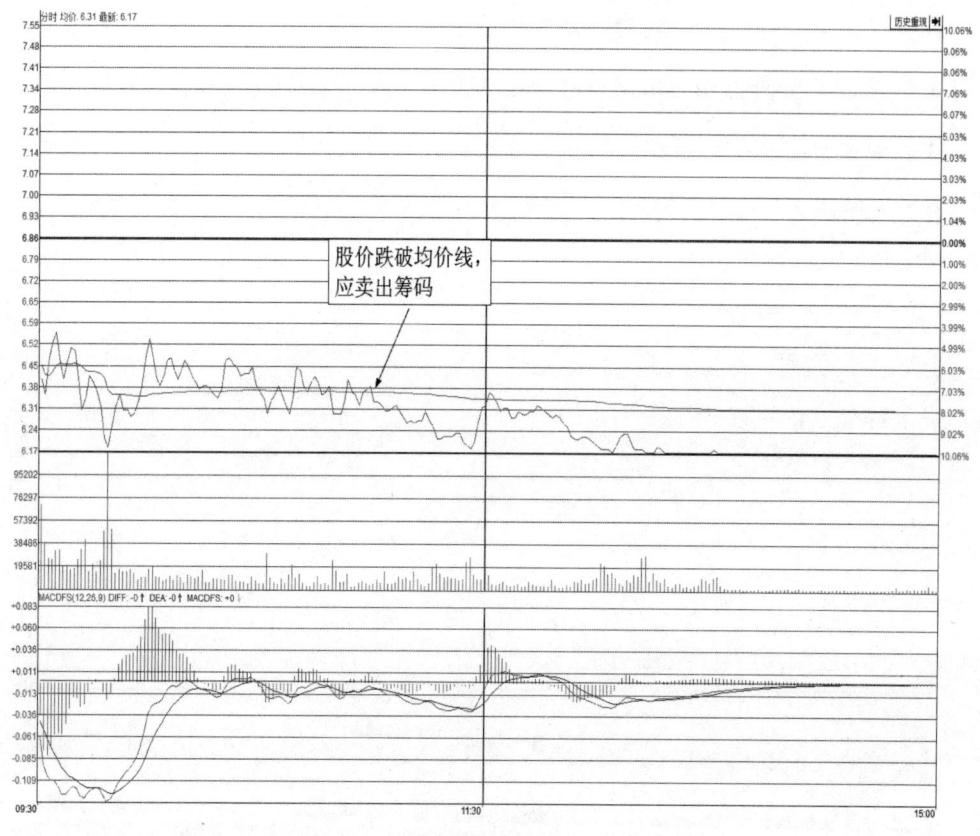

图 16-6　山东钢铁（600022）日分时图

投资者需要注意的是,若 KDJ 指标钝化后出现金叉,而 MACD 指标未显现买入信号,则后市不可贸然介入。

第十七技

中流砥柱狙杀黑马分时战法

经过长时间的下跌走势之后,个股的价格一般都会严重偏离其实际价值。在价值规律的作用下,处于超跌走势的个股在后市会出现价值回归的要求,而黑马股也常常出现在个股的价值回归过程中。投资者可在这些个股中寻找有利的投资机会,以期获取较为丰厚的投资收益。BIAS指标是移动平均(moving average)原理派生的一项技术指标,其主要功能是通过测算股价在波动过程中与移动平均线出现偏离的程度,得出股价在剧烈波动时因偏离移动平均趋势而可能产生的回档或反弹,以及股价在正常波动范围内移动而继续形成原有势的可信度。投资者可以将BIAS指标与RSI指标进行结合,对黑马股的走势进行研判,以寻找买卖时机。

BIAS指标分正乖离和负乖离。当股价在移动平均线之上时,其乖离率为正,反之则为负,当股价与移动平均线一致时,乖离率为0。随着股价走势的强弱和升跌,BIAS指标周而复始地穿梭于0点的上方和下方,其值的高低对未来走势有一定的测市功能。一般而言,正乖离率涨至某一百分比时,表示短期间多头获利回吐可能性也较大,呈现卖出信号;负乖离率降到某一百分比时,表示空头回补的可能性也越大,呈现买入讯号。此时，投资者应结合RSI指标进行研判，若BIAS指标呈现买入信号时，RSI指标也处在超卖状态并在底部形成金叉，则表明股价后市看涨，投资者可寻找时机买入筹码。若BIAS指标呈现卖出讯号时，RSI指标处在超买状态并在顶部形成死叉，则表明股价后市看跌，投资者应寻找时机卖出筹码。由于这种形态一般都是在底部形成买入信号，所以我们可以把这种形态称为"中流砥柱"形态，预示着该股筑底后将会出现上涨。

一、形态解析

（1）个股经过长期的下跌，股价处于严重的超卖状态，并且处在相对的低位。

（2）BIAS 指标为负乖离值，表明空头回补的可能性较大，呈现出买入信号。

（3）RSI 指标同时处在超卖状态并在底部形成金叉，则表明股价后市看涨，投资者可寻找时机买入筹码。

二、实战要点

由于股价相对于不同日数的移动平均线有不同的乖离率，除去暴涨或暴跌会使乖离率瞬间达到高百分比外，短、中、长线的乖离率一般均有规律可循。下面是不同日数移动平均线达到买卖信号要求的参考数据：

6 日平均值乖离：–3% 是买进时机，+3.5% 是卖出时机；

12 日平均值乖离：–4.5% 是买进时机，+5% 是卖出时机；24 日平均值乖离：–7% 是买进时机，+8% 是卖出时机；72 日平均值乖离：–11% 是买进时机，+11% 是卖出时机。

三、案例分析

1. 特力 A（000025）

1）日 K 线形态分析

如图 17-1 所示，特力 A（000025）日 K 线图中，该股股价在经过一轮上涨行情之后，开始了回调走势并且创出新低。同时，其成交量也逐步萎缩呈现出地量的状态。观察该股的 BIAS 指标可以发现，该指标的乖离值为负，该股的 RSI 指标也处在超卖区，并且在底部形成金叉，表明该股在经过深度回调之后，空方力量逐步释放，后市有可能出现反转上涨的行情。在股价出现强势涨停之时，投资者可买入股票，进行适当的建仓。经过一波上涨之后，股价创出新高之时，其回调压力增加，股价跳空低开时应卖出筹码。

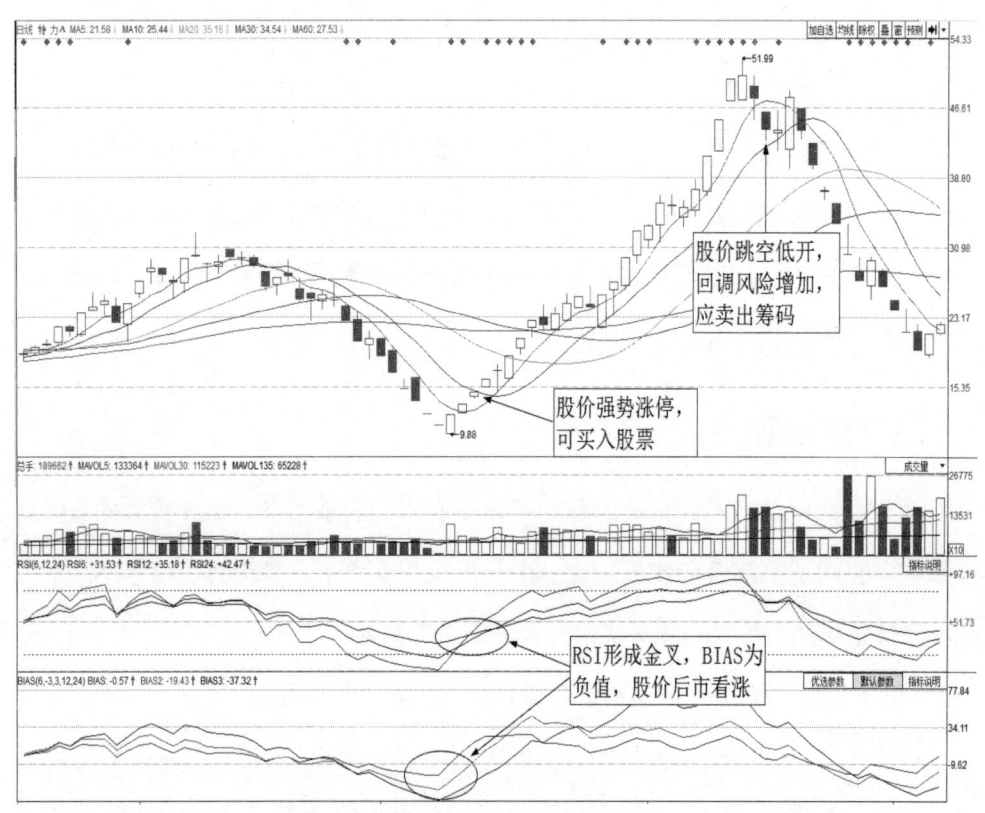

图 17-1 特力 A（000025）日 K 线图

2）分时买点把握

如图 17-2 所示，特力 A（000025）日分时图中，该股股价在大幅高开之后出现了一波急速的拉升走势。同时，其成交量也出现了较大的放量。不过股价并没有直接上封涨停，而是在拉升之后开始震荡下行。在均价线处获得支撑之后，股价开始一波爬升走势，并且上封了涨停板。结合该股的日 K 线图进行分析，在该股的 BIAS 指标与 RSI 指标都出现看涨信号之后，投资者可在股价强势涨停之时买入股票，进行建仓。具体表现在分时图中，投资者在股价开盘拉升之时便可积极入场。股价的第二次拉升时，投资者也可买入股票。

第十七技　中流砥柱狙杀黑马分时战法

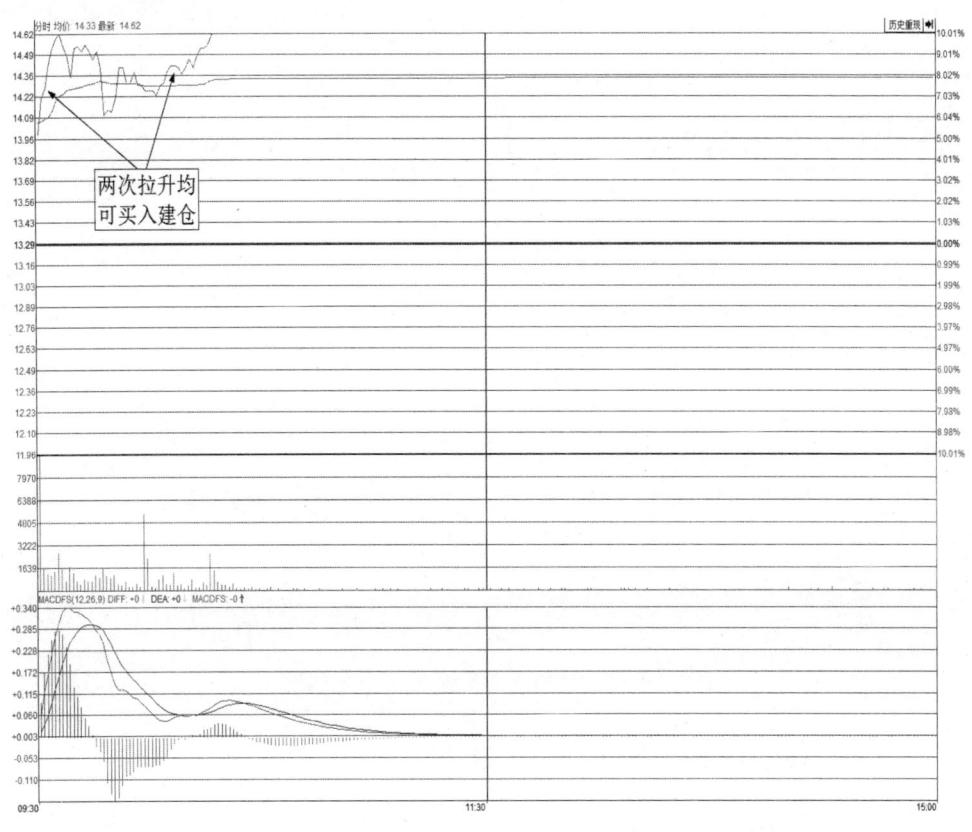

图 17-2　特力 A（000025）日分时图

3）分时卖出解析

如图 17-3 所示，特力 A（000025）日分时图中，该股股价在大幅低开之后便开始了震荡横盘的走势，与均价线相互缠绕在低位运行。同时，其成交量也出现了较大程度的放量。盘中股价跌破均价线之后出现了一波拉升，但后市并没有延续这一强势走势，在尾盘股价出现了一波下跌行情，并延续到下午收市。结合该股的日 K 线图进行分析，在股价出现新高之后，其后市的回调压力增加，投资者在股价跳空低开之后应卖出股票，规避风险。具体表现在分时图中，在股价跌破均价线之时，投资者应卖出筹码。

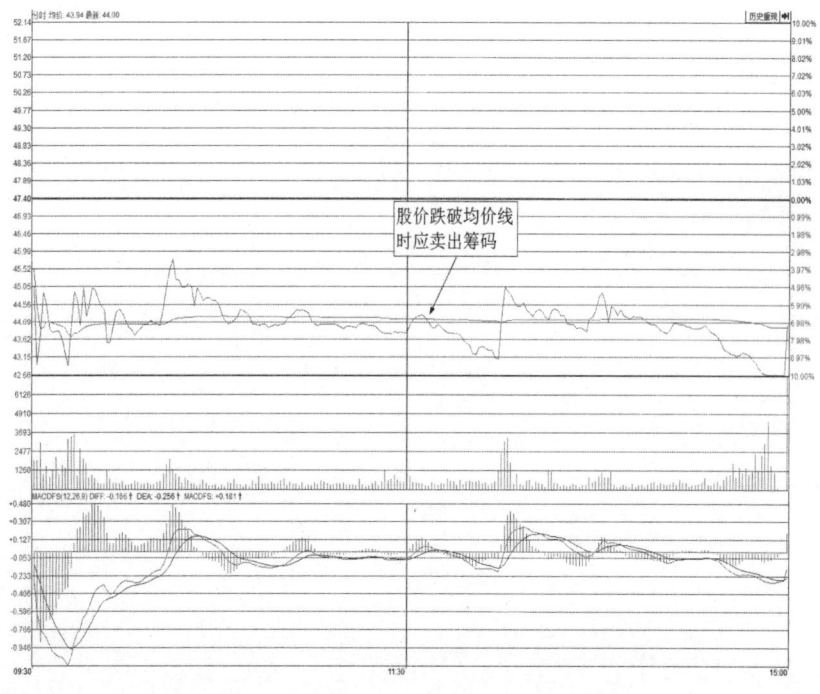

图 17-3　特力 A（000025）日分时图

2. 中国长城（000066）

1）日 K 线形态分析

如图 17-4 所示，中国长城（000066）日分时图中，该股股价在小幅爬升之后，开始进入到横盘整理的行情之中。同时，其成交量呈现出逐步萎缩的态势，观察该股的 BIAS 指标可以发现，该指标的乖离值为负，该股的 RSI 指标也处在超卖区，并且在底部形成金叉，表明该股形成阶段性底部，后市有可能出现反转上涨的行情。在股价出现强势涨停之后，投资者可买入股票，积极入场。股价创出新高之后，其回调压力增加，在均线形成死叉之时，投资者应卖出筹码，以规避后市的下跌风险。

2）分时买点把握

如图 17-5 所示，中国长城（000066）日分时图中，该股在开盘之后，股价就出现了一波急速的拉升走势，并且上封了涨停板。同时，其成交量出现了较大的放量。在短暂的封板之后，股价出现了回调，但在均价线上方获得支撑开始反弹，并再一次上封涨停板。结合该股的日 K 线分析，在股价强势突破均线系统之后，投资者可买入股票进行建仓。具体表现在分时图中，股价开盘后的拉升走势是投资者买入股票的

第十七技　中流砥柱狙杀黑马分时战法

良好时机。激进的投资者也可在股价上封涨停出现回调之时买入筹码，进行布局。

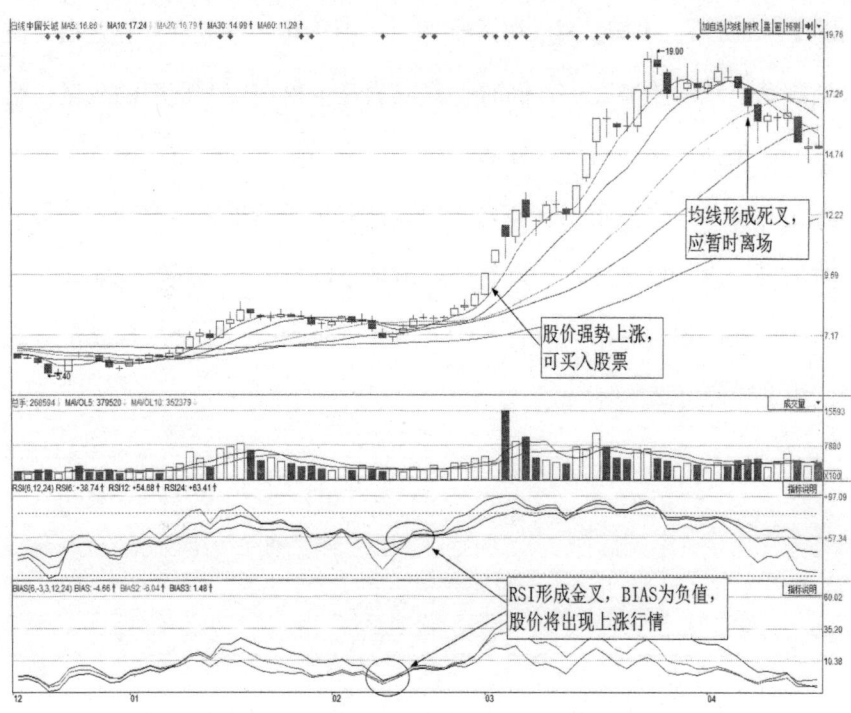

图 17-4　中国长城（000066）日 K 线图

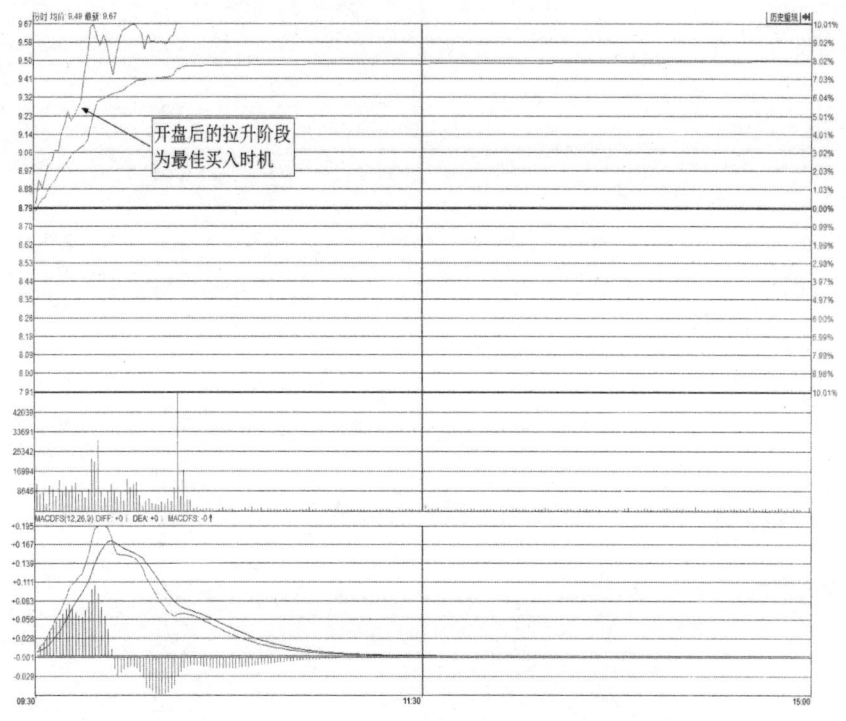

图 17-5　中国长城（000066）日分时图

3）分时卖出解析

如图17-6所示，中国长城（000066）日分时图中，该股在开盘之后，其股价就进入到震荡下跌的趋势之中，同时，其成交量也出现较大程度的放量。盘中股价出现了一次反弹，但在均价线处遇到阻力，又回到下跌行情之中。结合该股的日K线图进行分析，在股价出现新高之后，其股价开始了横盘整理的走势，表明该股此时回调压力开始增加，后市有可能出现下跌行情。均线出现死叉之时，投资者应卖出股票，规避后市风险。具体表现在分时图中，股价出现放量下跌的走势之时，投资者便可卖出筹码。

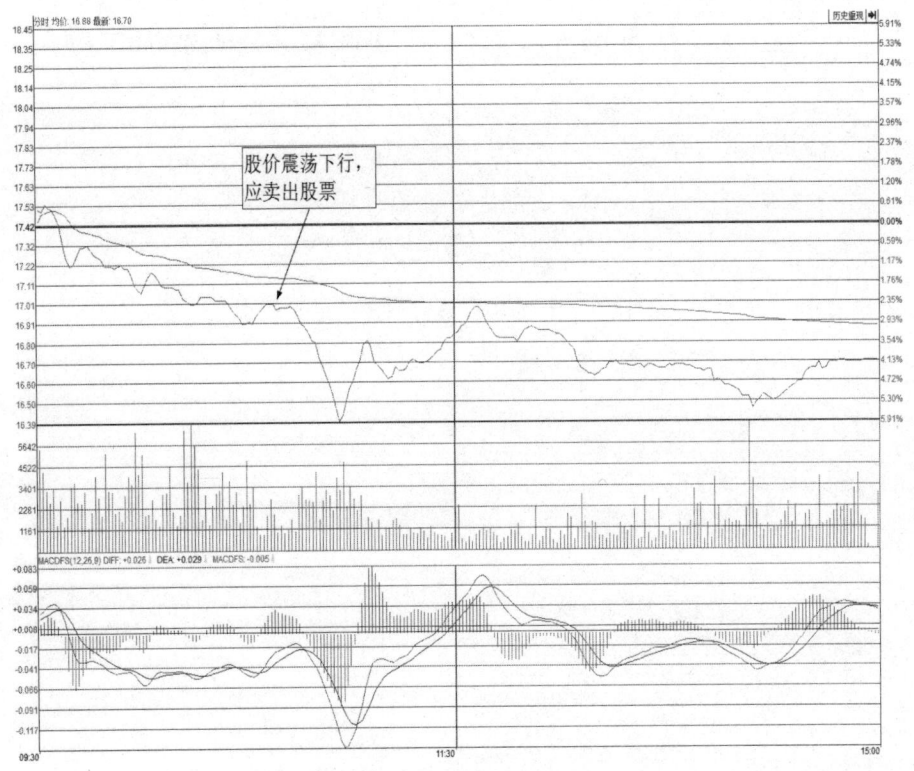

图17-6　中国长城（000066）日分时图

在实际应用该形态进行交易时，投资者应结合日K线寻找合理的买点，以获取最大收益。

第十八技

否极泰来狙杀黑马分时战法

在股票市场的投资活动中,超跌反弹行情常常是投资者捕捉黑马股、获取投资利润的重要机会。超跌反弹是因为股价不合理的过度下跌所产生的短期上涨行情,由于这种反弹具有一定的上涨规模,而且反弹的时间很短,所以很多短线投资者喜欢在下跌趋势中抢反弹,以博取短线差价。短线介入反弹行情时,投资者必须明确、参与超跌反弹行情是一种短线操作行为,而不是一种中长线行为,因此选股时要重点关注个股的短线投机价值,而非投资价值。在短线选股时,尽量不要选择具有投资价值且股性较差的蓝筹股或低价的大盘指标股,而是要注意选择流通盘较小、股性活跃的投机类个股。同时,要注意不能选择成交量过于稀少的冷门股,以免因买卖不便,导致操作失误。对于超跌反弹行情,投资者不宜采用追涨的方法,而是要结合技术分析方法进行研判。

在实际操作中,投资者运用BIAS指标和BOLL指标来进行组合分析,可以把握个股的进出时机。在个股经过一段长期的下跌行情之后,股价到达超跌位置,并且开始逐步企稳。此时,若BIAS指标的三条曲线全部小于0,股价也已经触及BOLL指标的下轨线,而且BOLL指标正处于不断收敛状态中,这时如果出现BIAS的短期均线上穿长期均线,则该股后市可以看涨。其成交量若同时逐渐放大，则其后市看涨信号更加可靠。投资者便可以择机买入股票，进行布局。该形态最大优点就是能够及时地反映出股价短期偏离正常价值运行规律，使股价产生超跌反弹行情，从而指示出投资时机。因此，我们可以叫这种形态为"否极泰来"形态。

一、形态解析

（1）股价经过一段时间的下跌，已处于超跌反弹的状态。

（2）当 BIAS 指标的三条短期均线全部小于 0 时。

（3）股价也已经触及 BOLL 指标的下轨线，并且 BOLL 指标正处于不断收敛的状态之中。

（4）若 BIAS 指标的短期均线上穿长期均线，并且成交量逐渐放大，则表明该股后市将出现上涨行情。

二、实战要点

（1）在个股指标出现这种形态组合之后，投资者可利用 K 线组合与其他技术指标来把握个股的买卖时机。

（2）在个股指标出现这种形态组合之后，若其成交量没有出现有效的放大，则投资者可继续观望，以避免被套风险。

三、案例分析

1.歌尔股份（002241）

1）日 K 线形态分析

如图 18-1 所示，歌尔股份（002241）日 K 线图中，该股股价前期经过小幅的回调之后逐渐走平，其成交量也逐步萎缩，呈现出地量的状态。观察该股 BOLL 指标，其股价已经触及 BOLL 指标的下轨线，表明该股后市将结束回调走势，开始一波上涨行情。同时，该股的 BIAS 指标的三条短期均线全部小于 0，证明股价有超跌反弹的要求。在股价出现强势突破之时，投资者可买入股票，进行布局，以期获取投资收益。经过一波上涨行情之后，股价创出新高，其回调压力也增加，在股价出现破位下跌之时，投资者应离场避险。

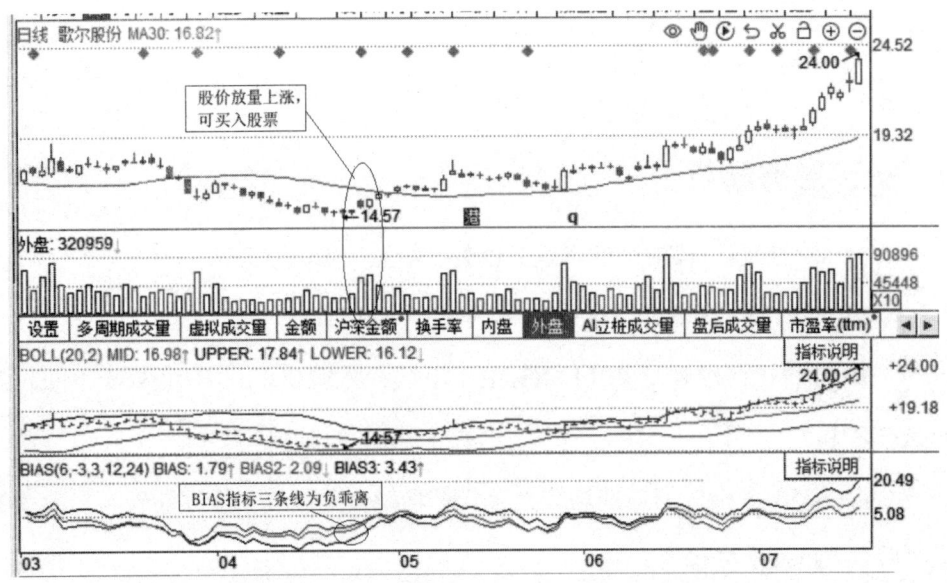

图 18-1　歌尔股份（002241）日 K 线图

2）分时买点把握

如图 18-2 所示，歌尔股份（002241）日分时图中，该股股价在上午一度涨停，之后便出现了小幅的回调，打开了涨停板。但在小幅的回调之后，股价逐步企稳开始缓慢爬升，并在下午收市之前再次上封了涨停板。这一走势表明此时盘中空方还有一定的做空实力，但已是强弩之末，其抛盘压力很快就被多头吸收。结合该股的日 K 线图，在股价出现强势突破之时，投资者可买入股票，进行适当的建仓。表现在分时图中，在涨停板被打开，股价逐步企稳回升的时候，投资者便可买入筹码，进行建仓。

3）分时卖出解析

如图 18-3 所示，歌尔股份（002241）日分时图中，该股股价开盘之后便开始震荡下行，同时，其成交量出现较大程度的放大。盘中股价出现了一波拉升并且向上突破了均价线，但由于没有成交量的配合，股价的这一强势走势并没有得到延续。之后，股价再一次跌破了均价线进入下跌行情，直到下午收市。结合该股的日 K 线图，在股价出现新高之后，其回调压力增加。股价破位下跌之时，投资者应卖出筹码。具体表现在分时图中，股价再一次跌破均价线之时，投资者应卖出筹码，规避风险。

第十八技　否极泰来狙杀黑马分时战法

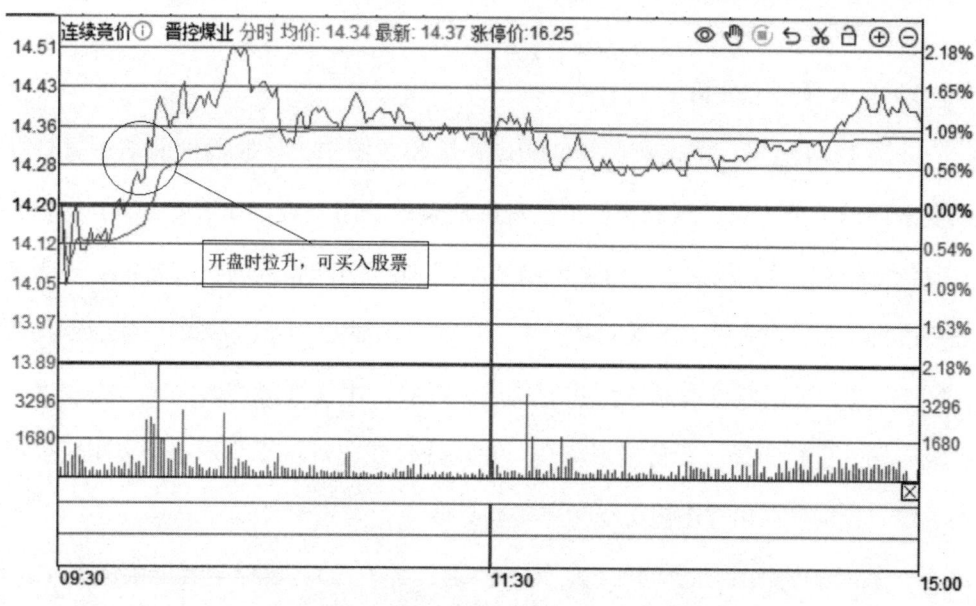

图 18-2　歌尔股份（002241）日分时图

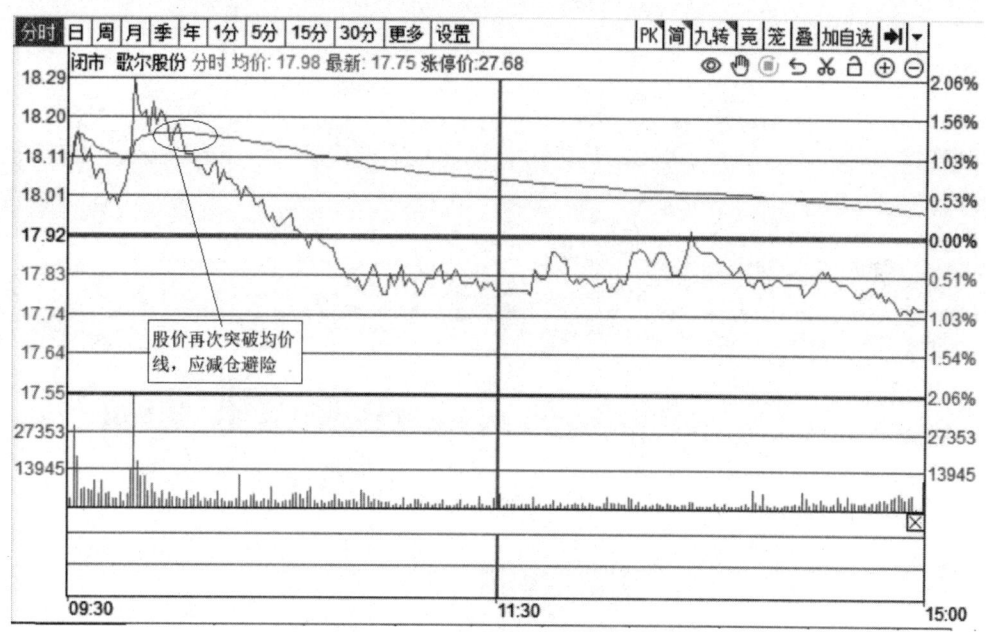

图 18-3　歌尔股份（002241）日分时图

2. 华能国际（600011）

1）日K线形态分析

如图18-4所示，华能国际（600011）日K线图中，该股股价前期一直处在横盘整理的走势之中，其成交量也呈现出地量的状态。观察该股的BOLL指标，其股价已经触及其下轨线，并且BOLL指标正处于不断收敛的状态之中。表明该股后市将结束横盘走势，开始强势上涨。同时，该股的BIAS指标的三条短期均线全部小于0，证明股价有超跌反弹的要求。在股价出现强势突破之时，投资者可积极入场，进行布局。股价出现新高，并且日K线出现倒垂头形态，表明股价后市看跌。投资者在出现倒锤头线时应离场避险。

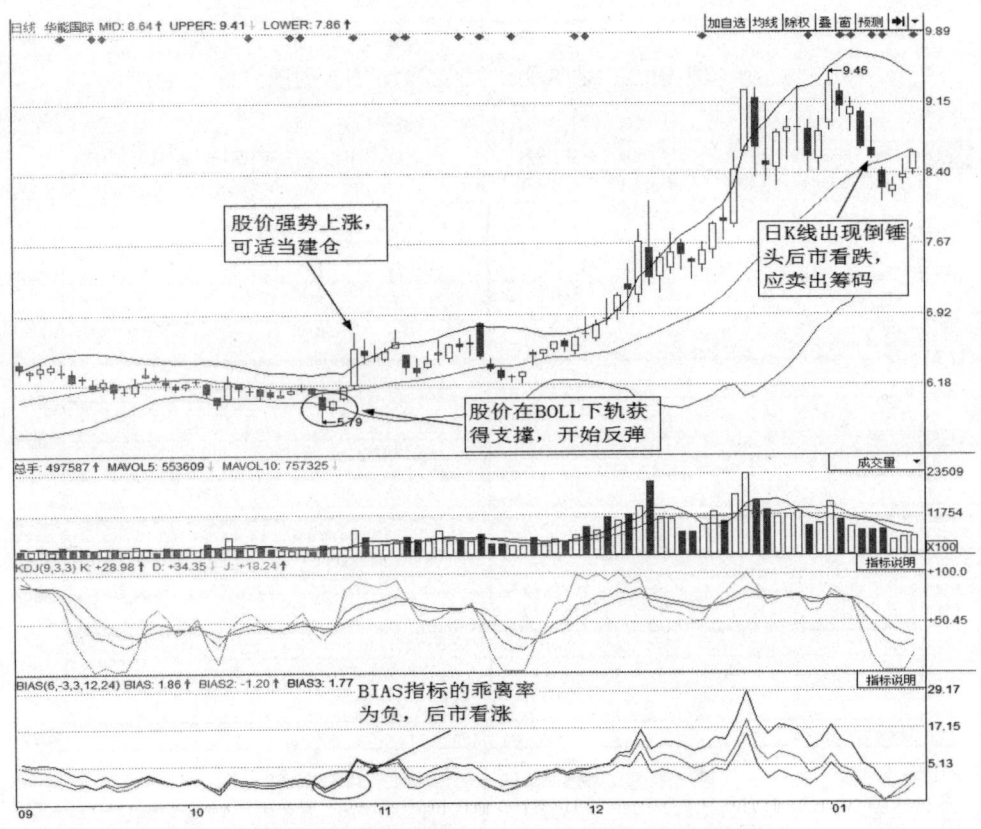

图18-4 华能国际（600011）日K线图

2）分时买点把握

如图 18-5 所示，华能国际（600011）日分时图中，该股股价开盘之后并没有什么良好的表现，与均价线相互缠绕横盘运行。同时，其成交量也并没有出现较大的放量。下午开盘之后，股价出现了急剧的拉升走势，伴随了密集的放量。在股价拉升到高位之后，其又开始了横盘整理的行情，直到下午收市。结合该股的日 K 线图，在股价出现强势上涨之时，投资者应买入股票，进行建仓。具体表现在分时图中，下午盘股价出现急速拉升的走势之时，是投资者买入股票的良好时机，投资者应积极入场。

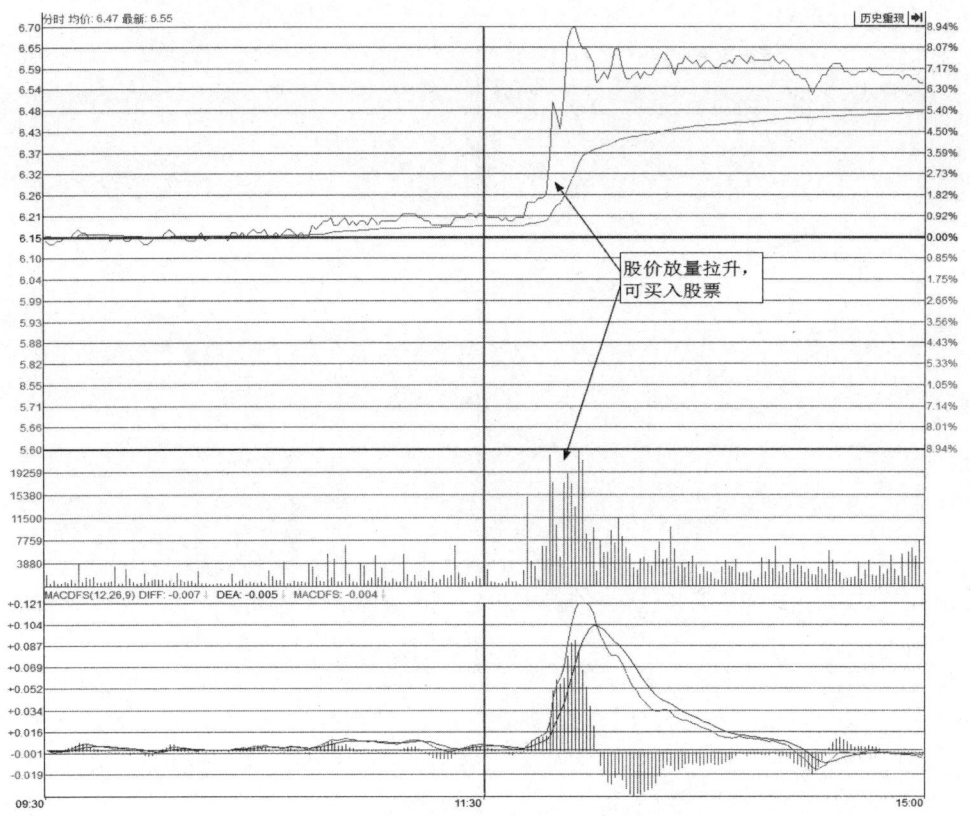

图 18-5　华能国际（600011）日分时图

3）分时卖出解析

如图18-6所示，华能国际（600011）日分时图中，该股股价小幅低开之后就开始了震荡横盘的走势，其成交量也有所增加。下午开盘之后，股价出现了一波拉升走势，但这一强势走势并没有持续到收市。尾盘股价出现了下跌行情，并且跌穿了均价线。结合该股的日K线图进行分析，在股价出现新高之后，日K线出现了倒锤头线，表明该股的后市上涨动力不足，有反转下跌的风险。投资者在出现锤头线时应卖出筹码，实现收益。具体表现在分时图中，在股价尾盘出现跳水之时，投资者应果断离场，规避风险。

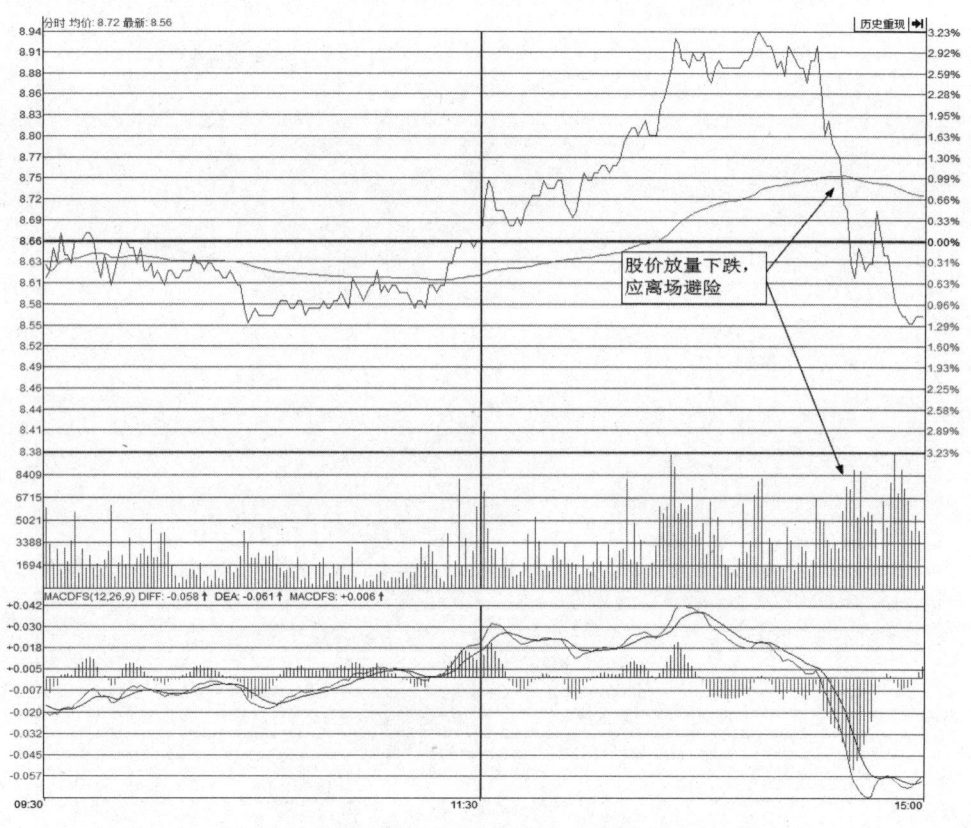

图18-6 华能国际（600011）日分时图

需要注意的是，若个股出现该形态组合之后，若其成交量没有出现有效的放大，则该形态的看涨信号相对减弱。

第十九技

一路高升狙杀黑马分时战法

对于投资者来讲,深入研究量价关系,不仅能有效地判断个股走势,更重要的是能帮助寻找到真正的黑马股。所以,投资者了解掌握量价关系的组合技术指标——OBV指标是非常有必要的。OBV指标是将成交量数量化、制成趋势线,配合股价趋势线,从价格的变动及成交量的增减关系,推测市场气氛。其主要理论基础是市场价格的变化必须有成交量的配合,股价的波动与成交量的扩大或萎缩有密切的关联。通常股价上升所需的成交量总是较大;下跌时,则成交量可能放大,也可能放小。价格升降而成交量不相应升降,则市场价格的变动难以为继。

一般来讲,若只观察OBV指标的变化趋势并无意义,投资者必须配合其他的技术指标进行研判才有实际的效用。我们可以把OBV指标与KDJ指标结合使用,在用OBV指标研判股价趋势的同时,再利用KDJ指标寻找个股的介入时机,以捕捉个股的上涨行情,获取投资收益。在具体的运用过程中,当股价经过一段时间的下跌行情,逐步进入横盘整理的趋势之后,若此时OBV指标在底部出现窄幅震荡的走势,并逐步向上抬头,则表明该股后市有可能出现上涨行情。此时,投资者可以观察KDJ指标进行判断,若此时KDJ指标在底部也形成金叉,则投资者可寻找合理的时机买入股票,进行布局。在成交量的推动下,个股一般都会出现较大的上升走势,所以我们可以把这一形态称为"一路高升"形态。

一、形态解析

（1）个股经过一段时间的下跌行情，股价已处于阶段性底部。

（2）当 OBV 指标线在底部出现窄幅震荡的走势，并且呈现出逐步向上抬头的趋势。

（3）若此时 KDJ 指标在底部形成金叉，则投资者可寻找合理的时机买入股票，进行布局。

二、实战要点

（1）当股价上升而 OBV 指标线下降时，表示买盘无力，股价可能会出现回跌。

（2）当股价下降而 OBV 指标线上升时，表示买盘旺盛，股价可能会止跌回升。

（3）若 OBV 指标线缓慢上升，则表示买盘逐渐加强，为买进信号。

（4）OBV 指标线最大的用处，在于观察股市横盘整理之时，何时会脱离横盘局势以及突破后的未来走势，OBV 指标线变动方向是重要的参考标准。

三、案例分析

1. 宝钢股份（600019）

1）日 K 线形态分析

如图 19-1 所示，宝钢股份（600019）日 K 线图中，该股股价前期处在横盘整理的走势之中，其均线系统也呈现出平行运行的趋势。此时，观察该股的 OBV 指标，其指标线在底部出现窄幅震荡的走势，并且呈现出逐步向上抬头的趋势。同时，该股的 KDJ 指标在底部形成金叉，表明该股后期将会结束横盘整理的走势，出现一波强势上涨的行情。在股价强势突破，均线系统出现多头排列的时候，投资者可买入股票，进行布局。当股价创出新高，均线系统出现死叉之时，投资者应考虑离场避险。

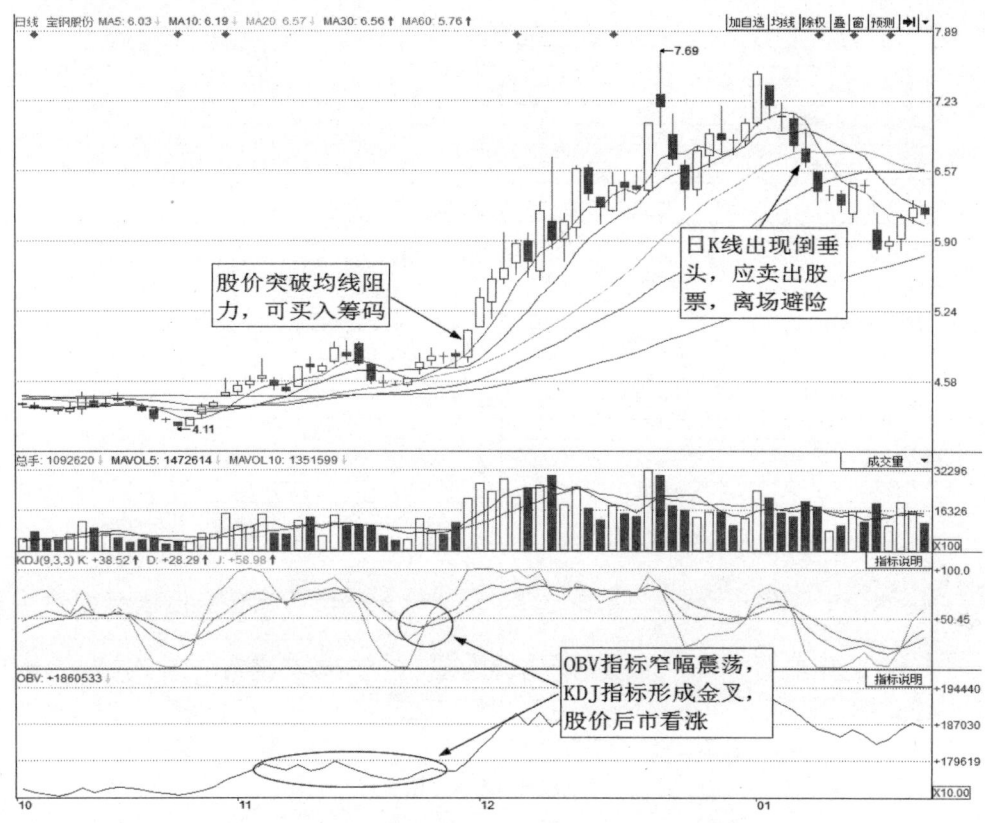

图 19-1　宝钢股份（600019）日 K 线图

2）分时买点把握

如图 19-2 所示，宝钢股份（600019）日分时图中，该股股价在小幅低开之后并没有出现较好的表现，与均价线相互缠绕呈现出横盘整理的走势。下午开盘之后，股价出现了一次拉升，之后又开始横盘运行。在出现第二次的拉升之后，股价又呈现出横盘走势，直到下午收市。结合该股的日 K 线图进行分析，在股价出现强势突破阻力位之时，投资者可买入股票，进行布局。具体表现在分时图中，股价的第一次拉升是投资者买入股票的最佳时机。若错过第一次买入时机，在股价出现第二次拉升之时，投资者亦可进行建仓。

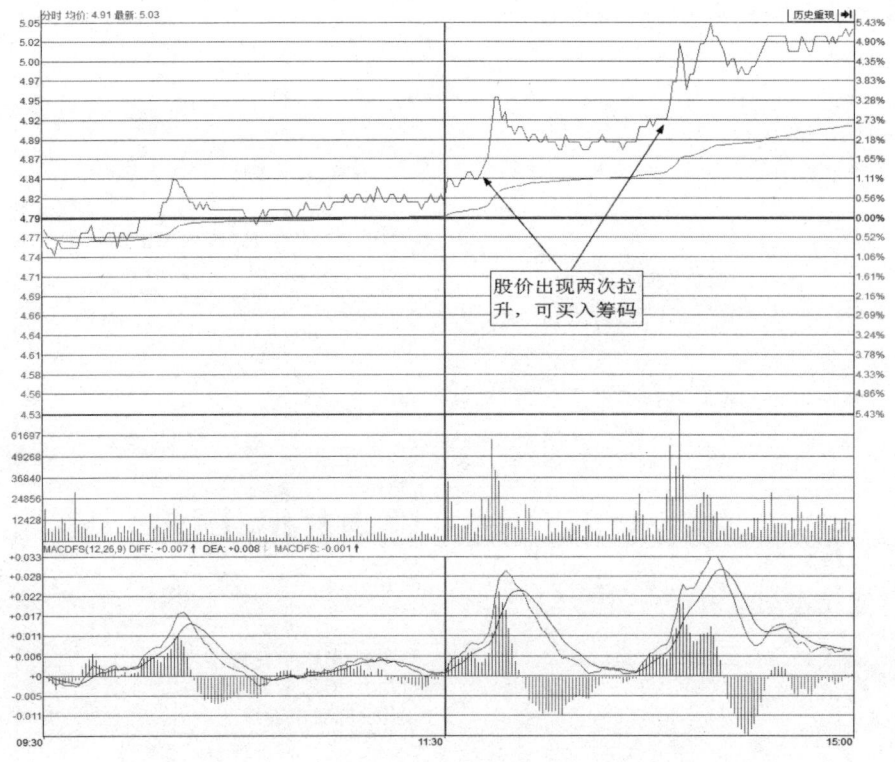

图 19-2　宝钢股份（600019）日分时图

3）分时卖出解析

如图 19-3 所示，宝钢股份（600019）日分时图中，该股股价在小幅低开之后，便开始进入到震荡下行的走势之中。同时，其成交量也出现了较大程度的放大。盘中股价出现了一波强势上涨的走势，并且突破了均价线，但由于缺乏上涨动力，这一走势并没有延续到收市。尾盘股价出现跳水走势，一直延续到下午收市。结合该股的日 K 线图进行分析，在股价出现新高，均线系统出现死叉之时，投资者应卖出筹码进行避险。具体表现在分时图中，在股价尾盘出现跳水的时候，投资者应卖出股票，果断离场。

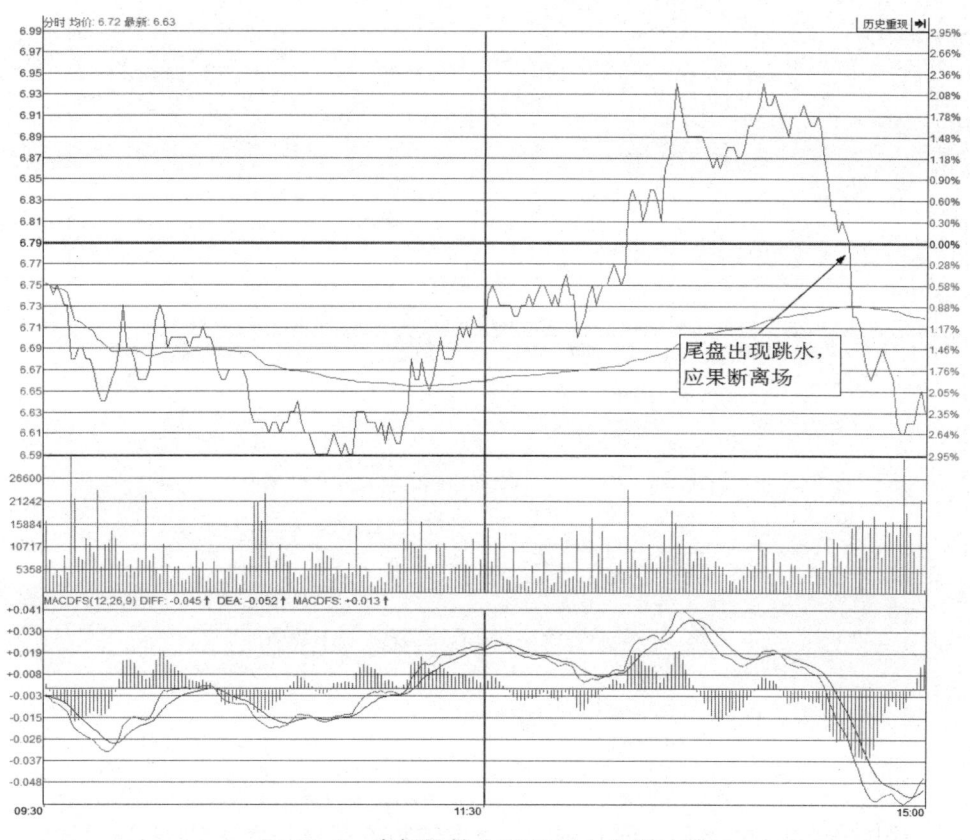

图 19-3　宝钢股份（600019）日分时图

2. 航天电器（002025）

1）日 K 线形态分析

如图 19-4 所示，航天电器（002025）日 K 线图中，该股股价在前期一直处在横盘整理的走势之中。其成交量也出现逐步萎缩的态势，预示着该股可能已形成阶段性的底部。观察该股的 OBV 指标，其指标线在底部出现窄幅震荡的走势，并且呈现出逐步向上抬头的趋势，而该股的 KDJ 指标在底部形成金叉，表明该股后期将会结束横盘整理的走势，出现一波黑马上涨行情。在股价突破均线阻力位的时候，投资者可买入股票，进行建仓。股价创出新高之后，日 K 线出现锤头线，投资者应卖出筹码，规避风险。

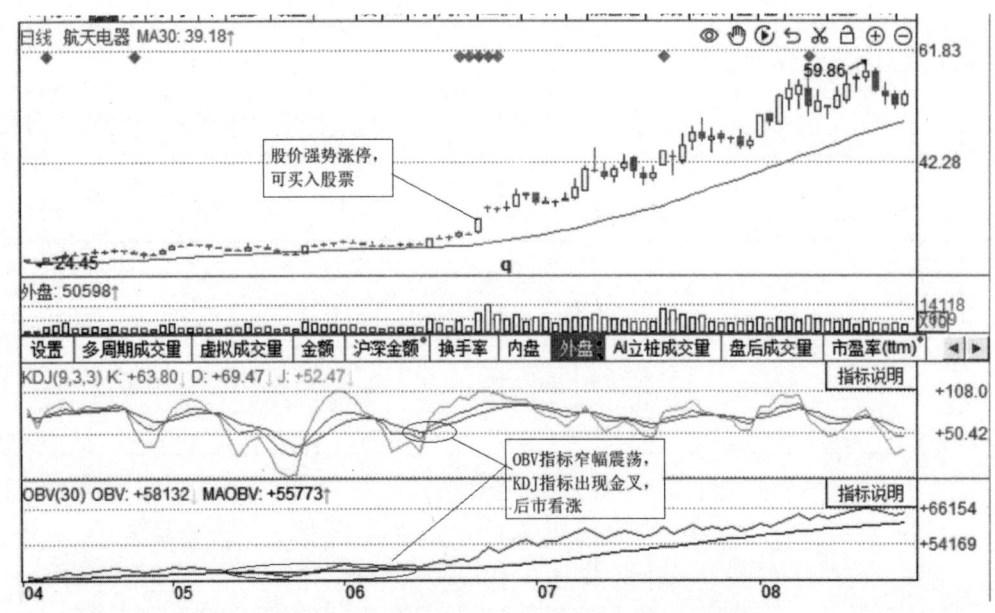

图 19-4 航天电器（002025）日 K 线图

2）分时买点把握

如图 19-5 所示，航天电器（002025）日分时图中，该股股价开盘后出现了一波小幅拉升，之后开始了横盘整理的走势，与均价线相互缠绕横向运行。同时，其成交量也呈现出地量的状态。下午开盘之后，股价开始逐步攀升，同时伴随了成交量的逐步放大，并且上封了涨停板。结合该股的日 K 线图进行分析，在股价突破均线系统，均线出现金叉之时，投资者可买入股票，进行建仓。具体表现在分时图中，在下午盘，股价出现放量拉升的走势时，投资者应买入股票，积极入场。激进的投资者在涨停板打开时也可介入布局，买入股票。

3）分时卖出解析

如图 19-6 所示，航天电器（002025）日分时图中，该股股价开盘之后出现了小幅的拉升，同时，其成交量也出现了一定程度的放大。但后市并没有延续股价的这一强势走势，股价与均价线相互缠绕，横盘运行。下午盘，股价跌破了均价线出现下跌行情，这一走势一直延续到下午收市。结合该股的日 K 线图进行分析，在股价出现新高，日 K 线出现黄昏之星时，投资者应卖出股票，或进行减仓操作。具体表现在分时图中，在股价跌破均价线时，投资者应卖出筹码，以规避风险，实现投资收益。

第十九技　一路高升狙杀黑马分时战法

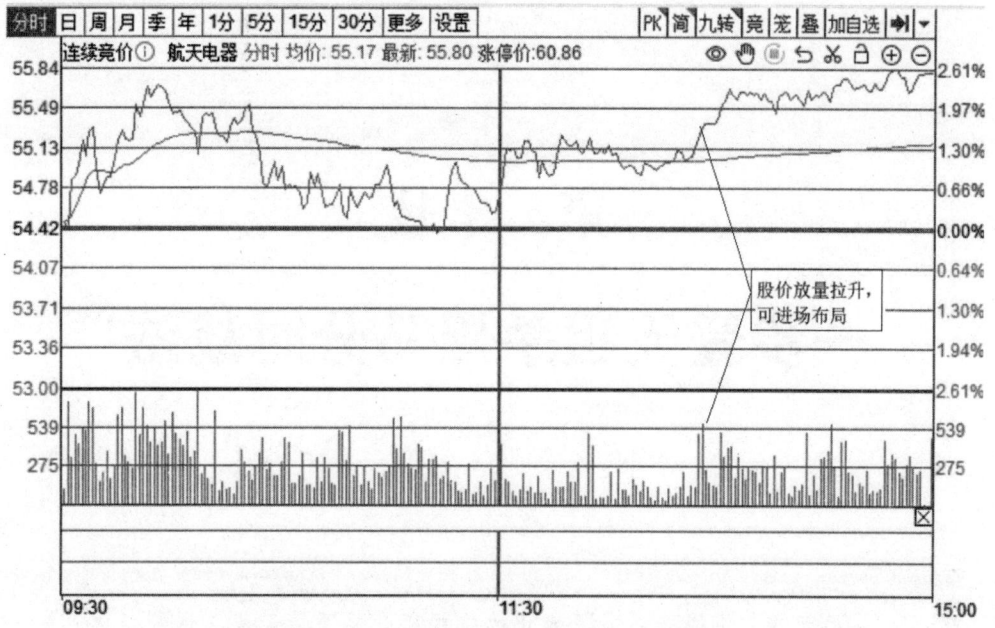

图 19-5　航天电器（002025）日分时图

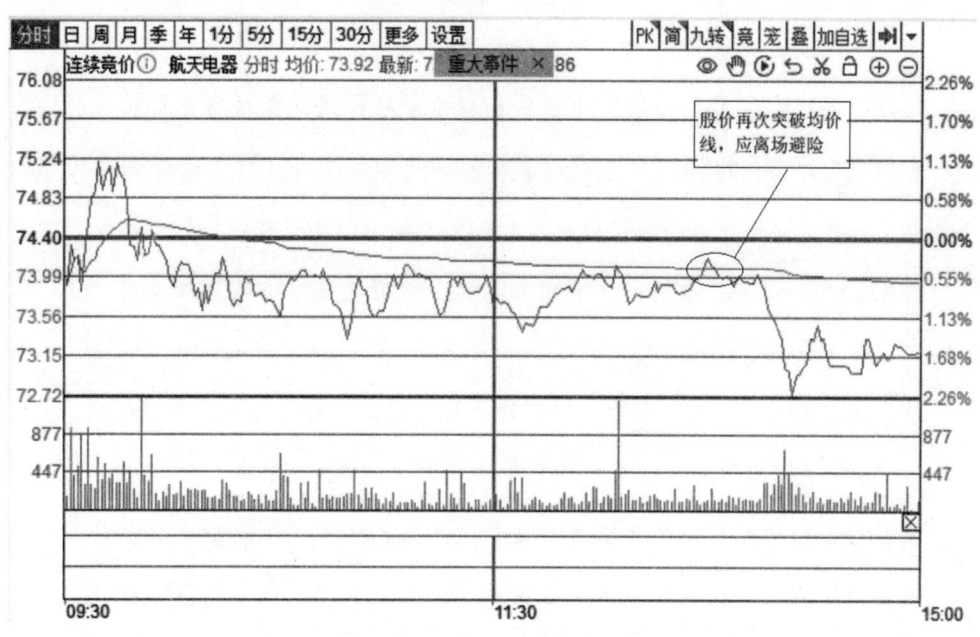

图 19-6　航天电器（002025）日分时图

值得注意的一点是，当 OBV 指标长时间横盘运行，则个股有可能出现大行情，投资者在实战中应仔细观察。

第二十技

一步登天狙杀黑马分时战法

　　一般而言，投资者对股价变化的重视程度要远大于成交量的变化。传统的技术分析理论认为，量价的分析必须结合起来才能取得较好的效果。实际上，无论是对大盘趋势的把握，还是对个股走势的判断，都不可能脱离对成交量的分析。市场的经验也表明，成交量通常比股价先行变动。由于OBV指标的走势可以局部显示出市场内部主要资金的移动方向，显示当期不寻常的超额成交量是徘徊于低价位还是在高价位上产生，因此，可使投资者领先一步掌握大盘或个股突破盘局后的发展方向。所以，在对股票市场趋势的研判上有必要掌握OBV指标的应用原则。同时，结合其他技术指标进行分析，以捕捉黑马股的上升走势，获取投资收益。

　　OBV指标的出发点是基于成交量为股价变动的先行指标，短期股价的波动与公司业绩并不完全吻合，而是受人气的影响，因此从成交量的变化可以预测股价的波动方向。在实际交易的过程中，当OBV指标经过一段横盘震荡的行情之后，突然在某几个交易日出现急速上升，角度大于45度，若此时该股的KDJ指标已形成金叉，则表明股价会在短期内突破横盘整理的走势，出现迅速的拉升。投资者可在个股指标出现这一走势时，进行布局。但需要注意的一点是，这种急速上涨的行情很难持续，短期

第二十技 一步登天狙杀黑马分时战法

内股价见顶的概率较高,且股价回落幅度较深、较快。因此,投资者在成功介入、获取投资收益之后,应干净利索地卖出筹码,切不可拖泥带水,以致稀释掉投资利润,甚至出现股票被套的被动局面。由于这一形态预示了股价短期内的急速上涨行情,所以我们可以把这一形态称为"一步登天"形态。

一、形态解析

（1）该形态一般会出现在个股上涨行情的初期，或上涨行情的阶段性顶部。

（2）当 OBV 指标线在底部经过横盘整理的走势之时，突然在某几个交易日出现急速上升，且角度大于 45 度。

（3）若此时 KDJ 指标已出现金叉，则表明股价会在短期内出现急速的上涨行情，投资者可买入股票。

二、实战要点

（1）OBV 指标不能单独使用，必须与股价曲线或其他技术指标结合使用才能发挥作用。

（2）当 OBV 指标曲线与股价走势出现"背离"现象时，则可利用其判别目前市场中是否存在机构大户"收集"或"派发"筹码的特殊情况。

（3）OBV 指标曲线的上升和下降对进一步确认当前股价的趋势有很重要的作用。

三、案例分析

1. 中原高速（600020）

1）日 K 线形态分析

如图 20-1 所示，中原高速（600020）日 K 线图中，该股股价前期处于横盘整理的走势，其成交量也多处在地量的状态。观察该股的 OBV 指标，该指标线在经过一段横盘整理的走势之后，突然在某几个交易日出现急速上升，且角度大于 45 度，预示着该股盘中在短期内聚集大量买盘，后市股价将会出现急速的上涨行情。而该股的 KDJ 指标已形成金叉，增强了 OBV 指标的买入信号。在股价强势上涨之时，投资者可买入股票，进行布局。经过一波上涨之后，个股的回调压力增强，股价破位下跌时应卖出筹码。

第二十技　一步登天狙杀黑马分时战法

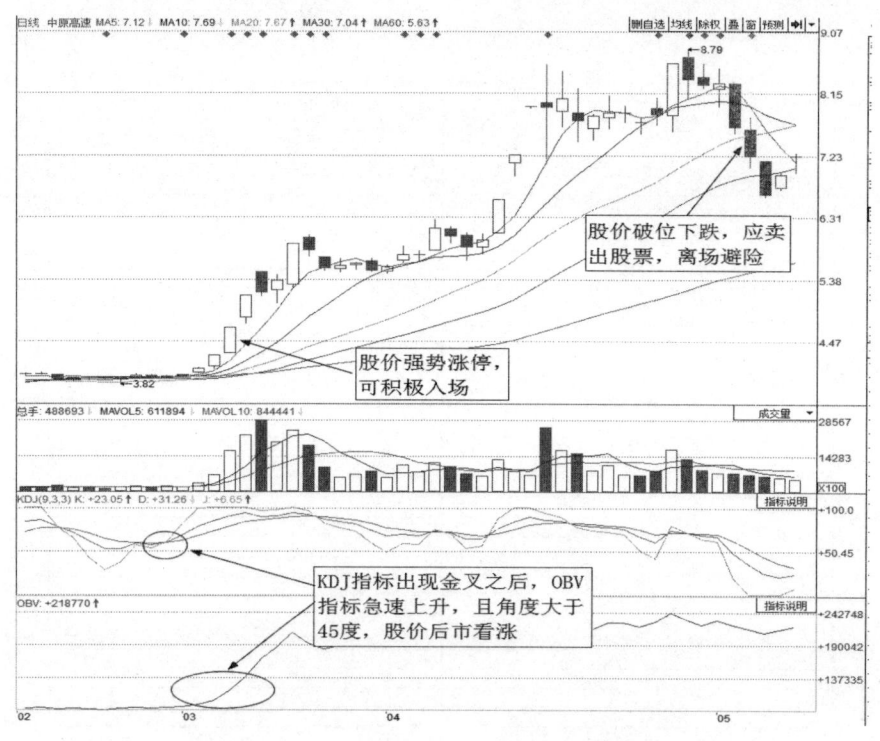

图 20-1　中原高速（600020）日 K 线图

2）分时买点把握

如图 20-2 所示，中原高速（600020）日分时图中，该股股价小幅高开之后开始震荡上行，同时，其成交量也有一定程度的放大。盘中股价突然出现急速拉升走势，并上封了涨停板。结合该股的日 K 线图进行分析，该股的均线系统呈现出多头排列的态势，OBV 指标与 KDJ 指标形成"一步登天"的形态，表明股价后市将会出现急涨的行情，在股价出现涨停之时可买入股票，进行建仓。具体表现在分时图中，在股价出现急速拉升之时，投资者可买入筹码，积极入场进行布局，以期获取投资收益。

3）分时卖出解析

如图 20-3 所示，中原高速（600020）日分时图中，该股股价开盘之后便开始进入到下跌行情之中，同时，其成交量也出现了较为密集的放量。随后，股价出现了反弹，开始逐步缓慢爬升，并向上突破了均价线，但盘中没有延续股价的这一走势，在下午开盘之后，股价又重回跌势，并且延续到下午收市。结合该股的日 K 线，在股价经过一波上涨之后，其回调压力开始增加。后市股价可能会出现反转下跌的走势。表现在分时图中，在股价跌破均价线重回跌势之时，投资者应卖出筹码，实现收益。

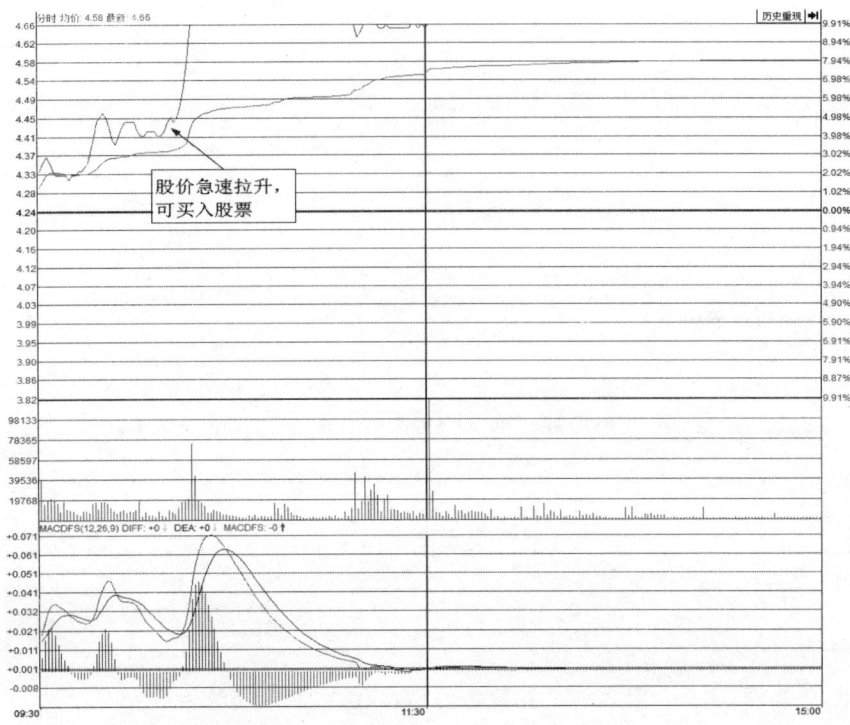

图 20-2 中原高速（600020）日分时图

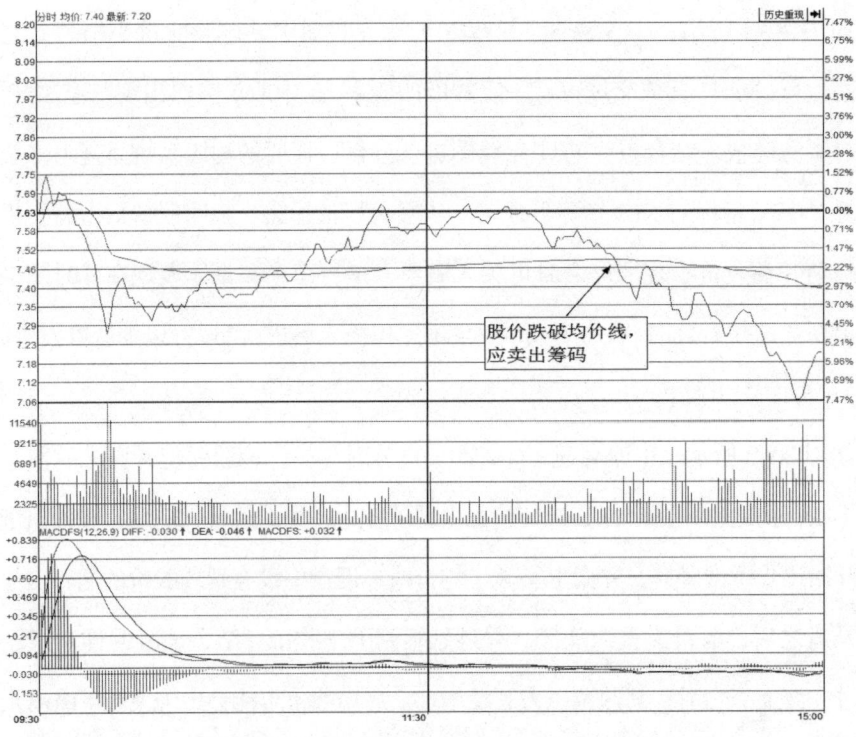

图 20-3 中原高速（600020）日分时图

2. 浙能电力（600023）

1）日 K 线形态分析

如图 20-4 所示，浙能电力（600023）日 K 线图中，该股股价之前处于震荡横盘的趋势之中，并没有什么良好的表现，其成交量也呈现出逐步萎缩的态势。观察该股的 OBV 指标与 KDJ 指标，在 KDJ 指标形成金叉之后，OBV 指标处在横盘整理的趋势之时，突然在某几个交易日出现急速上升的走势，且角度大于 45 度，预示着股价将会出现急速的上涨行情。在股价突破均线的阻力位之时，5 日均线上穿 20 日均线形成金叉，此时投资者可买入股票，进行布局。在股价出现新高之后，均线形成死叉之时，投资者应离场避险。

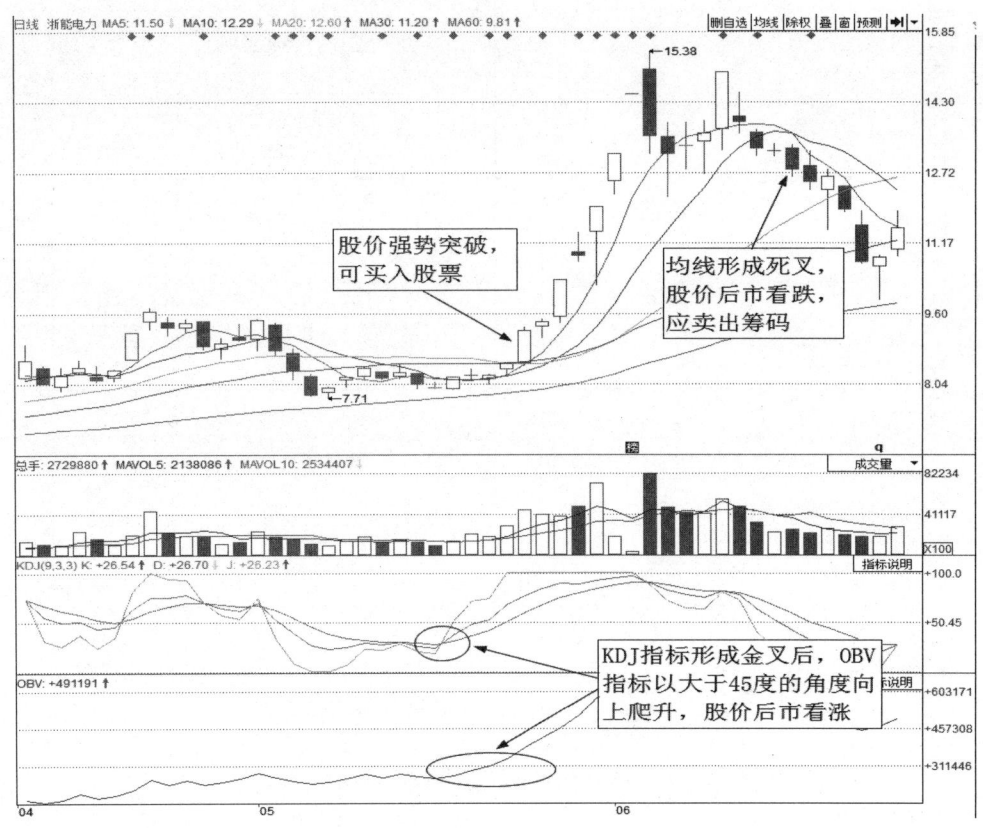

图 20-4　浙能电力（600023）日 K 线图

2）分时买点把握

如图 20-5 所示，浙能电力（600023）日分时图中，该股股价开盘之后就开始了一波爬升走势，同时，其成交量也出现了密集的放大。在运行到高位之时，逐步进入到横盘整理的行情之中，并且一直延续到下午收市。结合该股的日 K 线进行分析，在股价强势突破均线的阻力位之后，该股的均线系统逐渐呈现出多头排列的走势。此时，投资者可买入股票，进行适当的建仓操作。具体表现在分时图中，股价开盘后的爬升走势伴随了成交量的密集放量，投资者可在这一阶段买入股票，进行布局。

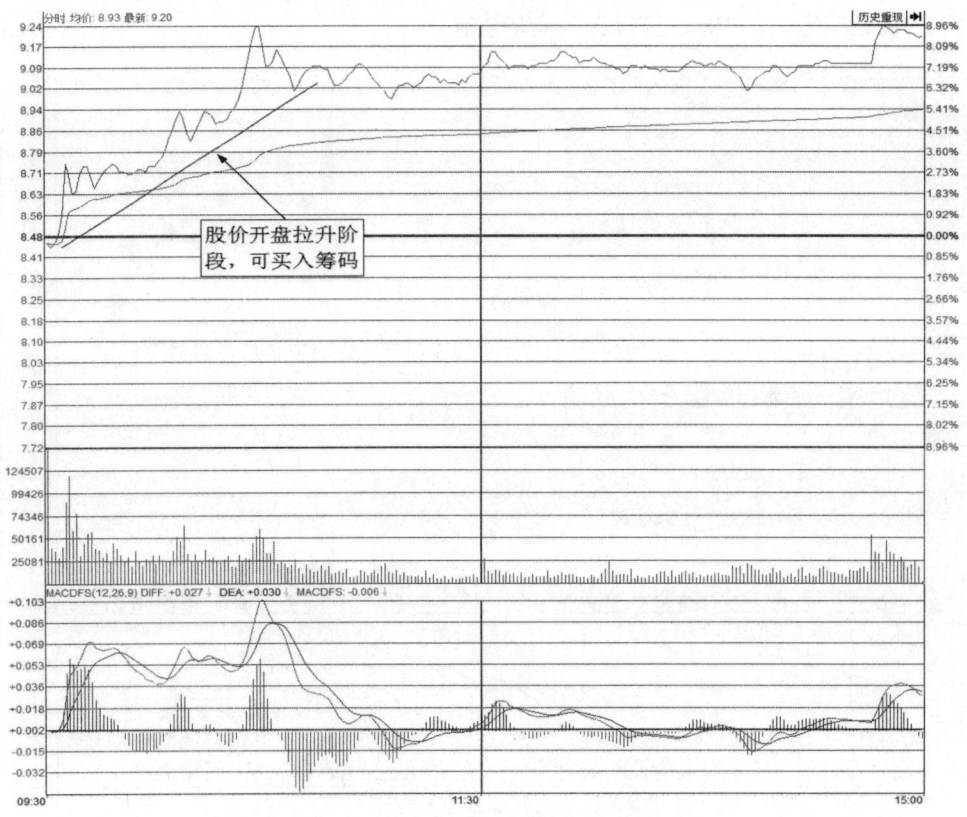

图 20-5　浙能电力（600023）日分时图

3）分时卖出解析

如图 20-6 所示，浙能电力（600023）日分时图中，该股股价高开之后出现了一次拉升，随后股价出现了震荡下跌的行情。盘中股价出现了一次反弹，并触及均价线。但由于没有成交量的配合，这一反弹走势并没有得到延续，之后股价又重回下跌趋势之中，并一直延续到下午收市。结合该股的日 K 线图，在股价出现新高、均线形成死叉之时，投资者应卖出筹码，规避风险。表现在分时图中，在股价再一次跌破均价线，重回下跌走势之时，投资者应该卖出股票，或进行减仓操作，以规避风险实现利润。

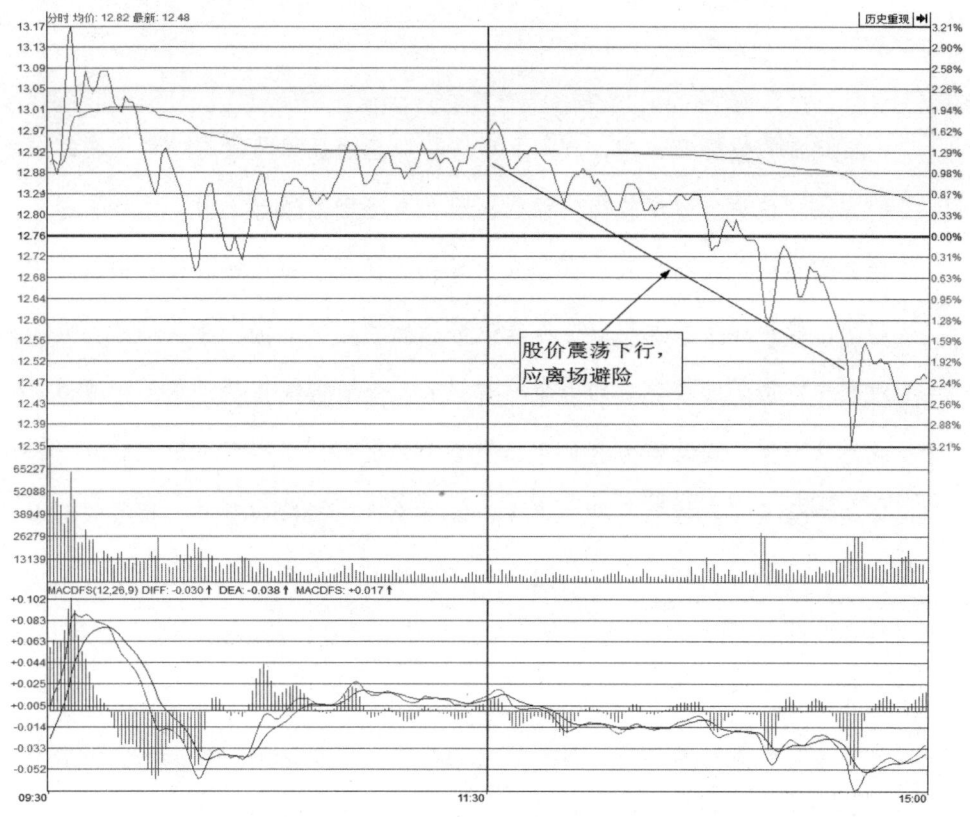

图 20-6　浙能电力（600023）日分时图

当 OBV 指标曲线与股价走势出现"背离"现象时，可判别市场中是否存在"收集"或"派发"筹码的情况，投资者可对其加以利用。

第二十一技

V形底狙杀黑马分时战法

在日常的投资交易中，利用V形反转形态捕捉黑马股是一种比较常见的方法。该形态力度较强，往往出现在市场剧烈波动之时。这一形态的特点是在股价或指数底部区域只出现一次低点，随后就改变原来的运行趋势，股价或指数呈现出与原来走势相反的运动趋势。在该形态形成的过程中，由于盘中卖方的力量非常强大，令股价或指数沿着下行通道持续性地下探。当沽空力量被市场完全消化之后，多空双方出现转化，买方的力量又完全控制了整个市场，使得股价或指数向着原来相反的趋势运行，几乎以下跌时同样的速度和力度收复所有失地。如此，股价或指数就在图表上形成一个像"V"字形的移动轨迹，所以该形态称之为V形反转形态。

V型走势是反转形态，表明过去的趋势已出现逆转。在形成这一形态的过程中，多空力量往往处在对比悬殊的状态。股价在下行时，空方以压倒性的力量沽空股价，股价在回升时，多方又以压倒性的力量推高股价。因此，股价或指数的轨迹都较为陡峭。投资者可在V型走势出现拐点之时进行适当的建仓，捕捉黑马股出现的上升行情，获取投资收益。

一、形态解析

（1）该形态一般出现在个股的急速下跌之后。

（2）在急速恐慌性下跌末期，空头能量得到了充分的释放，这时做多的力量已开始堆积，如股市出现利好，股价会迅速反转，掉头向上。反应敏锐的投资者蜂拥而入，很快把价格推高。

（3）V形反转形态启动速度很快，在底部停留的时间极短，反应慢的投资者容易踏空。

二、实战操作要点

（1）一般来讲，股价短期内涨跌幅度越大、动力越强，出现V形反转的可能性也越强，超过5%以上的巨阳或巨阴往往成为很好的配合证据。

（2）正V形反转形态在转势时成交量要明显放大，价量配合好，尤其转势前后交投的放大，实际上是最后一批杀跌盘的涌出和先知先觉的投资者接货所造成的。

（3）均线具有显著的判断趋势运行的功能，投资者可借助20日、30日和120日均线，较准确地把握V形反转的两次机会，捕捉黑马股。一般可采用20日均线，当股价第一次突破20日均线时，虽不能明确V形反转能否确立，但这却是激进的做多或做空信号，一旦出现第二次突破20日均线，基本上可以确认反转趋势的确立，这是稳健的做多或做空信号。

三、案例分析

1. 皖通高速（600012）

1）日K线形态分析

如图21-1所示，皖通高速（600012）日K线图中，该股股价前期在创出高点之后，开始出现回调走势。虽然，股价在触底之后出现了小幅反弹，但由于买方力量有限，股价未突破阻力线便又回到下跌趋势。之后股价在相对低位开始企稳，出现一波反弹行情，形成 V 字反转形态。此时，投资者在股价低位企稳之后、日均线出现金叉之时，可进行适当的建仓，吸取筹码。在股价上升到 60 日均线之后，未出现有效的突破，投资者应该在此处进行适当的减仓或者卖出筹码，以实现收益，规避风险。

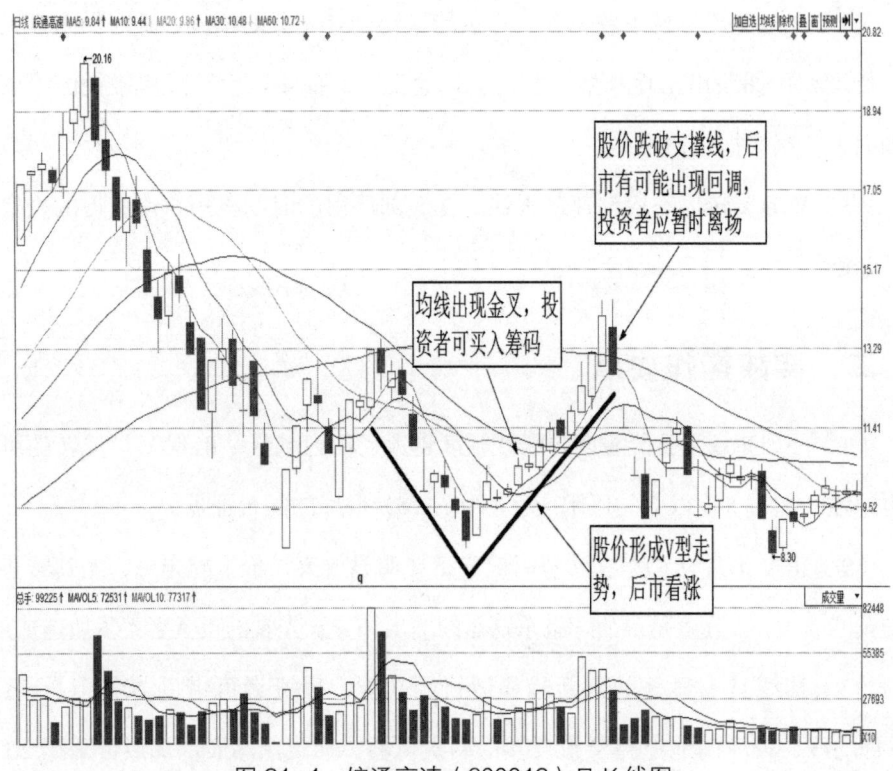

图 21-1　皖通高速（600012）日 K 线图

2）分时买点把握

如图 21-2 所示，皖通高速（600012）日分时图中，该股股价在小幅高开之后便与均价线相互缠绕横盘运行。在上午盘中，股价出现了一波小幅拉升，期间成交量也出现了密集放量，促使股价进入上升趋势，直到下午收市。结合该股的日 K 线图进行分析，在股价出现反弹之后、日均线出现金叉之时，投资者可以买入筹码。因此，股价在盘中出现第一次拉升之时，是投资者买入股票的最佳时机。在股价上涨趋势确立之后，投资者亦可追涨买入，但其买入的成本相对较高，获利空间也会变小。

第二十一技　V形底狙杀黑马分时战法

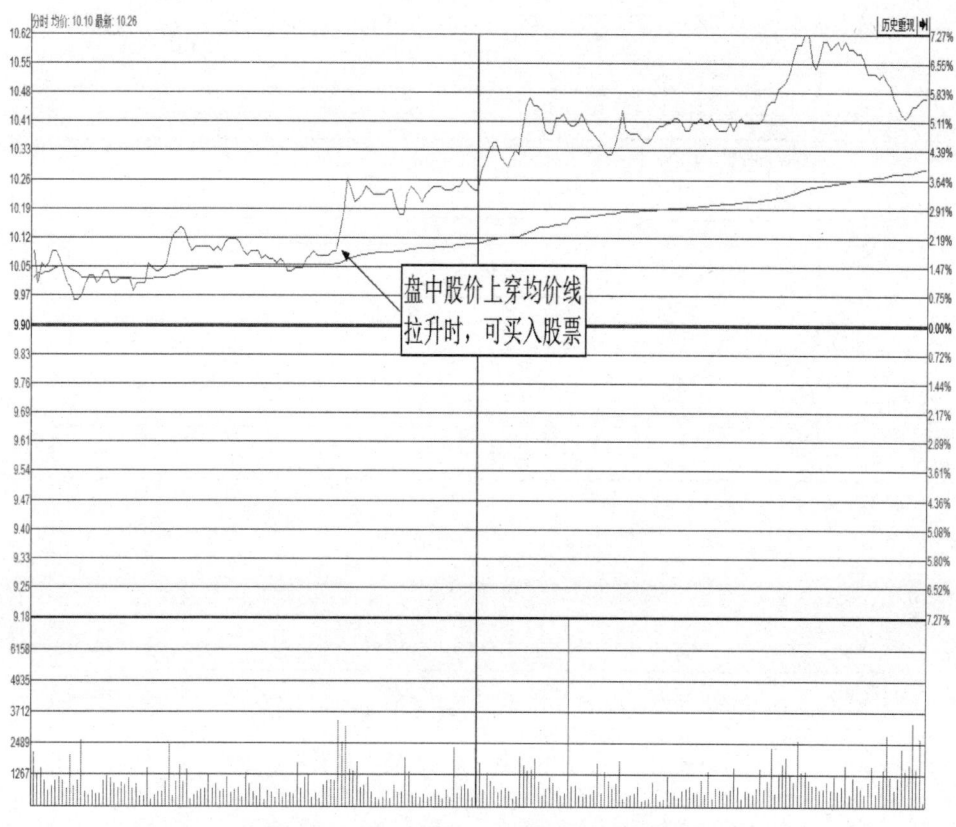

图 21-2　皖通高速（600012）日分时图

3）分时卖出解析

如图 21-3 所示，皖通高速（600012）日分时图中，该股在小幅低开之后，出现了一波小幅上涨，之后股价便开始调头下跌，并且跌破了均价线。同时，其成交量出现了密集的放大，由此可知盘中卖盘较大，股价后市难有表现。随后，股价一直在均价线下方运行，直到下午收市。结合该股的日 K 线图进行分析，在股价未有效突破 60 日均线之时，股价后市将会出现回调走势。投资者在股价跌破均价线、成交量密集放大之时，应进行减仓操作或卖出手中筹码，以规避股价在后市的下跌行情。

图 21-3 皖通高速（600012）日分时图

2. 上港集团（600018）

1）日 K 线形态分析

如图 21-4 所示，上港集团（600018）日 K 线图中，该股在经过一段时间的爬升之后，股价创出新高。随后，开始进入回调阶段，同时其成交量也呈现出逐步递减的态势。经过一波下跌之后，空方实力逐渐减弱，盘中多方力量开始反击，推动股价迅速上涨，形成 V 字反转形态。投资者在股价出现反转、强势涨停之时可以买入股票，进行适当的建仓。在该股日 K 线图出现十字星时，表明该股后市有可能出现下行。投资者届时应进行适当的减仓，或抛出手中筹码。在规避风险的同时，也实现投资收益。

第二十一技 V形底狙杀黑马分时战法

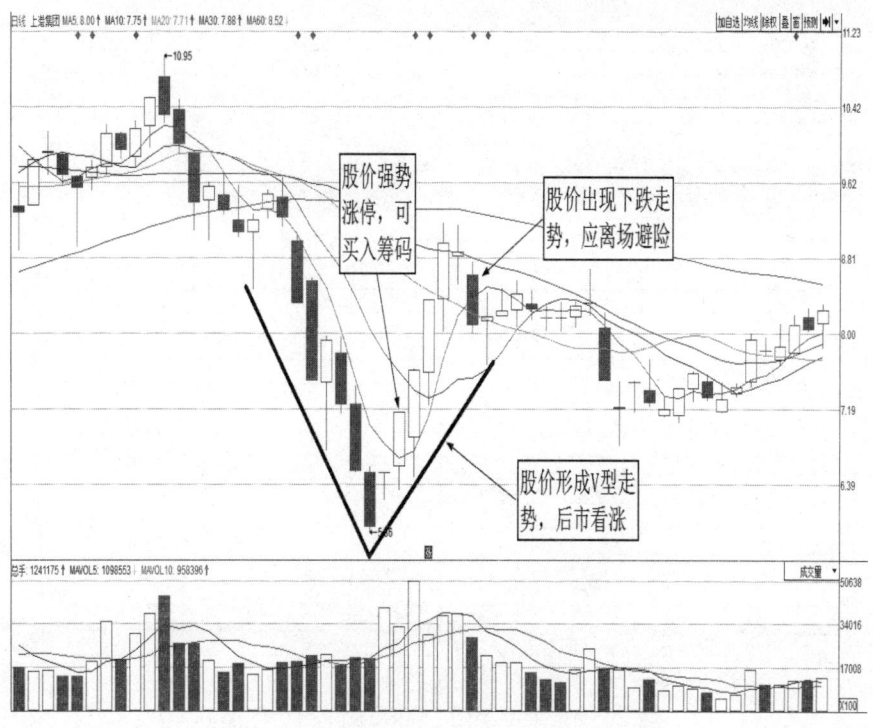

图 21-4 上港集团（600018）日 K 线图

2）分时买点把握

如图 21-5 所示 上港集团（600018）日分时图中，该股股价在小幅低开之后，出现强势的拉升走势。之后，便进入到了震荡下跌的行情，并且一度跌破了均价线。在下午开盘之后，股价又出现上涨行情，在收市之前上封了涨停板。结合该股的日 K 线图进行分析，在经过一路下跌之后，股价开始企稳反弹，其成交量也出现了有效的放大。表明该股可能在股价深度下跌之后，出现反转行情。在分时图中，股价在突破均价线出现上涨之时，是买入股票的最好时机，投资者应在此时积极入场。

3）分时卖出解析

如图 21-6 所示，上港集团（600018）日分时图中，该股股价在小幅低开之后便进入横盘整理的走势之中，并与均价线相互缠绕运行。同时，其成交量也出现了较为密集的放大。之后，股价跌破均价线一路震荡下行，并运行在均价线之下，直到下午收市。结合该股的日 K 线图进行分析，在股价经过一波上涨之后，并没有有效突破30 日均线，表明该股上涨动力并不十分强劲，后市将会出现回调行情。在分时图中，当股价跌破了均价线之时，投资者应卖出筹码或进行减仓，以规避后市的下行风险。

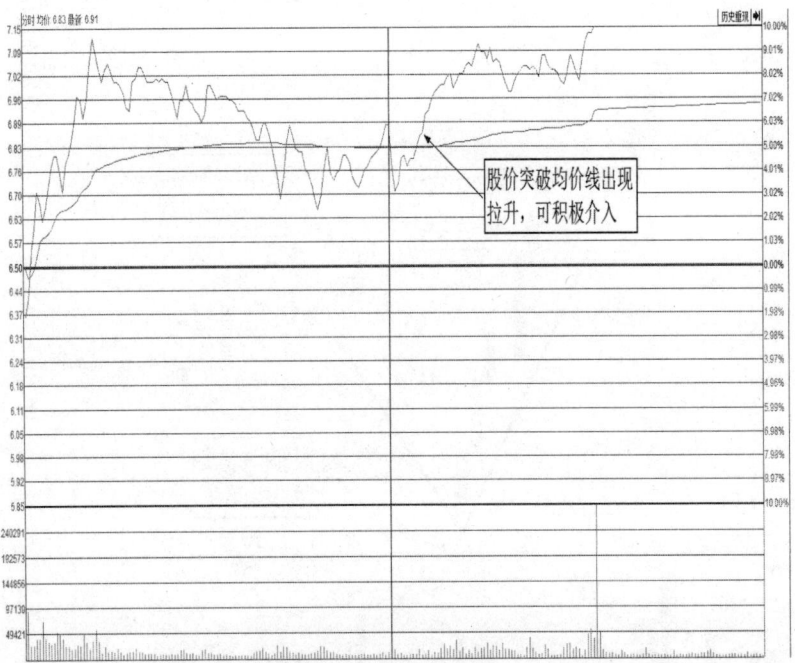

图 21-5　上港集团（600018）日分时图

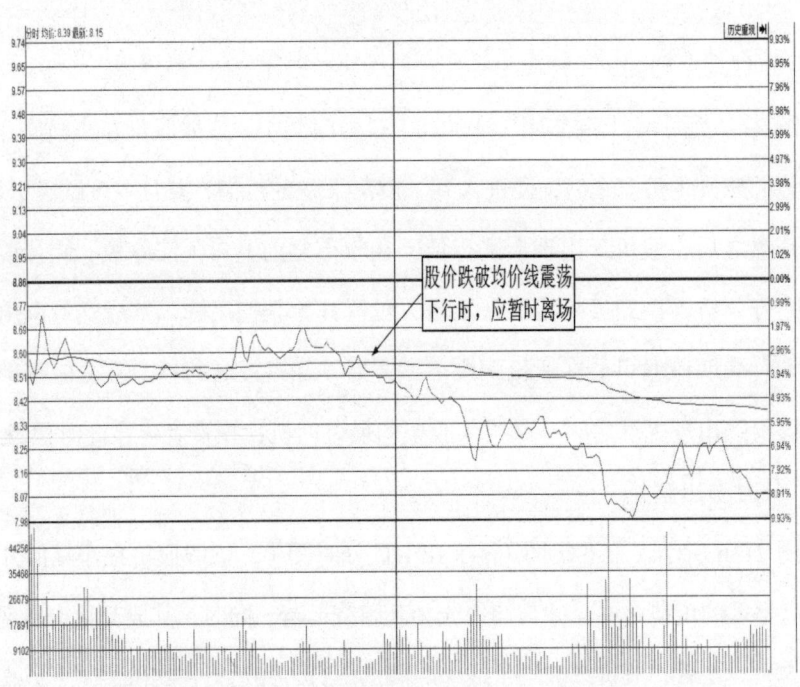

图 21-6　上港集团（600018）日分时图

利用 V 形反转形态捕捉黑马股是一种比较常见的方法，该形态力度较强，出现时间较短，因此投资者应选择合理的介入时机。

第二十二技

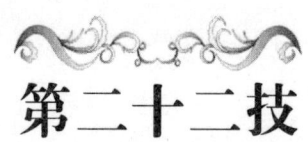

W底狙杀黑马分时战法

　　W底形态也称双重底,是形态理论中一个重要的形态,其走势外观如英文字母的"W",故称之为W底。该形态是指个股的价格在连续两次下跌的低点大致相同时形成的股价走势图形,投资者在日常交易中可利用这一形态来捕捉黑马股的上涨行情。

　　W底形态的形成是由于个股价格的长期下跌后,一些看好后市的投资者认为价格已经很低,具有了投资价值,期待性买入筹码,造成价格出现拉升。但是这一走势会影响到主力吸纳低价筹码,所以在主力的打压下,个股价格又回到了第一个低点的位置,在此形成支撑。这一次的回落,虽然打击了投资者的积极性,但错过上一低点的投资者此时又会积极入场,而经过了上一次的打压之后,主力基本上已达到目的,此时便推动股价上涨,形成W底形态。

　　W底形态内有两个低点和两次拉升,在第一次反弹的高点处可绘制出一条水平颈线,价格再次向上突破时,必须要伴随活跃的成交量突破这条颈线,W底才算正式成立。如果向上突破不成功,则股价将会继续横向整理。股价在突破颈线后,颈线压力线则变为颈线支撑线,股价若在此时出现回踩,股价会暂时回档至颈线附近,回踩结束之后,股价则会开始波段上涨。

一般来说，W底形态的第二个低点最好比第一个低点低，这样可制造破底气氛，让散户出局，从而形成一个筹码相对集中的底部，以利于主力的后市拉升。

一、形态解析

（1）W底形成第一个底部后的反弹幅度一般在10%左右。

（2）在第二个底部形成时，成交量经常较少，但成交量必须在股价上破颈线之时迅速放大。

（3）股价突破颈线之后时常会出现回调，在颈线附近自然止跌回升，从而确认向上突破有效。

（4）双底形态是否形成，交易量的判断非常关键，尤其是右底上升之后，往往需要交易量配合放大，才可以突破颈线。

二、实战操作要点

（1）操作W底形态应注意选择最佳的进场买点，最佳买点有两处：第一处为价格向上突破颈线高点时的价位；第二处是股价第二次突破颈线时的价位。

（2）操作W底形态还应注意掌握获利了结的时机。W底形态获利出场的时机也有两处：第一处为价格上升的幅度达到两底低点的连线到颈线垂直距离的一倍时的价位，第二处可参照股价前段行情中形成的反弹高点。

三、案例分析

1. 福建高速（600033）

1）日K线形态分析

如图22-1所示，福建高速（600033）日K线图中，该股股价经过前期的一波上涨行情之后，进入了横盘整理的走势之中。随后，股价便出现了连续的下跌。在下行到某一低点时，买入盘涌入促使股价出现反弹，但在主力的打压之下股价又回到下跌行情。在下探到前一低点之后，股价获得支撑开始反弹，并突破了前一反弹高点形成W底形态。在股价突破颈线时，投资者可利用这一买点进行建仓，捕捉黑马股的上涨行情。当股价创出新高开始回调行情时，投资者应卖出手中股票，获利离场。

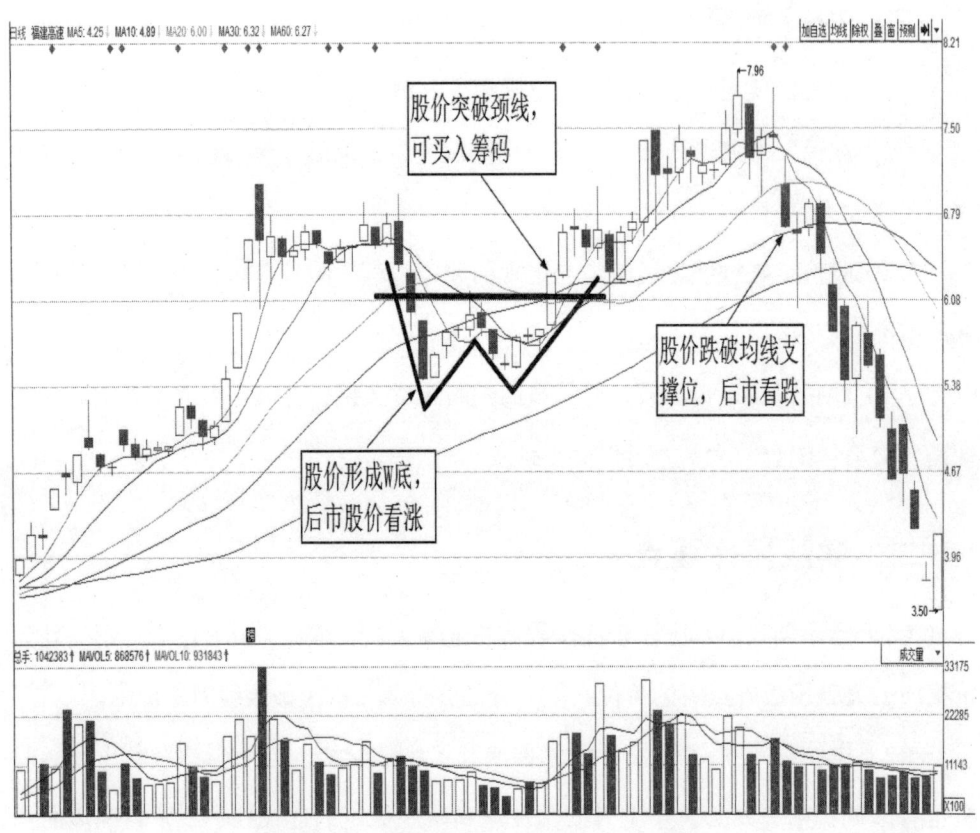

图 22-1　福建高速（600033）日 K 线图

2）分时买点把握

如图 22-2 所示，福建高速（600033）日分时图中，该股股价小幅高开之后便进入到横盘整理的走势之中，与均价线相互缠绕平行运行。下午开市后，股价出现了两次拉升，之后又回到横盘整理状态，直到收市。同时，其成交量出现了较为密集的放量，推动股价的上涨。结合该股的日 K 线图进行分析，在股价突破了 W 底形态的颈线之时，是投资者买入股票，进行建仓的良好买点。因此，表现在分时图中，投资者可在股价出现两次拉升之时买入筹码，积极入场，以捕捉黑马股的上涨行情。

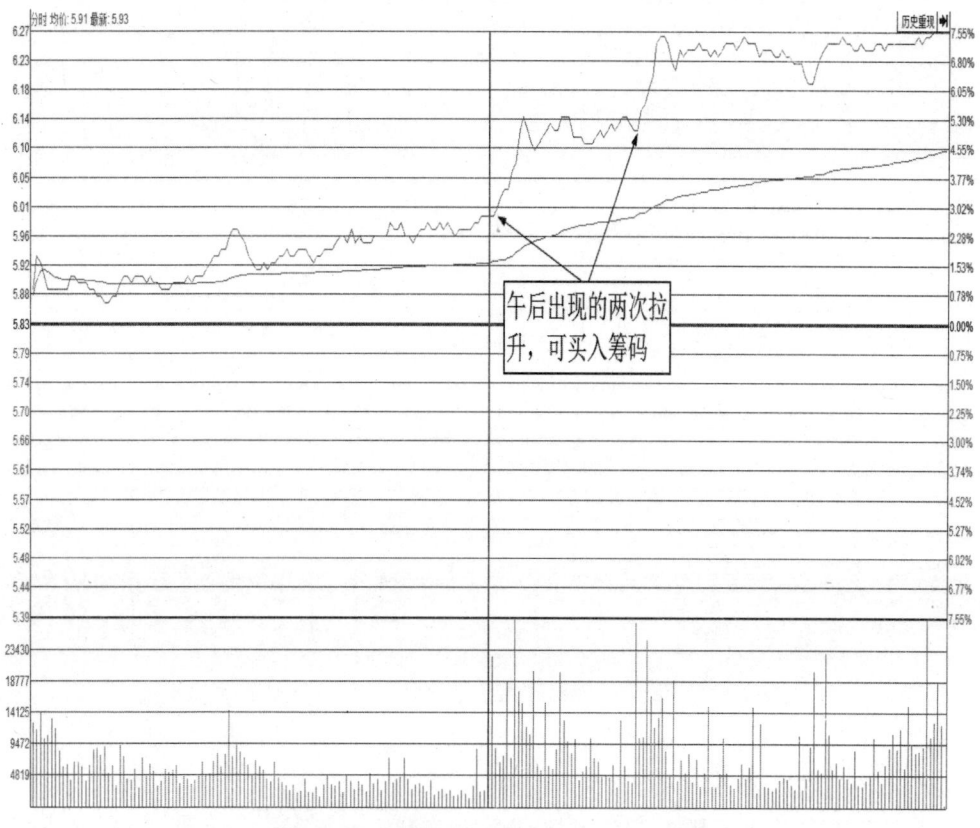

图 22-2 福建高速（600033）日分时图

3）分时卖出解析

如图 22-3 所示，福建高速（600033）日分时图中，该股股价低开之后与均价线相互缠绕，进入横盘整理的运行趋势。下午开盘之后，股价跌破了均价线，开始震荡下行，直到下午收盘。同时，其成交量也出现了较为密集的放量。结合该股的日 K 线图，在股价创出新高之后，5 日均线下穿 10 日均线形成死叉，表明后市股价将会出现回调行情。具体表现在分时图中，当股价跌破均价线出现震荡下行的走势时，投资者应果断离场，在实现投资收益时，也可规避后市股价下跌所承担的风险。

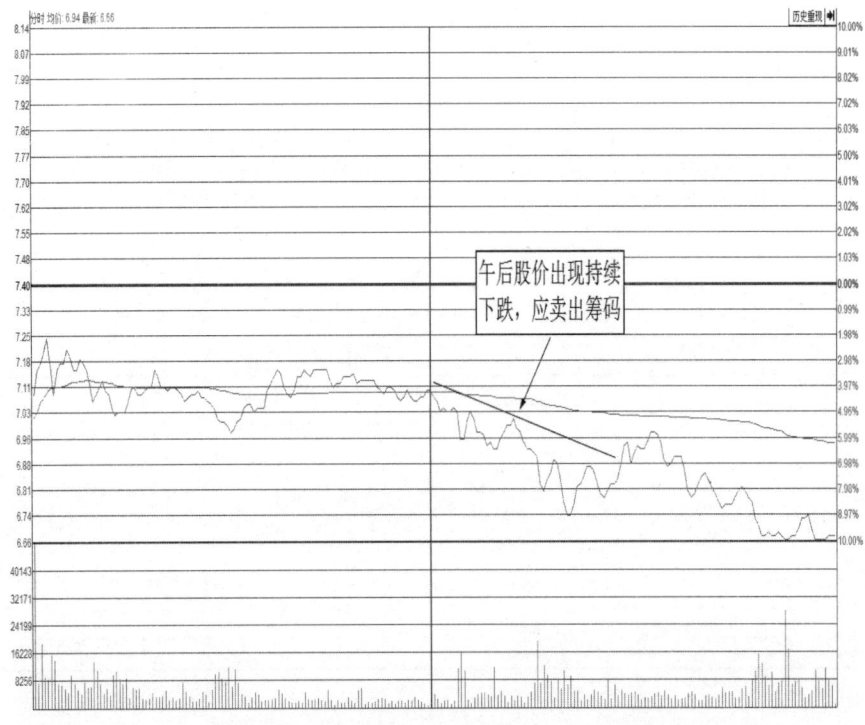

图 22-3　福建高速（600033）日分时图

2. 东风科技（600081）

1）日 K 线形态分析

如图 22-4 所示，东风科技（600081）日 K 线图中，该股股价在前期出现新高之后，逐步进入回调下跌的行情之中。经过一段时间的下跌行情之后，股价出现反弹。但由于其成交量并没有同时放大而又回到了下跌趋势。股价在前一低点处获得支撑，开始出现反弹，在成交量的推动下股价突破了股价反弹的高点，形成 W 底形态。投资者可在股价突破颈线之时，买入筹码进行建仓，捕捉黑马股的上涨趋势。在股价出现深度回调之时，投资者应果断离场，以规避后市股价下行的风险。

2）分时买点把握

如图 22-5 所示，东风科技（600081）日分时图中，该股股价小幅低开之后，便出现了一波拉升走势，在期间稍作调整之后，股价又出现强势上涨，并且上封了涨停板。之后涨停板被打开，股价出现回调走势，但始终徘徊在涨停价区域，并在尾盘再次上封了涨停板。结合该股的日 K 线图进行分析，在股价强势突破颈线之时，投资者可积极入场，买入筹码。表现在分时图中，投资者可在股价开盘拉升之时买入股票，进行建仓。在涨停板被打开之时，亦可买入筹码，但此时获利空间将会缩小。

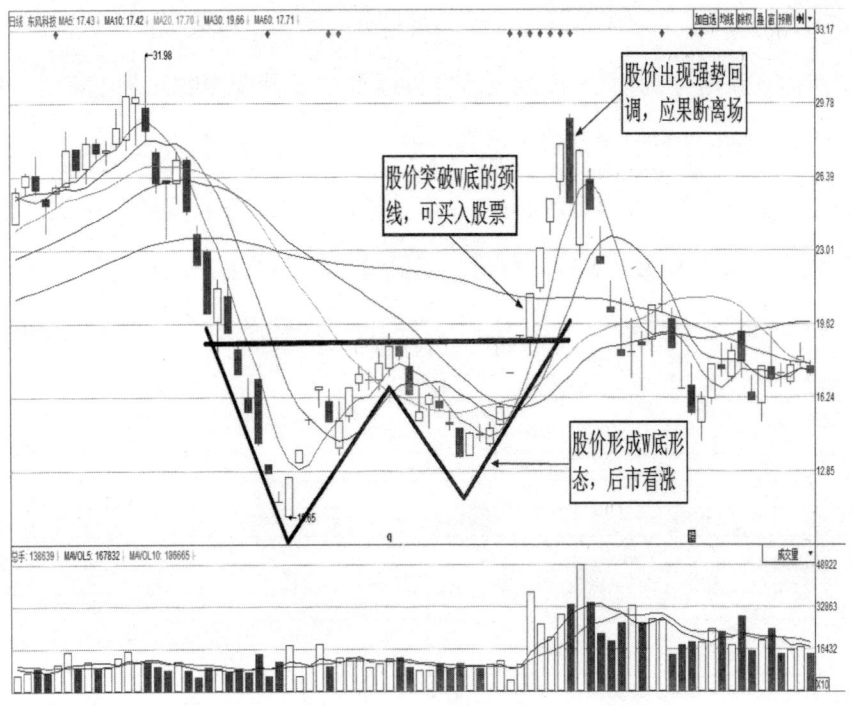

图22-4　东风科技（600081）日K线图

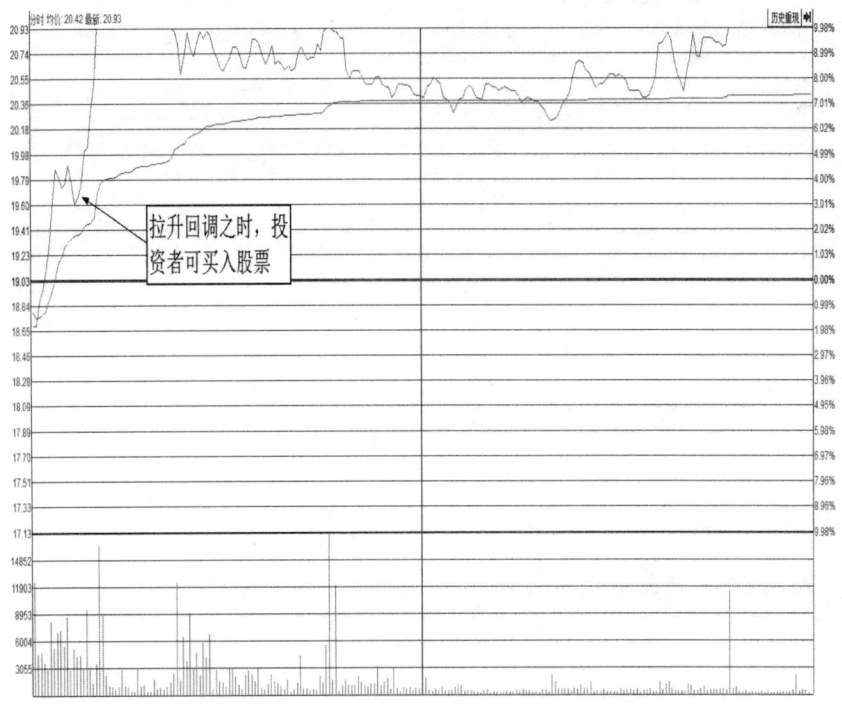

图22-5　东风科技（600081）日分时图

3）分时卖出解析

如图 22-6 所示，东风科技（600081）日分时图中，该股股价小幅高开之后，出现急速的下跌走势，并且一度触及跌停板。同时，其成交量也出现了密集的放量，呈现出价跌量增的态势。之后股价虽然出现了一定的反弹，但并没有突破均价线，随后股价又触及跌停板，并直到下午收市。结合该股的日K线图，在股价经过强势上涨之后，后市可能出现回调行情。当股价出现大幅下跌之时，投资者应暂时离场，以实现收益。具体表现在分时图中，在股价突现反弹之时，投资者应果断离场，规避风险。

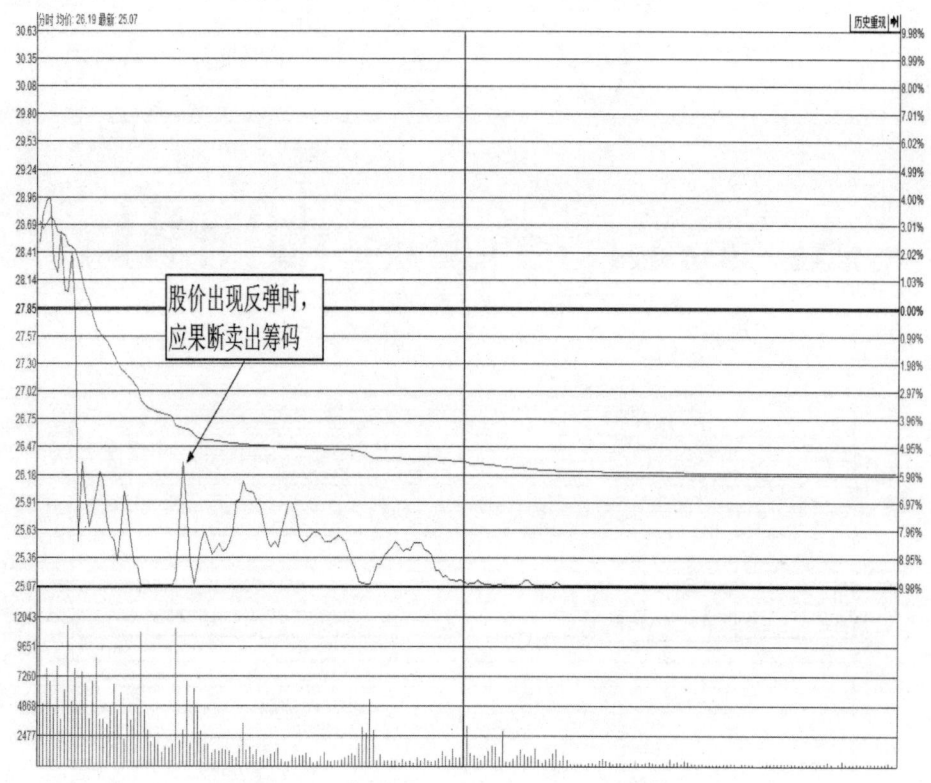

图 22-6　东风科技（600081）日分时图

需要投资者注意的是，W底形成时股价必须配合成交量突破颈线，否则形态不能成立，股价也将会继续横向整理。

第二十三技

上升三角形狙杀黑马分时战法

上升三角形形态是众多形态中的一种，是一种持续形态，即个股在后市依然会延续先前趋势。因此，在个股出现上升三角形形态时，投资者可以利用这一形态来捕捉黑马股的上涨波段。

上升三角形顾名思义，其趋势为上升势态。从形态上看，多方占有优势，空方实力则较弱，多方的强大买盘逐步将价格的底部抬高，而空方能量不足，只是在某一水平颈线位做抵抗。将K线图中，个股的低点与低点相连，出现由左至右上方倾斜的支撑线，而将高点与高点相连，则基本呈现水平位置的压力线，如此便形成了一个抽象的三角形图形。

单纯从图形上看，让人感觉个股价格随时会出现向上突破的走势，形成一波上涨行情。然而从技术分析上来看，不能忽视形态内成交量的变化。上升三角形形态内的成交量一般也是从左至右呈递减状态，但当它向上突破水平颈线时的那一刻，必须要有较大成交量的配合，若成交量太小的话，个股价格将会出现盘整的格局，从图形上走出失败形态。如果在上升三角形形态内的成交量呈不规则分布，则维持盘整的概率要大一些。

由于上升三角形属于强势整理形态，价格的底部在逐步抬高，多头买盘踊跃，上升三角形突破成功的话，突破位为最佳买点，后市则会有一波不错的涨幅。如果形态突破失败，则会承接形态内的强势整理而出现矩形整理，形成头部形态的概率也不会太大。

一、形态解析

（1）将股价在几次冲顶时的高点连线起来呈现出一条水平线，将几次探底的低点连线起来呈现出一条上升趋势线，相交形成一个抽象的三角形图形。

（2）个股的成交量逐渐萎缩，在整理阶段的尾端时才又逐渐放大，并以巨量冲破顶部阻力线。

（3）股价整理走势至上升三角形形态的尾端时，价格波动的幅度也越来越小。

二、实战操作要点

（1）上升三角形形态大多发生在多头行情中的整理阶段，未来仍是多头行情。

（2）整理阶段，股价难以突破某一个关卡价位而拉回修正，但整理形态的低点已越垫越高。

（3）上升三角形的最佳买点为股价放量突破上边压力线之时。

（4）当投资者无法把握突破时的买入机会，则突破后回抽确认上边压力线（此时已转化为支撑线），为跟进入场的第二买点。

三、案例分析

1. 宝钢股份（600019）

1）日 K 线形态分析

如图 23-1 所示，宝钢股份（600019）日 K 线图中，该股股价经过前期的上涨行情之后，出现了小幅的回调走势。在股价跌到某一低点之后出现了反弹，但在股价触及前一高点之前，股价又重回下跌走势，但这一回调的低点要比前一低点高，表明盘中多方的实力优于空方。如此把股价的各个高点、低点连接起来就形成了上升三角形形态，若股价向上突破压力线，则表明该股后市将会出现上涨行情。投资者在股价突破之时可买入股票；股价创出新高，出现深度回调之时应果断离场，实现收益。

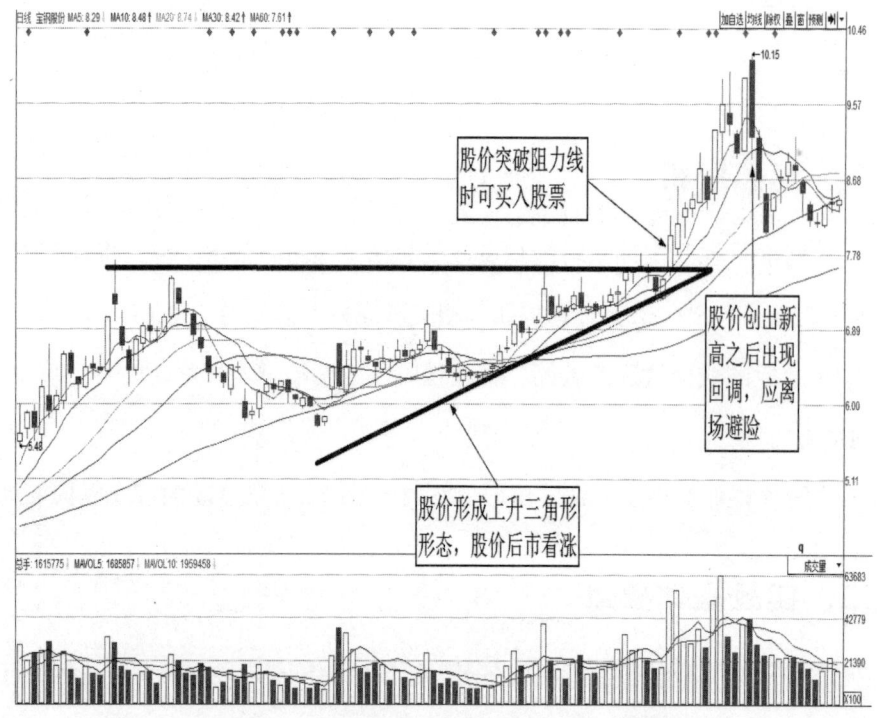

图 23-1　宝钢股份（600019）日 K 线图

2）分时买点把握

如图 23-2 所示，宝钢股份（600019）日分时图中，该股股价在小幅高开之后就开始了震荡爬升的走势。同时，其成交量也出现了比较密集的放大，表明此时市场的大部分投资者都看好该股的后市表现。随后，股价出现了回落，并且一度跌破了均价线，但很快得到了支撑反弹到均价线处，并与均价线相互缠绕平行运行，直到下午收市。结合该股的日 K 线图，在股价突破上升三角形形态的压力线之时是投资者进行建仓的良好时机。表现在分时图中，股价开盘后出现价量齐涨，投资者应在此时积极进场。

3）分时卖出解析

如图 23-3 所示，宝钢股份（600019）日分时图中，该股股价在小幅高开之后就开始震荡下行，同时其成交量也出现了小幅的放量。下午开盘之后，股价的走势并没有出现变化，延续了上午盘的震荡下跌行情。结合该股的日 K 线图进行分析，在股价出现新高，股价跌破均线支撑位之后，预示着后市该股可能出现回调行情。投资者此时应进行减仓操作或卖出股票，以规避后市风险。具体表现在分时图中，在股价开盘之后,呈现出持续震荡下跌的走势之时,投资者应果断离场,以实现收益。

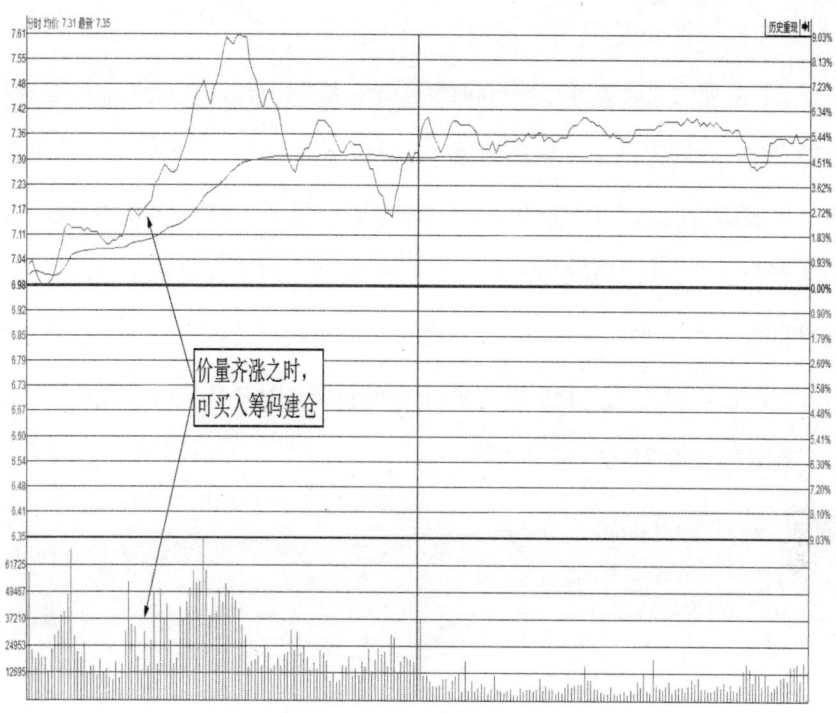

图 23-2　宝钢股份（600019）日分时图

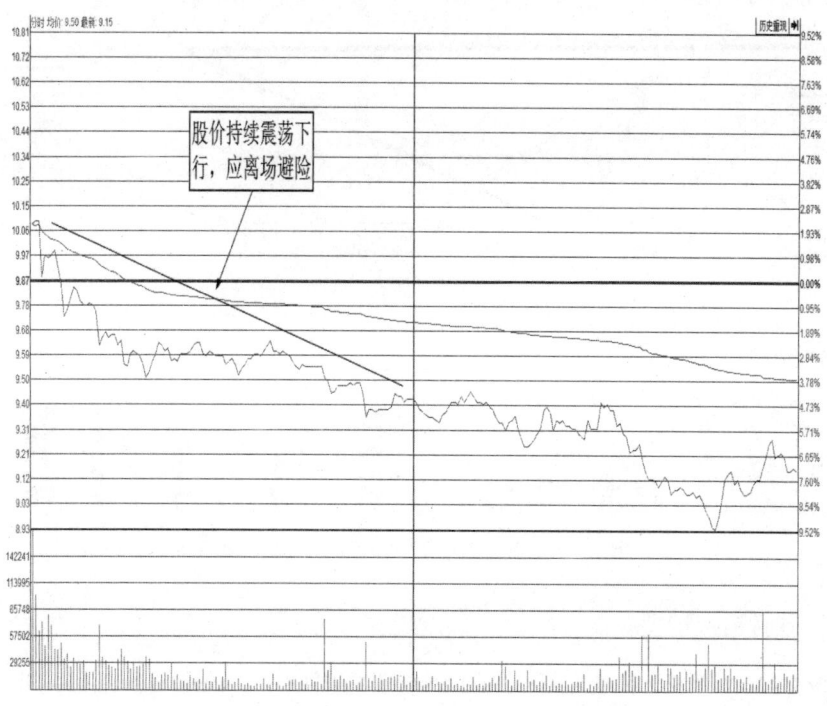

图 23-3　宝钢股份（600019）日分时图

2. 南方航空（600029）

1）日K线形态分析

如图23-4所示，南方航空（600029）日K线图中，该股股价前期处在横盘整理的走势之中，之后出现了小幅的回落。在股价下跌到某一低位时，开始出现反弹，但并没有突破前期的高点。但股价在此回调之时所形成的低点明显高于前一低点，将这些高点和低点连接起来形成了上升三角形形态。当股价强势突破压力线之后，表明该股将会出现一波上涨行情。投资者可在股价突破之时买入股票，进行建仓。经过一段时间的上涨之后，股价跳空低开出现回调，同时其均线也逐步形成死叉，投资者应在此时果断离场，规避风险。

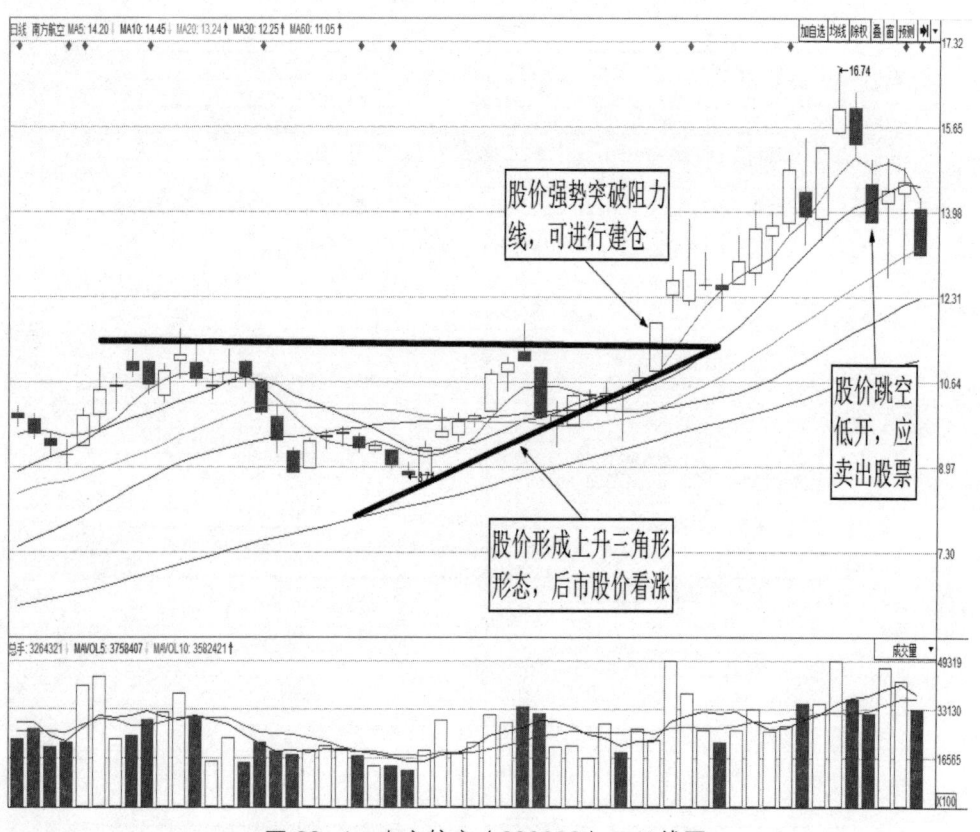

图23-4　南方航空（600029）日K线图

2）分时买点把握

如图23-5所示，南方航空（600029）日分时图中，该股股价小幅高开之后出现了短暂的横盘走势,随后便出现了强势的拉升走势,并且上封了涨停板。同时,其成交量也出现了较为密集的放量,呈现出价量齐涨的态势。之后股价一直上封涨停板,直到下午收市。结合该股的日 K 线图进行分析,在股价强势突破压力线之后,该股的上升三角形形态成立,表明其后市将会出现上涨行情。投资者可在股价突破之时买入股票,进行建仓。具体表现在分时图中,在股价开盘拉升之时,投资者应买入筹码,积极入场。

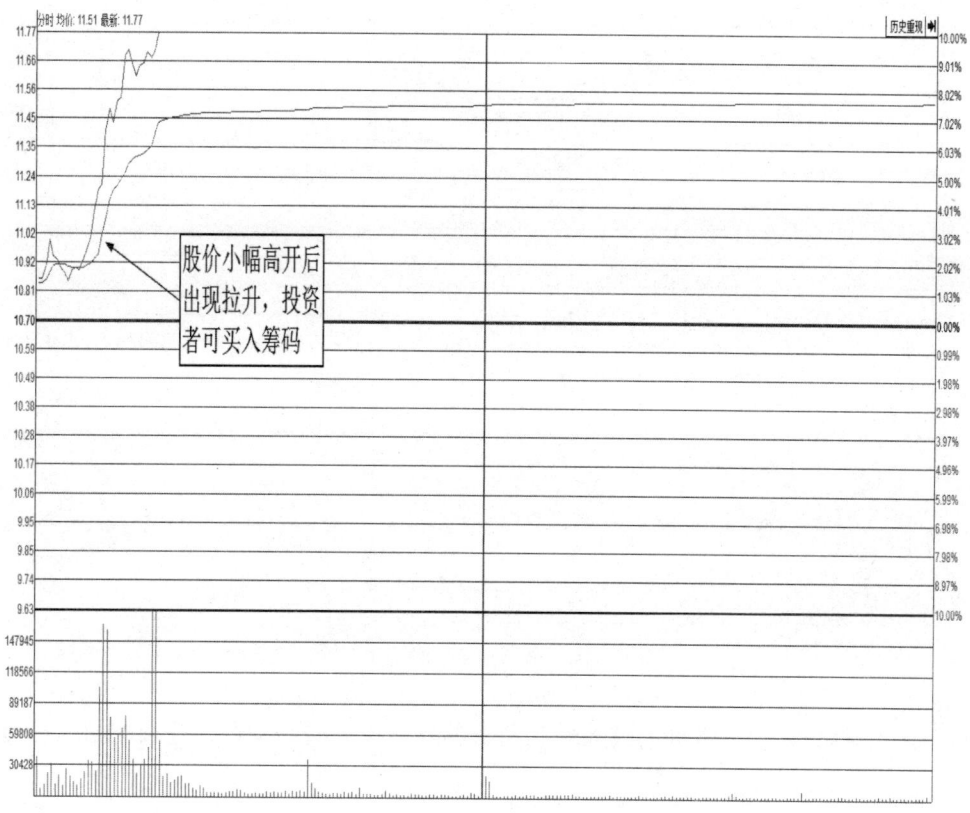

图 23-5　南方航空（600029）日分时图

3）分时卖出解析

如图 23-6 所示,南方航空（600029）日分时图中,该股股价低开的幅度较大,同时,其成交量也出现了密集的放大。之后,股价出现反弹并且突破了均价线,但后市并没有延续这一走势,股价又重回下跌行情,并再一次跌破了均价线震荡下行。在尾盘时,股价触及跌停板,直到收市。结合该股的日 K 线图进行分析,在股价出现新高之后，盘中的多方实力逐渐减弱，后市个股有可能出现回调行情。股价出现跳空低开之后，投资者应果断离场。具体表现在分时图中，在股价再次跌破均价线时，投资者卖出筹码。

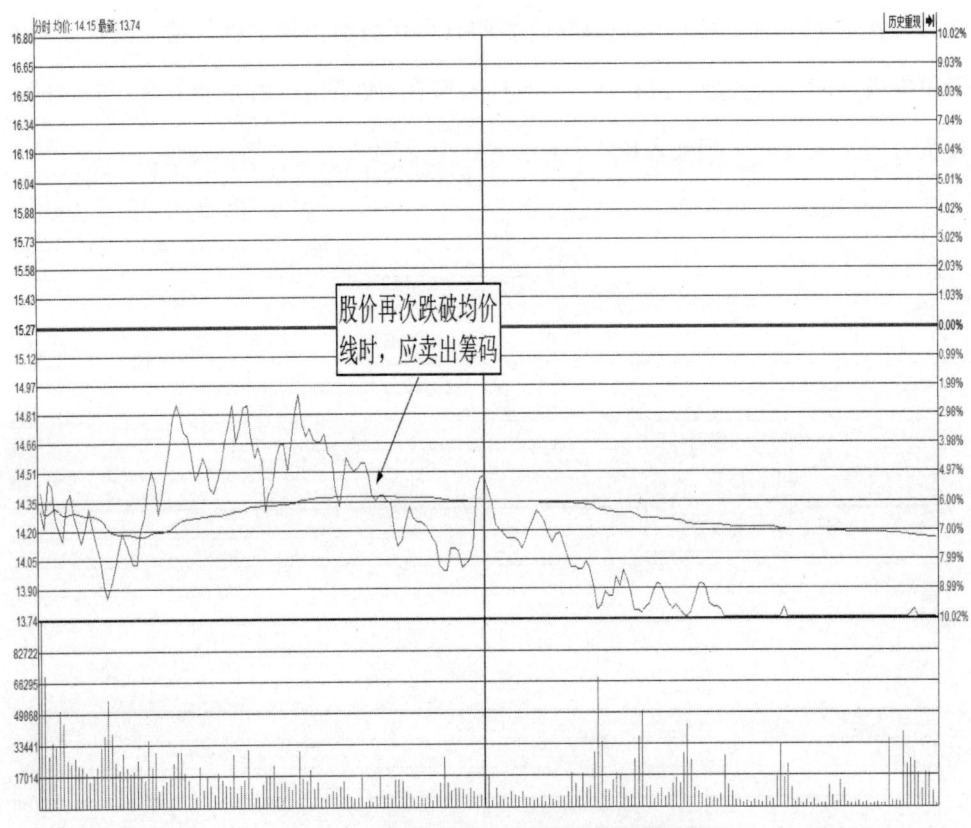

图23-6　南方航空（600029）日分时图

在实际交易中，股价突破上升三角形的压力线之时是良好的建仓时机，投资者应该抓住这一时机积极入场。

第二十四技

旗形狙杀黑马分时战法

旗形形态是我们常见的持续形态，经过调整之后，个股的市场走势将沿着原来的趋势上涨或者下跌。旗形形态的走势就像一面挂在旗杆顶上的旗帜，因而得名"旗形整理形态"。旗形形态分为上升旗形和下降旗形，我们在利用旗形形态捕捉黑马股时主要应用的还是上升旗形形态。

上升旗形的形成过程，一般是个股走势经过一波陡峭的爬升之后，接着形成一个紧密、狭窄和稍微向下倾斜的价格密集区域，把这个密集区域的高点和低点分别连接起来，就可以画出两条平行而又向下倾斜的直线，这样就形成了上升旗形。形态完成之后，个股价格便继续向原来的趋势移动，上升旗形也将出现向上突破。

出现上升旗形的个股股价都要寻找突破方向，而这种突破方向一般以向上突破居多，若股价出现向下突破，就意味着这种形态的性质已发生了变化，不能再称之为上升旗形了。所以，实战中投资者若见到此形态千万不要被其股价重心不断下移而误导，进而作出做空的错误判断。上升旗形有时是庄家为中小散户设置的一个空头陷阱，如果盲目地看空，不弄清楚原因就卖出股票，割肉离场，那就正好中了庄家的圈套。我们认为，在形成上升旗形的过程中，投资者的正确做法是持股的投资者要捂住筹码,同时密切注意行情变化,只要股价调整的时间不是很长,就不应卖出股票。持币的投资者要时刻关心形态的突破方向,一旦发现股价整理后往上突破,就应该及时进场。

一、形态解析

（1）当个股大幅上涨至某一压力点时，股价开始回调整理，同时其形成的股价高低点出现重心下移的迹象。

（2）将这些高低点顺势连接起来，其图形呈现出由左向右下方倾斜的平行四边形。

（3）形态完成后股价将继续维持原来的趋势，也就是说一旦旗形整理结束，股价将会向上突破，继续往上爬升。

二、实战操作要点

（1）旗形整理的运行趋势是与旗杆的方向相反的，上升旗形形态的整理方向是逐步走低的。

（2）旗形持续的时间不能太长，若时间较长，则保持原来趋势的能力将下降。一般情况下，持续时间应该在 3 周左右。

（3）股价突破旗形后的涨幅一般等于整支旗杆的长度。

（4）上升旗形突破时，其成交量将会出现放大，这是与其他整理形态不同的地方。

三、案例分析

1. 深物业 A（000011）

1）日 K 线形态分析

如图 24-1 所示，深物业 A（000011）日 K 线图中，该股前期经过了一波强势的爬升，之后股价出现了小幅回调的走势。在经过回调之后，股价出现了反弹，但并没有突破前期的高点。接着股价又重回下跌走势，如此往复，同时股价重心呈现出逐步下移的迹象。将股价回调时的各个高低点连接起来，形成一个平行四边形。某日，股价在成交量的配合下出现强势上涨，并且突破了上方压力线，如此便形成了上升旗形形态。在股价实现突破时，投资者可积极入场建仓；当股价出现新高，开始横盘整理时，投资者应暂时离场。

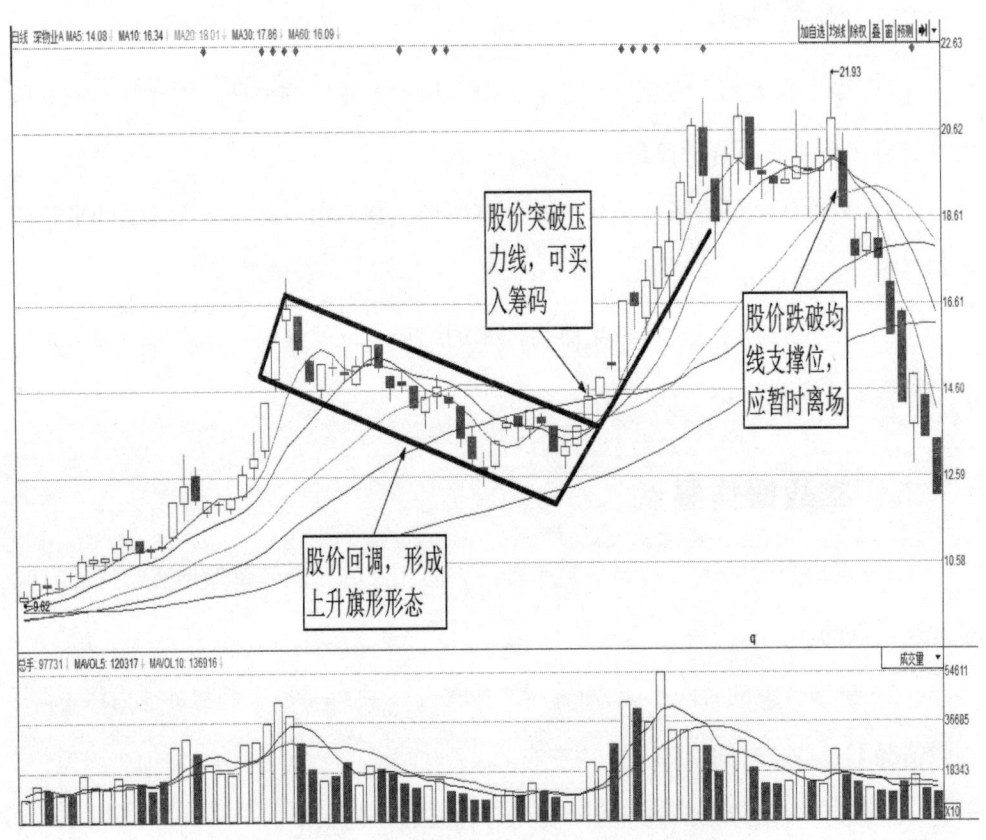

图 24-1 深物业 A（000011）日 K 线图

2）分时买点把握

如图 24-2 所示，深物业 A（000011）日分时图中，该股股价小幅高开之后，开始了一波震荡爬升的行情。之后，股价进入横盘整理的趋势之中。下午盘中，股价在成交量的推动下出现一波强势拉升的走势，但很快又出现了回落，不过并没有跌破均价线，表明盘中多方的实力还是强于空方。结合该股的日 K 线图进行分析，在该股出现上升旗形形态，股价出现向上突破之时，投资者可在此时积极入场。具体表现在分时图中，投资者可在开盘后，股价出现拉升之时买入股票，也可在下午盘进行追高，但后者的获利空间较小。

第二十四技 旗形狙杀黑马分时战法

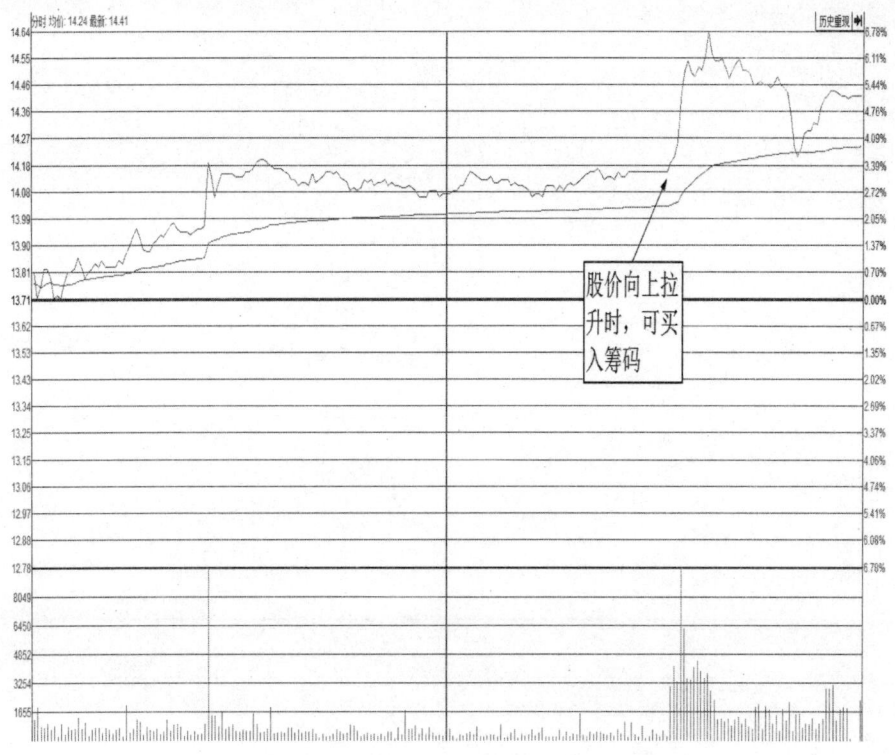

图 24-2 深物业 A（000011）日分时图

3）分时卖出解析

如图 24-3 所示，深物业 A（000011）日分时图中，该股股价小幅低开，之后跌破了均价线持续震荡下行。同时，其成交量也出现了密集的放大，呈现出价跌量增的态势。随后，股价曾出现了反弹，但由于缺少买盘的推动，并没有突破均价线。并且又重新回到了下跌趋势之中，直到下午收市。结合该股的日 K 线图进行分析，股价经过一波上涨行情之后，出现了横盘整理的走势，表明此时盘中多方力量逐渐减弱，空方实力占据优势，投资者应在此时离场避险。分时图中，投资者可在股价出现反弹时卖出股票，实现收益。

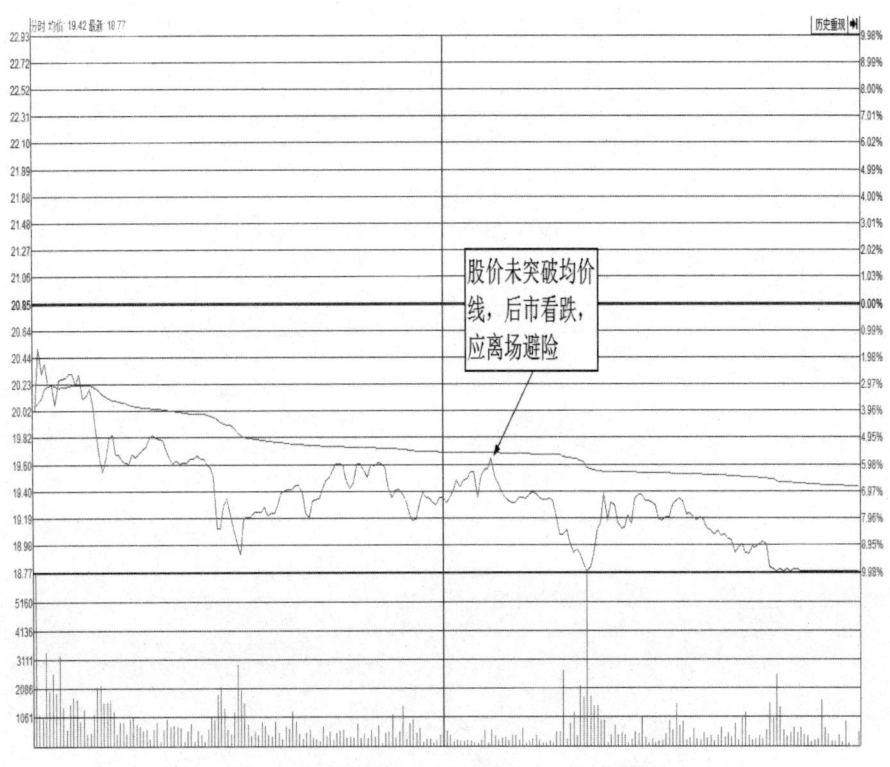

图 24-3 深物业 A（000011）日分时图

2. 海联讯（300277）

1）日 K 线形态分析

如图 24-4 所示，海联讯（300277）日 K 线图中，该股前期经过小幅的爬升后，股价出现了回调走势。在经过回调之后，股价出现了反弹，但并没有突破前期的高点。接着股价又重回下跌走势，同时股价重心呈现出逐步下移的迹象。某日，股价出现强势上涨，并且突破了上方压力线，如此便形成了上升旗形形态。在股价出现强势突破之时，是投资者入场建仓的最佳时机，可在此处买入股票。经过一段时间的上涨之后，股价创出新高，同时多方实力逐步减退，投资者应在此时卖出筹码，实现利润。

2）分时买点把握

如图 24-5 所示，海联讯（300277）日分时图中，该股高开之后，股价与均价线相互缠绕，呈现出横盘整理的走势。下午盘中，股价出现一波强势拉升，并且上封了涨停板，直到下午收市。同时，其成交量也出现了较为密集的放大，呈现出价量齐涨的态势。结合该股的日K线图进行分析，在股价强势突破压力线之后，表明该股的上升旗形形态形成，实现突破之时是投资者买入股票、入场建仓的最好时机。具体表现在分时图中，在股价出现强势拉升时，投资者应果断买入筹码，以期获取投资收益。

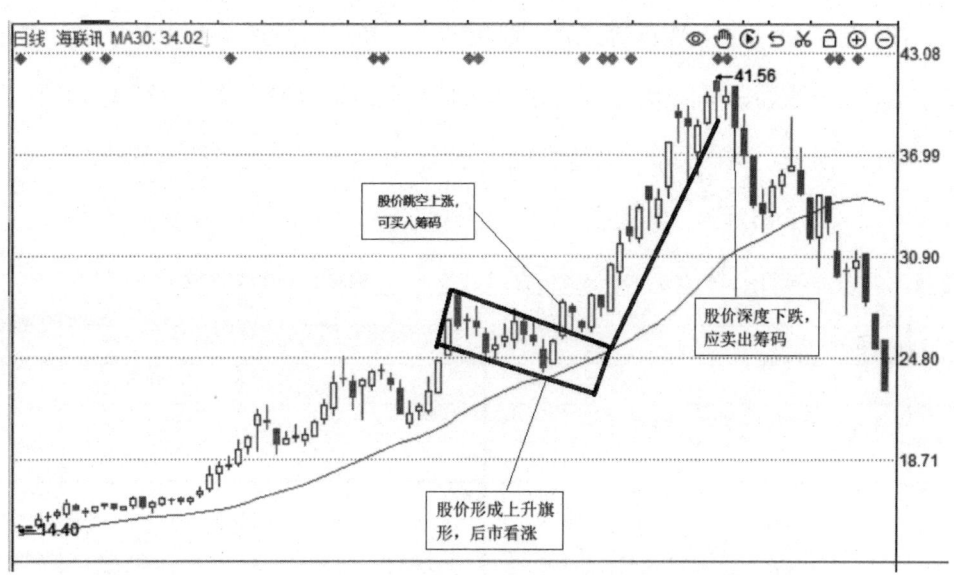

图 24-4　海联讯（300277）日K线图

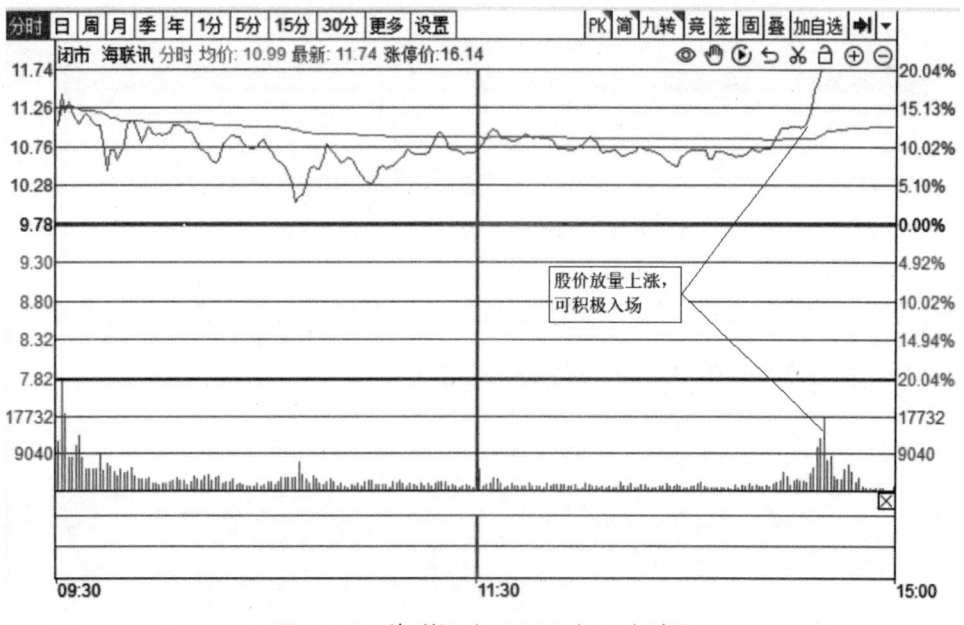

图 24-5　海联讯（300277）日分时图

3)分时卖出解析

如图24-6所示,海联讯(300277)日分时图中,该股开盘后,股价出现持续震荡下行的走势,进入到横盘整理的趋势,并运行在均价线之下,甚至曾一度触及跌停价位。在小幅反弹之后,股价继续下行直到下午收市。结合该股的日 K 线图,在该股经过一波上涨行情之后,股价创出了新高,但是盘中的多方实力也开始减退,空方重新占据优势。因此,投资者应在此时卖出股票或者进行减仓操作,以规避后市风险,实现利润。具体表现在分时图中,在股价呈现持续下跌走势时,投资者应考虑卖出筹码,实现收益。

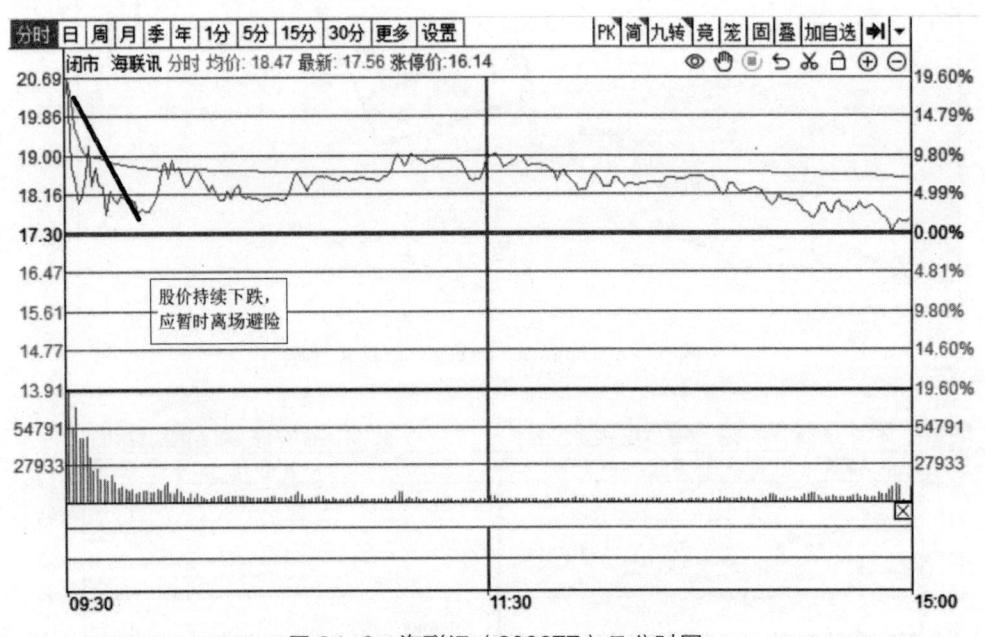

图 24-6　海联讯(300277)日分时图

上升旗形有时是庄家为中小散户设置的一个空头陷阱,投资者不应轻易做空。实战中,应仔细分析图形走势,再做决定。

第二十五技

箱形整理狙杀黑马分时战法

箱形整理形态又叫矩形形态，是一种典型的整理形态。当个股价格上升到某一水平位置时遇到阻力，便出现回落走势。但股价很快便在下方的某一价位获得支持而开始反弹，可是当爬升到前次相同高点之时却再一次受阻，进而又出现下跌回落的走势，直到上次低点时再次得到支撑出现反弹。将这些在短期内形成的高点和低点分别用直线连接起来，便可以绘出一条通道，这通道既非上倾，亦非下降，而是平行发展，这就是箱体整理形态。

箱形整理形态不仅可以用来进行短线操作，也可以用来捕捉黑马股。当股价滑落到箱体的底部时会受到买盘的支撑，当股价上升到箱体的顶部时会受到卖盘的压力。一旦股价有效突破原箱体的顶部或底部，股价就会进入一个新的箱体里运行，原箱体的顶部或底部将成为重要的支撑位和压力位。因此，只要股价上扬并突破箱形整理形态的压力线，那么投资者就可以买入建仓；反之，则应该卖出筹码或持币观望。

箱形整理形态的优势在于，股价一旦有效突破箱顶，就意味着原先的强阻力变成了强支撑，而股价必然向上进入上升周期。只要技术指标盘中不即时显示箱顶标志，投资者持筹待涨便是不错的选择，尤其当股价升势明显时。当上涨途中的个股出现箱顶标志后开始出现下跌，则后市股价很可能会下跌或整理一段较长的时间，投资者应在此时卖出筹码或进行减仓。

一、形态解析

（1）箱形整理形态的上轨和下轨大体呈现平行状态，这是与楔形的主要区别。

（2）箱形整理形态一般是中继形态，即经过整理后一般股价运行的轨迹趋势不会改变。

（3）在箱形整理形态中，股价向上突破时需要成交量的放大来配合，向下突破则没有此要求。

二、实战操作要点

（1）箱形整理形态在形成的过程中，如出现交易量大时，形态可能失败。

（2）箱形整理形态向上突破后的涨幅约等于形态的宽度。

（3）比较窄的箱形整理形态后市上涨的威力要大些。

（4）箱形整理形态的成交量一般是呈递减状态，如果成交量较大，则要提防主力出货形成顶部。

三、案例分析

1.德赛电池（000049）

1）日K线形态分析

如图25-1所示，德赛电池（000049）日K线图中，该股前期经过小幅的上涨之后逐步企稳，之后股价出现了小幅的回调。但股价小幅下行之后便获得了支撑，并出现了反弹。在反弹的过程中，股价上涨到前一高点的位置时又受到空方打压开始回落，在前一低点的水平位置处企稳反弹，如此往复。将股价所形成的高低点连接起来，可见股价形成了箱形整理形态。在股价向上突破箱体的压力线时，表明该股后市涨势确立，投资者可在此处买入股票。经过一波上涨，股价出现深度下跌之时，投资者应卖出筹码，以规避回调风险。

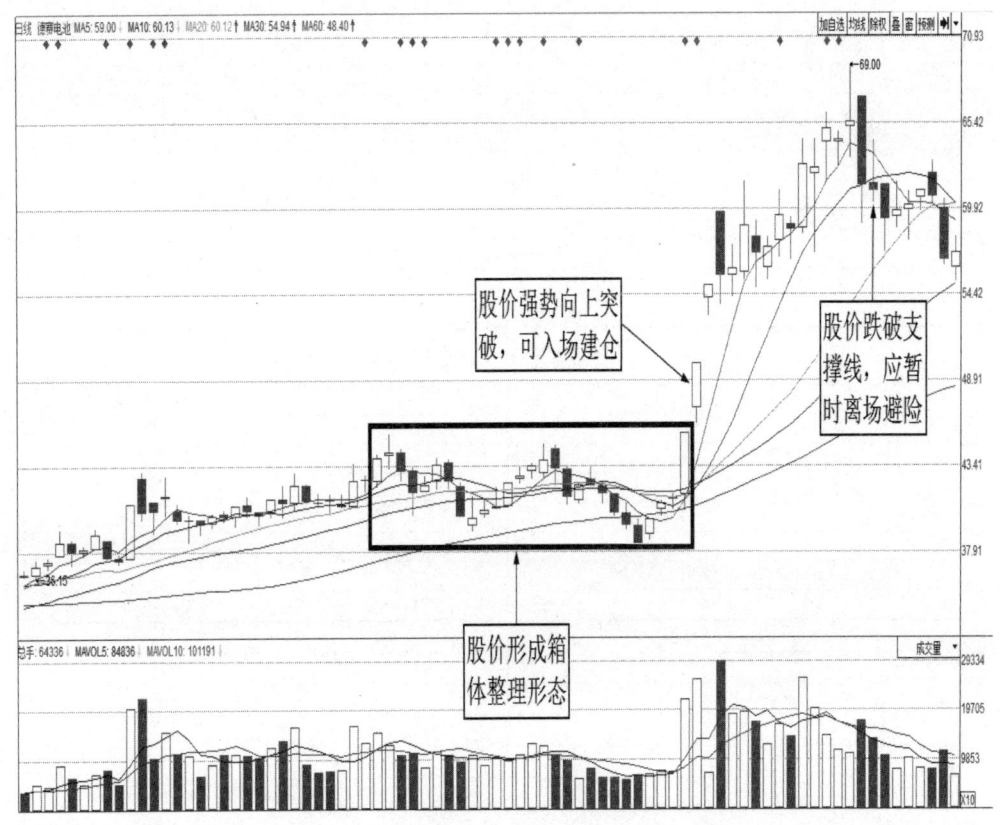

图 25-1 德赛电池（000049）日 K 线图

2）分时买点把握

如图 25-2 所示，德赛电池（000049）日分时图中，该股高开幅度较大，同时成交量也出现放量，表明盘中多方的实力较强。之后股价出现了小幅的回调，并且一度跌破了均价线，其成交量也开始逐步萎缩。不过在股价经过短暂的回调之后，股价出现了一波强势拉升，上穿了均价线，进而上封了涨停板，直到下午收市。结合该股的日 K 线图，在股价向上突破箱形整理形态之时，投资者可积极入场，进行建仓。表现在分时图中，当股价出现拉升走势，上穿均价线之时，投资者便可买入筹码，积极介入。

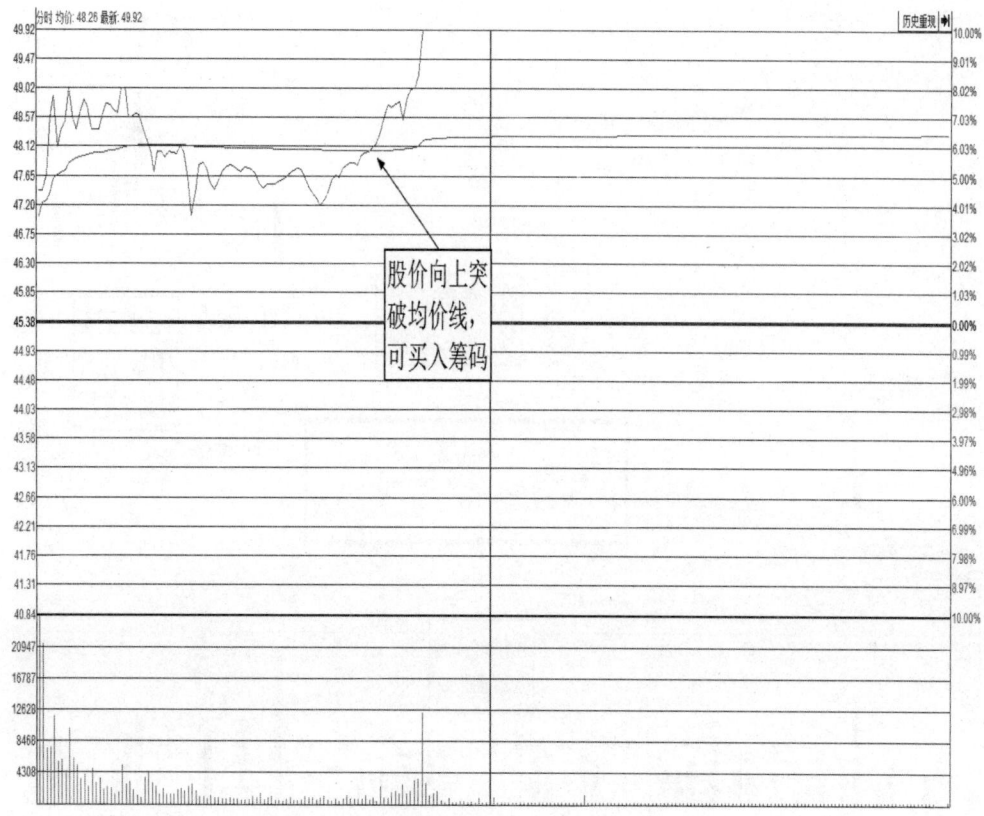

图25-2 德赛电池（000049）日分时图

3）分时卖出解析

如图25-3所示，德赛电池（000049）日分时图中，该股小幅高开之后出现了短暂的回调，之后开始强势拉升，同时，其成交量也出现了密集的放大。但这一强势走势并没有得到延续，股价在冲高之后开始回落，震荡下行。股价在跌破均价线后逐步企稳，进入横盘整理的走势之中。结合该股的日K线图进行分析，在股价向上突破箱体整理形态，走出一波上升行情之后，其卖盘压力逐渐增加，后市将会出现回调走势。表现在分时图中，当股价冲高回落，跌破均价线之时，投资者应卖出筹码或进行减仓操作，以规避回调风险。

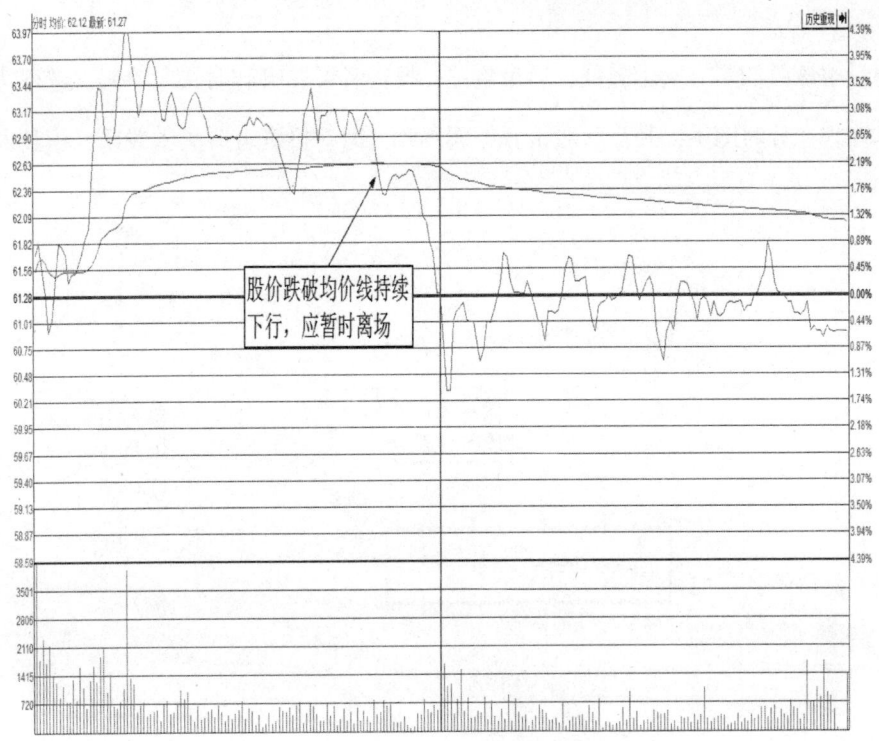

图 25-3　德赛电池（000049）日分时图

2. 中兴通讯（000063）

1）日 K 线形态分析

如图 25-4 所示，中兴通讯（000063）日 K 线图中，该股股价在前期经过一波爬升之后开始企稳，同时其成交量也逐步递减。随后股价出现了回调，但在小幅下行之后便获得了支撑，并出现了反弹。在反弹的过程中，股价上涨到前一高点的位置时又受到打压，重新回到下跌趋势，并在前一低点的水平位置处企稳反弹，如此往复。将股价所形成的高低点连接起来，可见该股出现了箱形整理形态。在股价突破箱形形态的压力线时，投资者可买入筹码。在经过一段时间的上涨之后，股价出现深度下调，这时投资者应离场观望。

2）分时买点把握

如图 25-5 所示，中兴通讯（000063）日分时图中，该股小幅高开之后，股价便开始震荡爬升，同时其成交量也出现密集的放大，呈现出价量齐涨的态势。下午盘中，股价逐步企稳，进入横盘整理的行情之中，但一直运行在均价线之上，直到收市。结合该股的日 K 线图进行分析，当股价向上突破箱形整理形态的压力线后，表明盘中该股的多方实力较强,后市看涨。投资者可在突破时买入筹码,进行建仓。具体表现在分时图中,开盘后股价开始震荡爬升时,投资者应买入股票,积极入场。

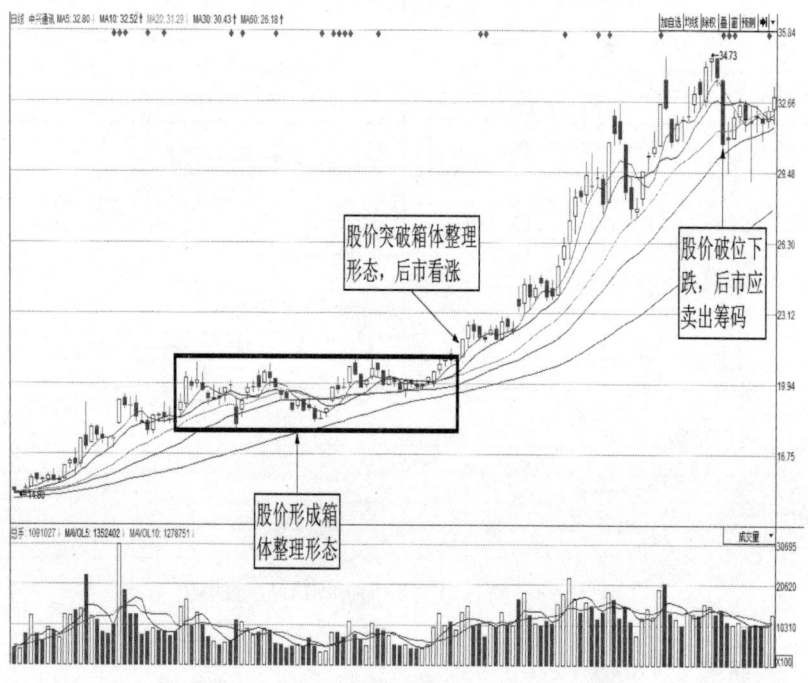

图 25-4　中兴通讯(000063)日 K 线图

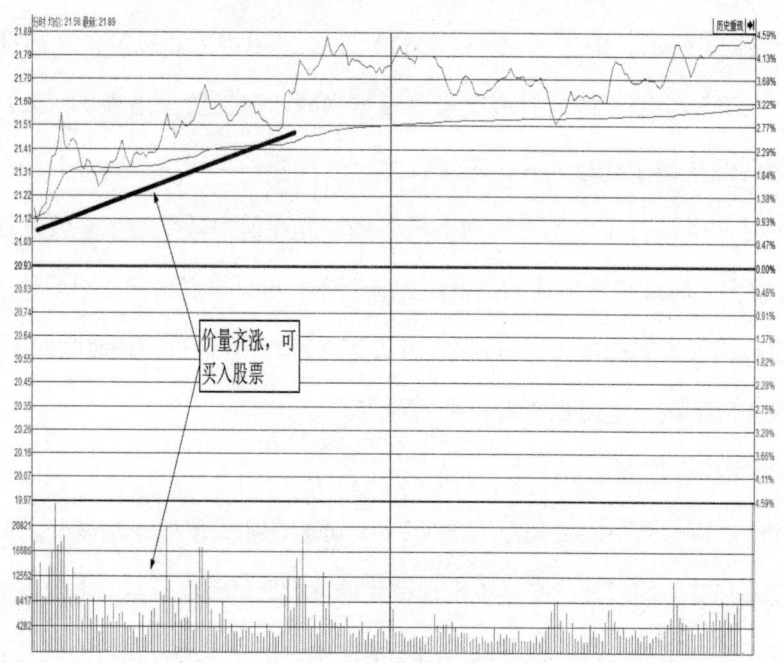

图 25-5　中兴通讯(000063)日分时图

3）分时卖出解析

如图25-6所示，中兴通讯（000063）日分时图中，该股小幅低开后便进入横盘整理的走势之中，同时其成交量也出现了放大。下午开盘后，股价逐步走低，虽然出现过一次小幅的反弹，但并没有突破均价线。之后股价震荡下行，直到下午收市。结合该股的日K线图进行分析，在股价走出一波上涨行情创出新高之后，盘中的卖盘压力也逐步增强，该股后市有可能出现回调走势。具体表现在分时图中，在股价上穿均价线失败之后，投资者应果断卖出筹码，在实现投资收益的同时规避后市风险。

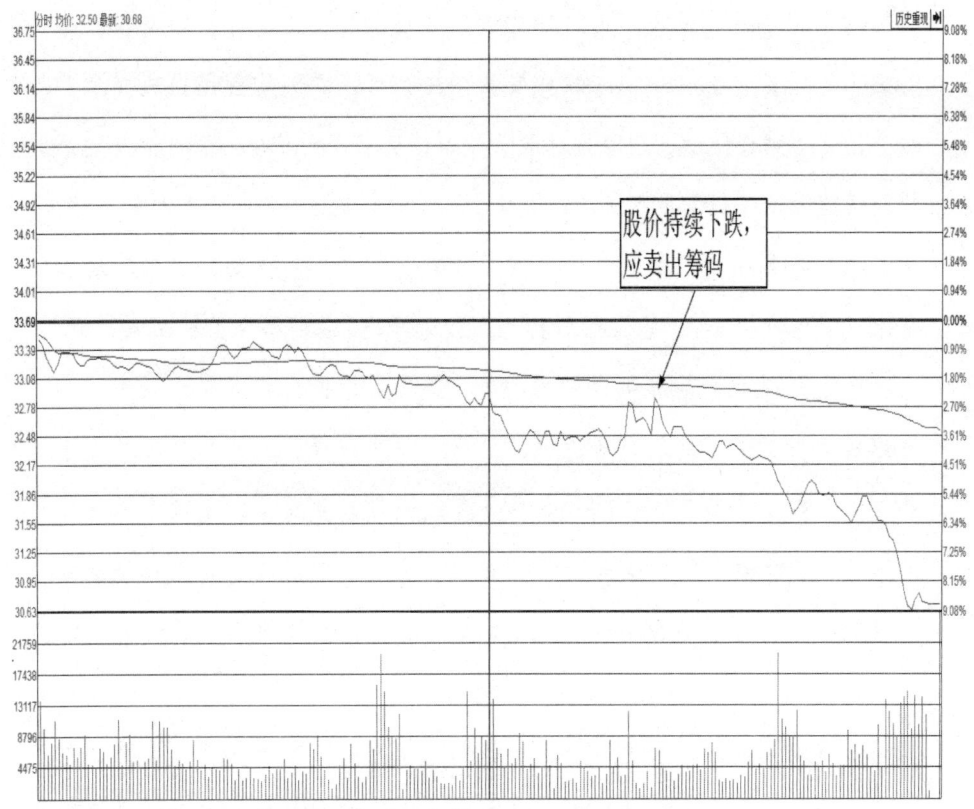

图25-6　中兴通讯（000063）日分时图

股价突破箱形整理形态的压力线是投资者买入股票的良好买点，实战中投资者应牢记这一规则。

第二十六技

三线开花狙杀黑马分时战法

均量线是一种反映一定时期内股票市场平均成交情况、即交投趋势的技术性指标。在有均量线的成交量图中,可以看到均量线在成交量的柱条图之间穿梭波动,从而揭示股价后市的变动趋向。在上涨行情初期,均量线随股价不断创出新高,显示市场人气的聚集过程。行情进入尾声时,尽管股价再创新高,均量线多已衰退疲软,形成价量分离,这时市场追高跟进意愿发生变化,也证明股价已经接近峰顶,后期将会出现回调行情。

利用多周期均量线所形成的形态,不仅可以使投资者短线获利,也可以成为投资者捕捉黑马股的利器。当个股成交量的三条均量线相交于一点(一般是由两条短周期均量线上穿长周期均量线),则预示着该股后市将展开上涨行情。若是三条均量线相交的当日,其成交量也能有效的放大,则会增强该形态的看涨信号。在该形态出现之后,投资者可寻找合适的买点介入。

三条均量线的周期可以设置成不同的组合,一般情况下我们把三条均量线设定为5日均量线、30日均量线和135日均量线。三条均量线形成金叉穿越后,其形态犹如喇叭花一样,因此我们可以称之为"三线开花形态"。均量线三线开花形态还有另外两种变形:一是并线三线交叉,二是逆向三线交叉。这几种均量线技术组合形态对预测股票价格的走势都比较有效。在实际交易中,投资者可根据不同的情况进行应用。

一、形态解析

（1）三线开花形态一般是由5日均量线、30日均量线和135日均量线组合而成的。

（2）三线开花形态一般表现为30日均量线从下向上穿越135日均量线，形成"黄金交叉"。同时，5日均量线从下向上穿越这两条均量线的交叉点，又形成一次"黄金交叉"。

（3）三线开花形态形成后，5日均量线、30日均量线和135日均量线呈现多头排列态势。

二、实战操作要点

（1）三线开花形态形成后，若个股的成交量同时出现有效的放大，并上穿三条均量线，则增强该形态的看涨信号。

（2）均量线三线开花形态中，5日均量线上穿30日均量线和135日均量线的交叉点是最好的买入时机。若交叉时个股没有出现明显的涨幅，则投资者最好还是以观望为主。

三、案例分析

1. 华电国际（600027）

1）日K线形态分析

如图26-1所示，华电国际（600027）日K线图中，该股前期一直处在小幅的回调之中，其成交量也逐步递减，趋于地量状态。在股价出现新低之后，该股的30日均量线从下向上穿越135日均量线，形成黄金交叉。同时，5日均量线从下向上穿越这两条均量线的交叉点，形成三线开花形态。表明该股的后市将会结束回调走势，出现上涨行情。当股价在成交量的推动下出现强势上涨之后，投资者可在此处买入股票，吸取筹码。经过一段时间的上涨之后，均线出现死叉，表明后市股价将会回落，投资者应离场避险。

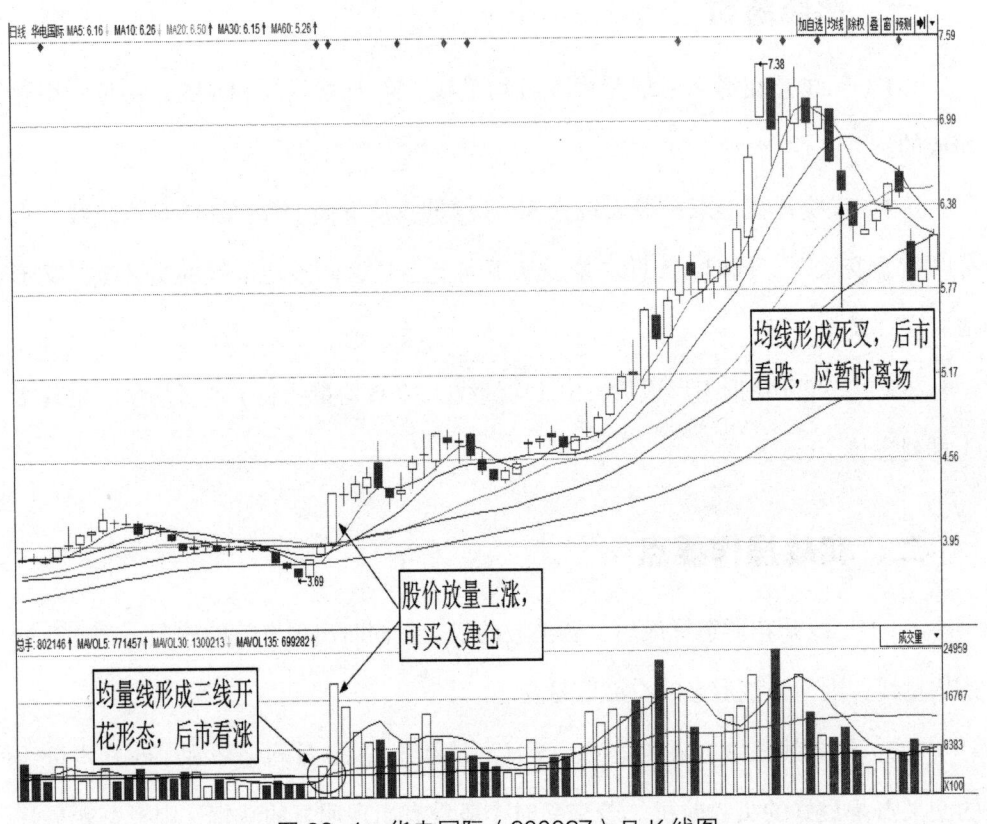

图 26-1　华电国际（600027）日 K 线图

2）分时买点把握

如图 26-2 所示，华电国际（600027）日分时图中，该股平开之后，其股价与均价线相互缠绕进入横盘整理的状态。下午开盘之后，股价出现了一波强势的拉升行情，并且上封了涨停板，同时其成交量也出现了放量。涨停板虽然在尾盘被打开，但股价又迅速地拉升封板，直到下午收市。结合该股的日 K 线图进行分析，在该股均量线形成三线开花形态之后，成交量出现明显放量之时，投资者可买入股票，进行建仓。表现在分时图中，在股价出现拉升走势时，投资者应迅速买入，积极入场。

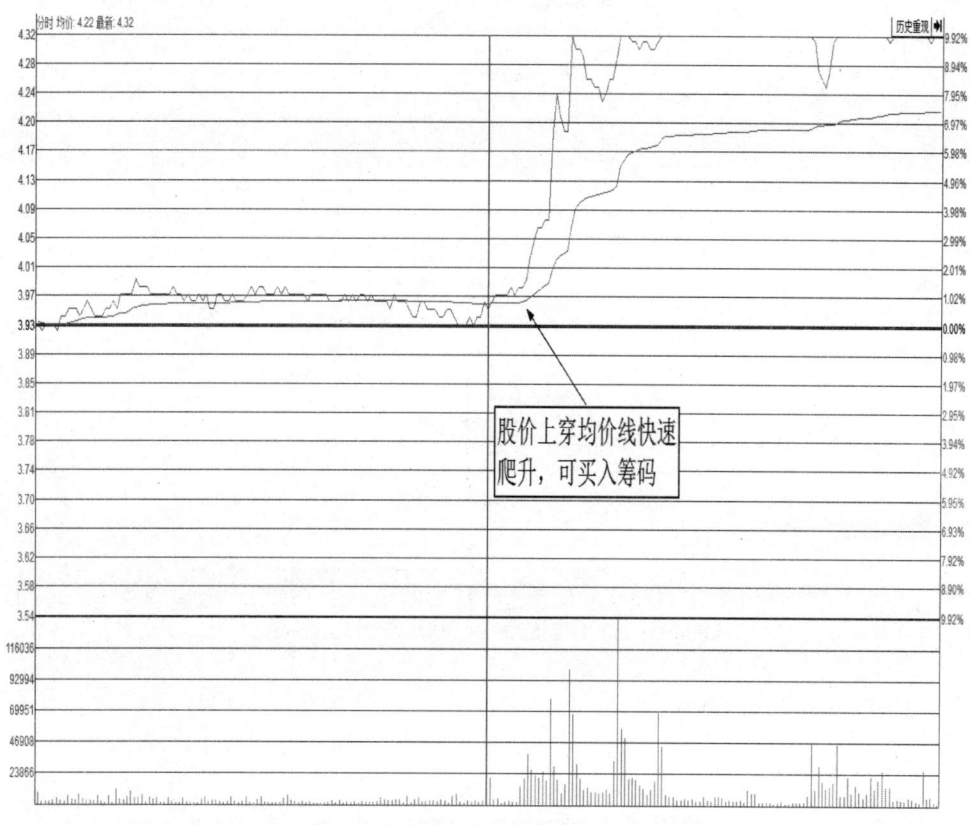

图 26-2 华电国际（600027）日分时图

3）分时卖出解析

如图 26-3 所示，华电国际（600027）日分时图中，该股大幅低开后，股价出现持续震荡走低的行情。盘中，股价逐步企稳开始反弹，并且一度上穿均价线，出现两次拉升走势。但后市股价并没有延续这一强势走势，冲高之后开始出现回落，跌破均价线逐步走低，直到下午收市。结合该股的日 K 线图，在该股经过一段时间的爬升之后，盘中买方的实力逐渐减弱，股价后市可能出现回调走势。具体表现在分时图中，在股价冲高开始回落，并且跌破均价线之时，投资者应果断离场，实现收益。

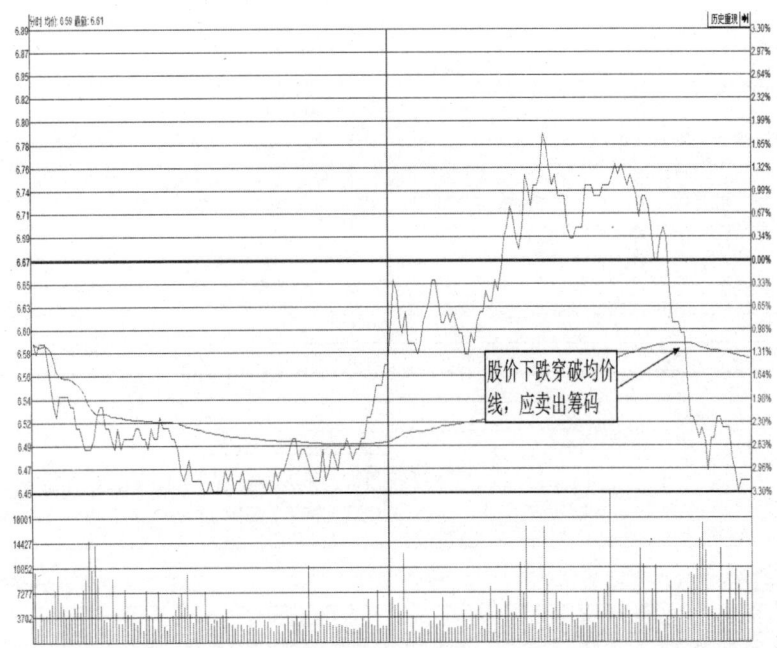

图 26-3　华电国际（600027）日分时图

2. 首创环保（600008）

1）日 K 线形态分析

如图 26-4 所示，首创环保（600008）日 K 线图中，该股股价前期一直处在横盘整理的走势之中。同时，其成交量也逐渐萎缩，接近于地量状态。某日，该股的 30 日均量线从下向上穿越 135 日均量线，形成黄金交叉。同时，5 日均量线从下向上穿越这两条均量线的交叉点，形成三线开花形态，之后其成交量也出现明显的放量，表明该股的后市将会出现上涨行情。在股价出现强势上涨之时，投资者可买入股票，进行建仓。经过一段时间的上涨之后，股价跌破均线支撑位，投资者应卖出筹码，离场避险。

2）分时买点把握

如图 26-5 所示，首创环保（600008）日分时图中，该股小幅高开之后，股价出现了一波强势的拉升走势，期间虽然出现过回调，但很快又重回涨势，并且上封涨停板，直到下午收市。结合该股的日 K 线图进行分析，在该股均量线形成三线开花形态之后，同时其成交量出现明显放量，表明该股后市将会出现上涨行情。此时，投资者便可吸取筹码，进行建仓。具体表现在分时图中，股价在开盘之后，

第二十六技 三线开花狙杀黑马分时战法

在成交量的推动下出现拉升走势之时,投资者应积极买入股票,以期获取投资收益。

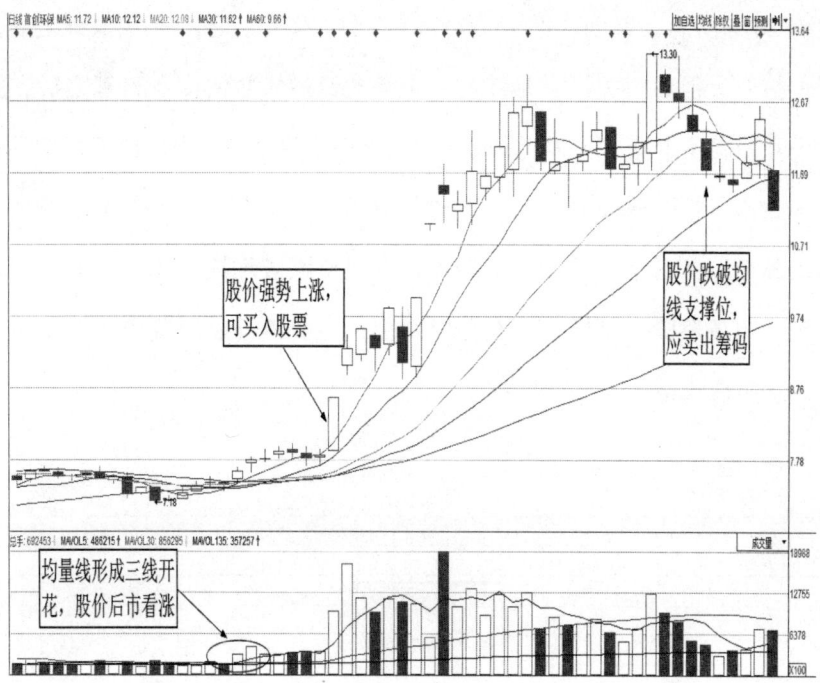

图 26-4 首创环保(600008)日 K 线图

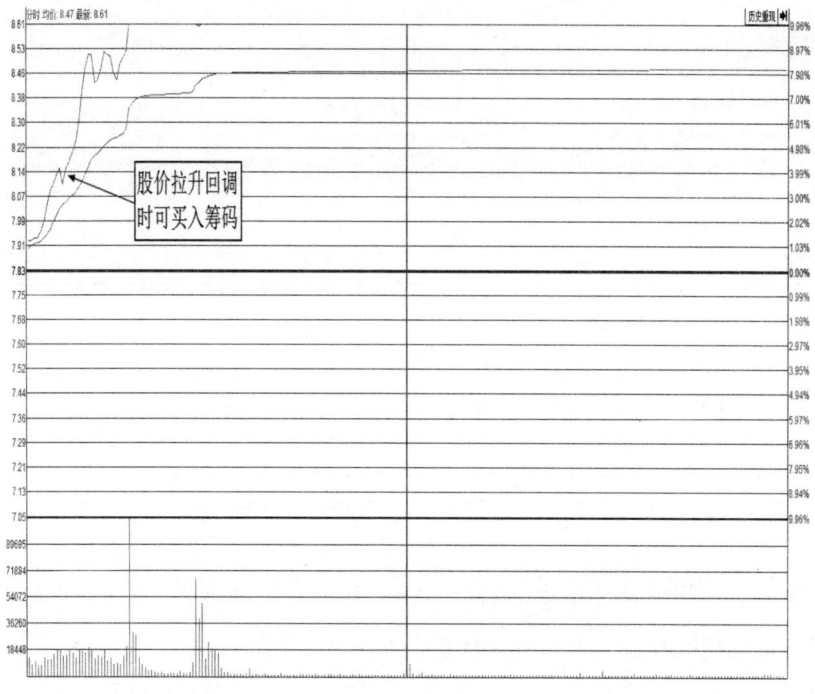

图 26-5 首创环保(600008)日分时图

3）分时卖出解析

如图 26-6 所示，首创环保（600008）日分时图中，该股小幅低开之后，股价曾出现过拉升。但后市并没有延续这一走势，经过短暂的横盘整理之后，股价跌破均价线开始震荡走低。同时，其成交量也出现了放量，表现出价跌量增的态势，直到下午收市。结合该股的日 K 线图进行分析，在该股经过一波上涨行情之后，股价创出新高。其后市的回调压力增加，在股价跌破均线支撑位之时，投资者应卖出筹码，离场避险。具体表现在分时图中，在股价开始震荡下行时，投资者应卖出股票，实现收益。

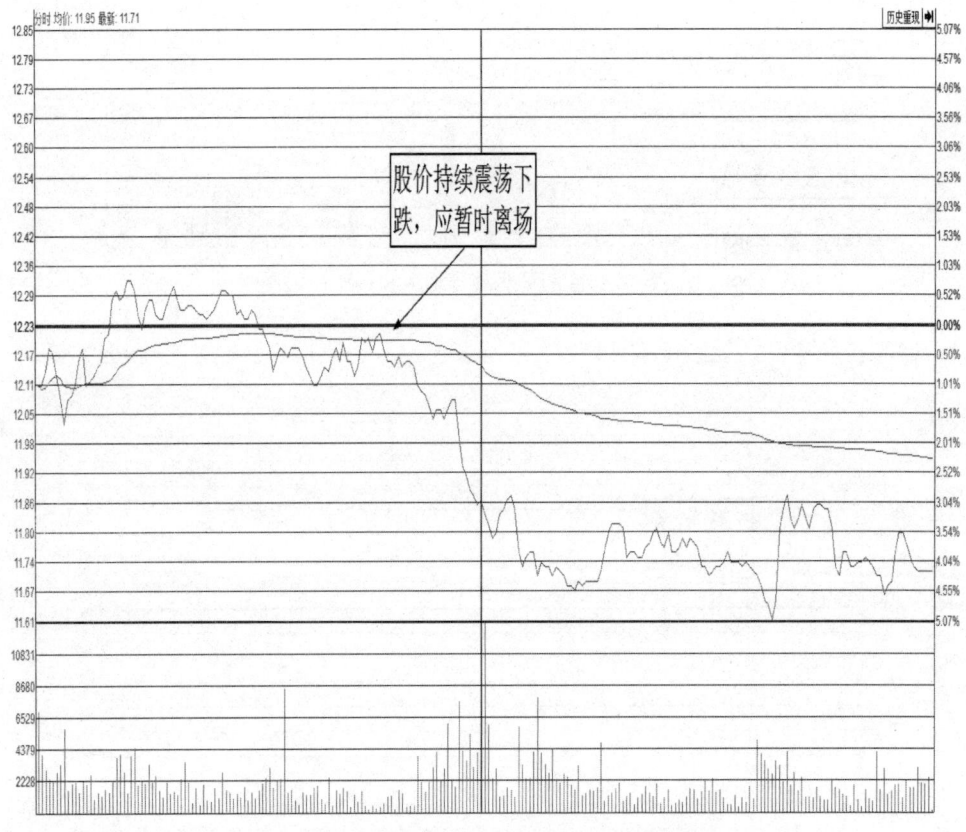

图 26-6　首创环保（600008）日分时图

在实战中，投资者不仅可以利用三线开花形态来捕捉黑马，同时也可以利用其变形形态来获取收益，这一点应注意。

第二十七技

二次金叉狙杀黑马分时战法

对设有多条均量线的成交量图,当短期均量线在长期均量线上方并继续上扬时,个股行情将会保持上涨势头;反之,当短期均量线在长期均量线下方继续下跌时,显示个股跌势仍将继续。而均量线不论是向上或向下的拐头走势,都预示着行情后市可能出现转换,对投资者来讲是一种警戒信号。

在实际交易中,当短期均量线与长期均量线交叉,而出现移动平均线理论中的黄金交叉或死亡交叉时,则是对行情转势进行的确认,这时投资者应配合其他技术指标一并研判,作出有利的投资抉择。在横盘整理行情时,短期均量线与长期均量线表现出相互缠绕运行的态势,而最后短期均量线向上或向下突破长期均量线,则表明横盘整理的行情被打破,而突破方向则是后市个股运行的方向。

根据以上短期均量线与长期均量线的运行原理,我们可以在黑马股行情启动的初期,利用短期均量线自下而上穿越中长期均量线所形成的"黄金交叉"来捕捉黑马股的上升走势。均量线的二次"黄金交叉"形态,一般是指5日均量线上穿30日均量线所形成的第一个"黄金交叉",30日均量线上穿135日均量线所形成的第二个"黄金交叉"。在个股成交量图的均量线前后出现两次"黄金交叉"之后，则预示着股价后市将会出现一波上涨的行情。在成交量有效配合的情况下，则这一形态的买入信号会更加可靠。因此，投资者可利用这种形态捕捉黑马股的上升行情，获取短期收益。

一、形态解析

（1）均量线的"黄金交叉"一般是指短期均量线自下而上穿越中长期均量线所形成的交叉。

（2）均量线的"二次黄金交叉"形态，一般是指5日均量线上穿30日均量线所形成的第一个黄金交叉，与30日均量线上穿135日均量线所形成的第二个黄金交叉。

（3）若在均量线交叉当日，成交量能有效地放大，则该形态的买入信号会更加可靠。

二、实战操作要点

（1）均量线出现"二次黄金交叉"形态，预示着股价后市看涨，投资者可根据这种形态买入股票。

（2）均量线形成黄金交叉之后，短期、中期和长期均量线应呈现多头排列走势。

（3）均量线不具备移动平均线那种对股价助涨或助跌的功能，其反映的仅是市场交投的主要趋向。

三、案例分析

1.富奥股份（000030）

1）日K线形态分析

如图27-1所示，富奥股份（000030）日K线图中，该股前期多处在横盘整理的走势之中，其成交量也接近于地量状态。某日，该股的5日均量线上穿30日均量线形成第一个"黄金交叉"，之后30日均量线上穿135日均量线形成第二个"黄金交叉"，如此均量线便形成"二次黄金交叉"形态，表明该股将结束横盘走势，开始一波上涨行情。在均量线出现第二个金叉之后，股价出现强势上涨之时，投资者可买入筹码，进行建仓。当股价走出一波上涨行情，开始出现回调走势时，投资者应暂时离场，以规避回调风险。

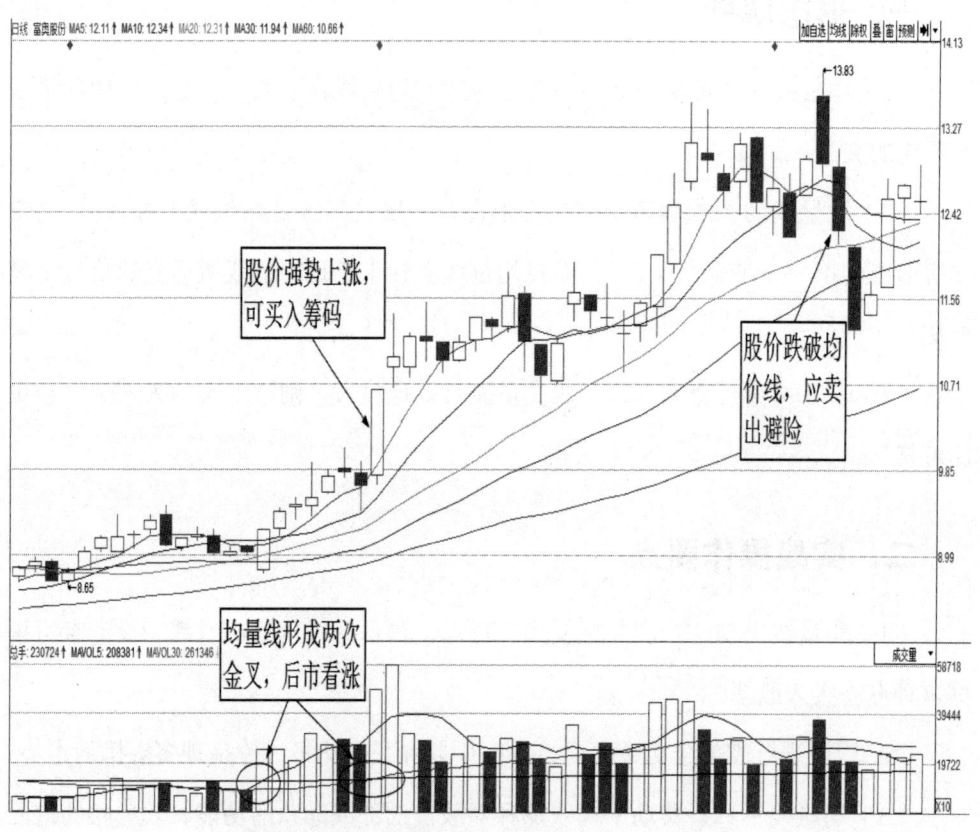

图27-1　富奥股份（000030）日K线图

2）分时买点把握

如图27-2所示，富奥股份（000030）日分时图中，该股在小幅高开之后，开始了一波震荡爬升的上涨走势，其成交量也出现较为密集的放大。之后，股价进入横盘整理的运行状态，但在尾盘，股价突然强势拉升，上封涨停板，直到下午收市。结合该股的日K线图进行分析，在该股的均量线形成"二次黄金交叉"形态之后，股价出现强势上涨之时，投资者可买入股票，进行建仓。具体表现在分时图中，在开盘后，股价震荡上涨之时，投资者应买入筹码。在尾盘拉升时亦可追涨，但获利空间相对较小。

第二十七技 二次金叉狙杀黑马分时战法

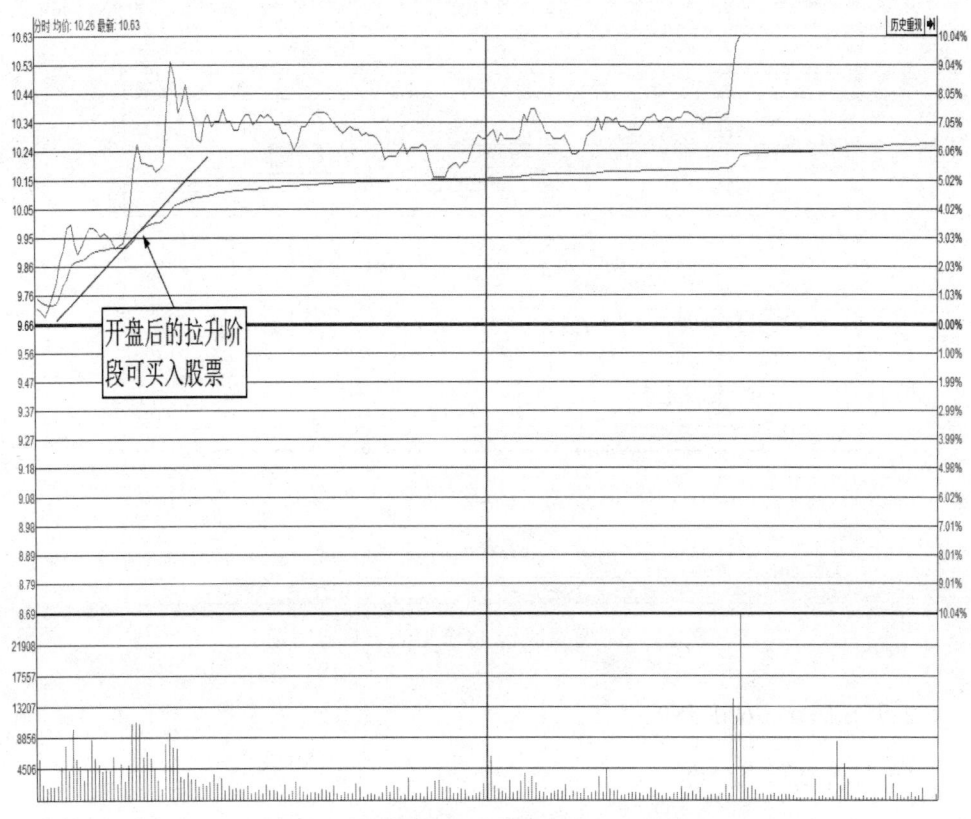

图 27-2 富奥股份（000030）日分时图

3）分时卖出解析

如图 27-3 所示，富奥股份（000030）日分时图中，该股在开盘后就开始出现下跌走势，同时其成交量也出现比较密集的放大。之后股价出现企稳，开始逐步缓慢爬升，并且一度上穿了均价线。但后市并没有延续这一走势，股价在下午盘又重回下跌行情，直到下午收市。结合该股的日 K 线图进行分析，在股价经过一段上涨行情之后，该股盘中多方实力逐步减弱，其回调压力越来越强。因此，在股价跌破均线支撑位时，投资者应离场避险。表现在分时图中，在股价跌破均价线时，投资者应卖出筹码，实现收益。

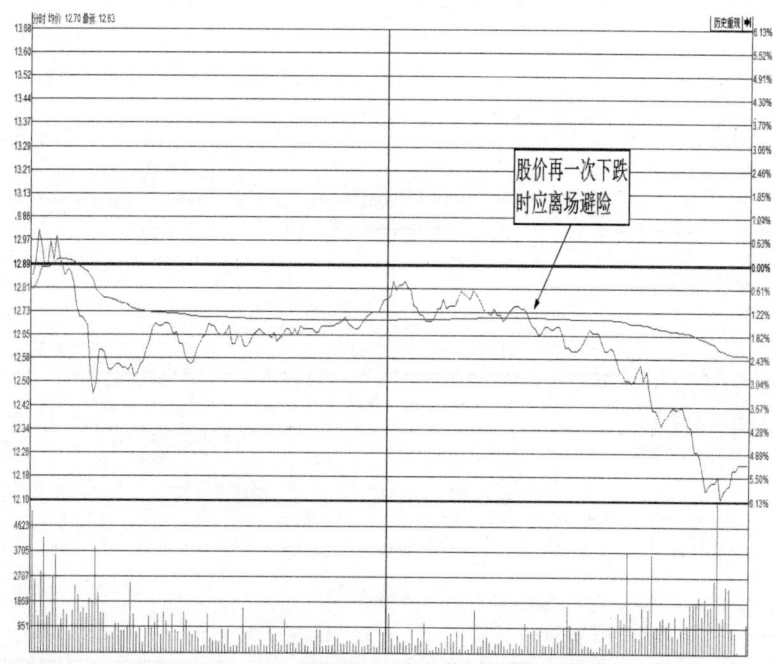

图 27-3 富奥股份（000030）日分时图

2. 万东医疗（600055）

1）日 K 线形态分析

如图 27-4 所示，万东医疗（600055）日 K 线图中，该股前期一直处在横盘整理的走势之中，之后开始出现缓慢爬升的迹象，同时其成交量也开始逐步放大。某日，该股的 5 日均量线上穿 30 日均量线形成第一个"黄金交叉"，之后 30 日均量线上穿 135 日均量线形成第二个"黄金交叉"，预示着该股将结束横盘走势，开始一波上涨行情。在均量线形成第二个黄金交叉之后，投资者可在股价突破前期高点时买入股票。经过一段时间的上涨，在股价创出新高，出现跳空低开走势时，投资者应果断离场，规避风险。

2）分时买点把握

如图 27-5 所示，万东医疗（600055）日分时图中，该股开盘之后就出现了一波急速的拉升走势，同时其成交量也出现了大幅的放量。之后股价逐步企稳运行在均价线之上，并进入横盘整理的走势，直到下午收市。结合该股的日 K 线图进行分析，在该股的均量线形成"二次黄金交叉"形态之后，股价出现了小幅的爬升，并突破了前期的高点。此时，投资者可买入股票，进行建仓。具体表现在分时图中，

第二十七技　二次金叉狙杀黑马分时战法

在该股开盘之后，股价拉升走势回调之时，投资者可吸取筹码，以期获取投资收益。

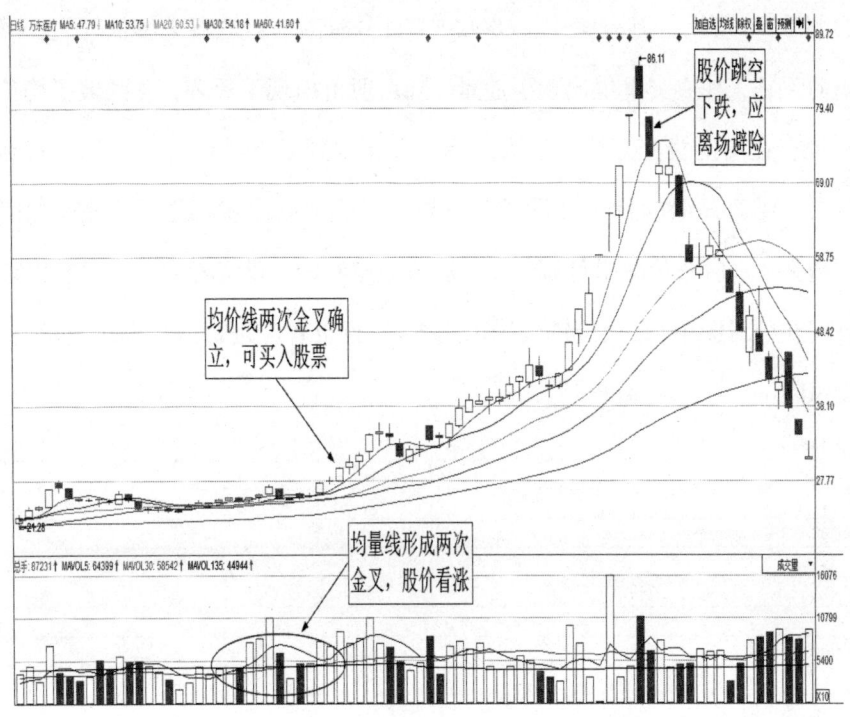

图 27-4　万东医疗（600055）日 K 线图

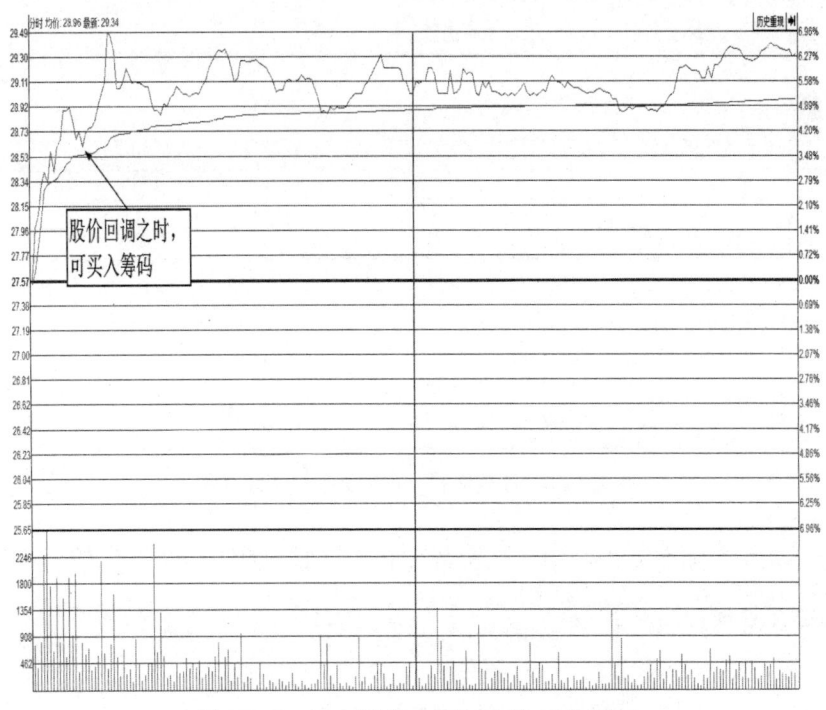

图 27-5　万东医疗（600055）日分时图

3）分时卖出解析

如图 27-6 所示，万东医疗（600055）日分时图中，该股大幅低开后，股价出现小幅的下跌，其成交量也出现了放量。随后股价出现了反弹，并跌破了均价线。股价并没有在均价线上方持续上涨，便又重新回到了下跌走势之中，一直到该股下午收市。结合该股的日 K 线图进行分析，在股价创出新高之后，该股的回调压力逐步增强。之后股价跳空低开，表明后市股价看跌，投资者应在此时卖出筹码。具体表现在分时图中，在股价跌破均价线之时，投资者应进行减仓操作或卖出股票，以规避风险。

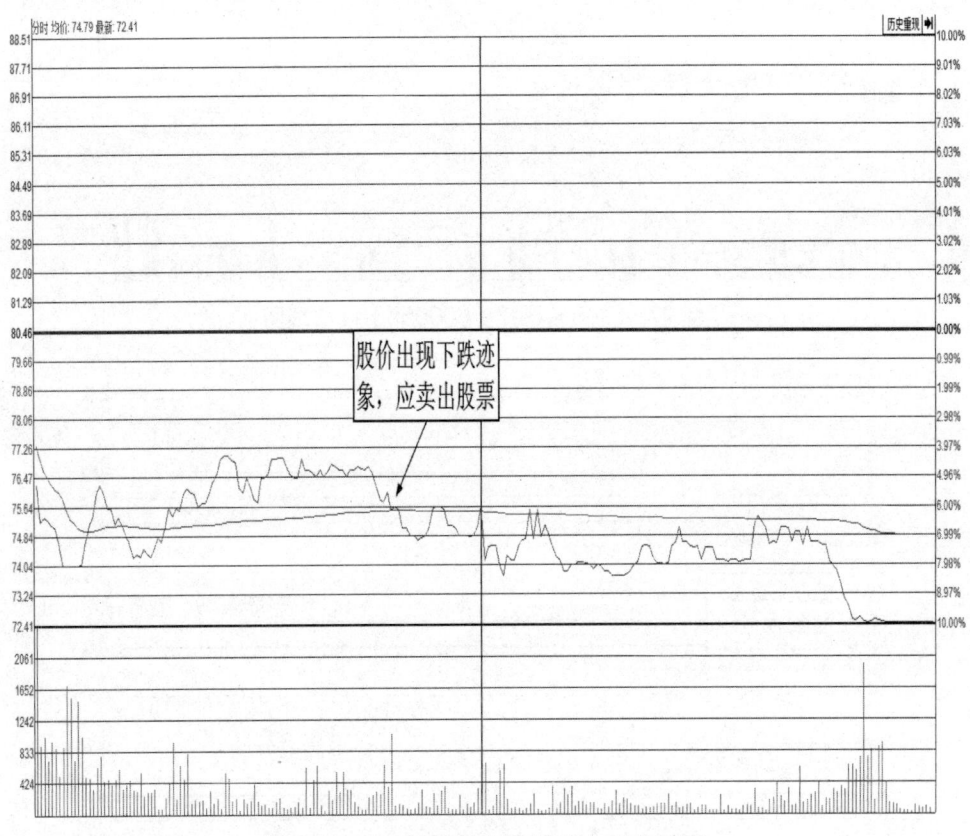

图 27-6　万东医疗（600055）日分时图

投资者在实际交易中利用"二次黄金交叉"形态时，应结合其他的技术指标来进行综合研判。

第二十八技

低位放量狙杀黑马分时战法

成交量是一种股票市场供需的表现,是指一个时间单位内股票成交的数量。它可以在分时图或K线图中绘制,包括日线图、周线图、月线图甚至是5分钟、30分钟、60分钟图中绘制。市场成交量的变化反映了资金进出市场的情况,成交量是判断市场走势的重要指标,但在国外成熟市场,成交量主要作用是印证市场走势。

一般情况下,成交量放大且价格上涨的股票,趋势向好;成交量萎缩且价格下跌的股票,趋势向坏。此外,在熊市或股票整理阶段,市场交易不活跃时,成交量也易出现持续低迷的现象。成交量是判断个股走势的重要依据,为分析主力的操作行为提供了重要的依据。因此,投资者对成交量在股价低位异常波动的个股应当密切关注,把握捕捉黑马股上升走势的时机。

个股经过一段时间的下跌之后,其成交量会逐渐呈现出缩量的状态。到下跌行情的尾声,市场中卖盘稀少,买盘也多持观望的态度,成交量自然出现地量。但这种力量对比形势不会持续太久,随着多空双方实力的转变将出现改变。在个股跌势的末端,多方觉得投资时机出现进场建仓,空方力量释放完毕也无力继续做空。此时,股价便会出现有效突破,成交量也呈现有效的放量，走出"价涨量增"的态势，而这种走势多是个股行情出现反转的信号。所以，在股价处于低位区时，成交量的放量走势值得投资者特别关注，一旦股价出现有效突破后可适当进场，买入股票进行建仓。

一、形态解析

（1）低位放量一般出现在股价前期已经历过大幅的下跌，出现阶段性底部的行情。

（2）股价处在阶段性底部之时，其成交量一般也会出现逐步萎缩或持续地量的状态。

（3）当该股的成交量出现有效放量时，其股价也一般呈现强势上涨的走势，表明该股后市将会出现一波上涨行情。若股价当日能上封涨停板，则后市的上涨动力会更加强劲。

二、实战操作要点

（1）若个股的成交量在低位放出巨量，而其股价也出现强势上涨时，则表明该股的上涨行情已经开始启动，投资者应该及时介入，进行建仓。

（2）若个股放量时，其股价仍处于低位，则投资者可以放心介入；若个股放量上涨时，其股价已经有了一定的涨幅，投资者需要谨慎跟进。

三、案例分析

1. 中科三环（000970）

1）日 K 线形态分析

如图 28-1 所示，中科三环（000970）日 K 线图中，该股之前一直处在横盘整理的走势之中，其成交量也呈现出地量的状态。某日，其成交量出现了巨型的放量，同时其股价也跳空高开强势上涨，并上封涨停板，表明该股将会结束横盘整理的行情，开始一波上涨行情。在实际交易中，若投资者遇有个股出现低位放量的走势之时，应积极买入股票，吸取筹码，进行建仓。经过一段时间的爬升之后，该股股价创出新高，其回调压力也逐步增强。在股价出现大幅下跌之时，投资者应卖出股票，暂时离场。

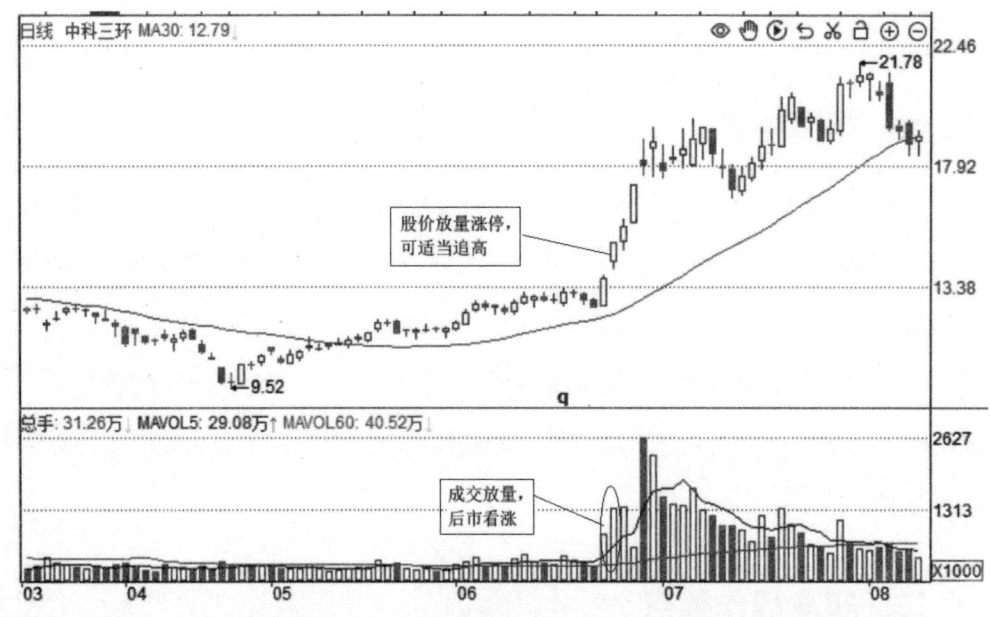

图 28-1 中科三环（000970）日 K 线图

2）分时买点把握

如图 28-2 所示，中科三环（000970）日分时图中，该股开盘后股价开始上涨，随后在某一位置股价逐步企稳，开始进入横盘整理的走势之中。经过短暂的调整之后，股价再一次开始爬升，并且上封涨停板，下次短暂打开涨停，随后又继续涨停直到该股下午收市。结合该股的日 K 线图进行分析，该股经过一段时间的横盘整理之后，其成交量出现了巨型的放量，同时其股价也出现强势上涨，表明该股后市将会出现一波上涨行情，投资者可在股价强势上涨之时买入筹码。在分时图中，当股价打开涨停板时，投资者可适当介入追涨。

3）分时卖出解析

如图 28-3 所示，中科三环（000970）日分时图中，该股开盘之后，其股价就出现了一波下跌走势，同时其成交量也出现了较为密集的放大。之后股价开始反弹，并一度突破均价线。但后市股价并没有延续反弹走势，在股价跌破均价线又开始震荡低走，直到下午收市。结合该股的日 K 线图进行分析，在该股经过一波上涨、股价创出新高之后，表明该股回调压力增加，后市有可能出现反转行情。

第二十八技　低位放量狙杀黑马分时战法

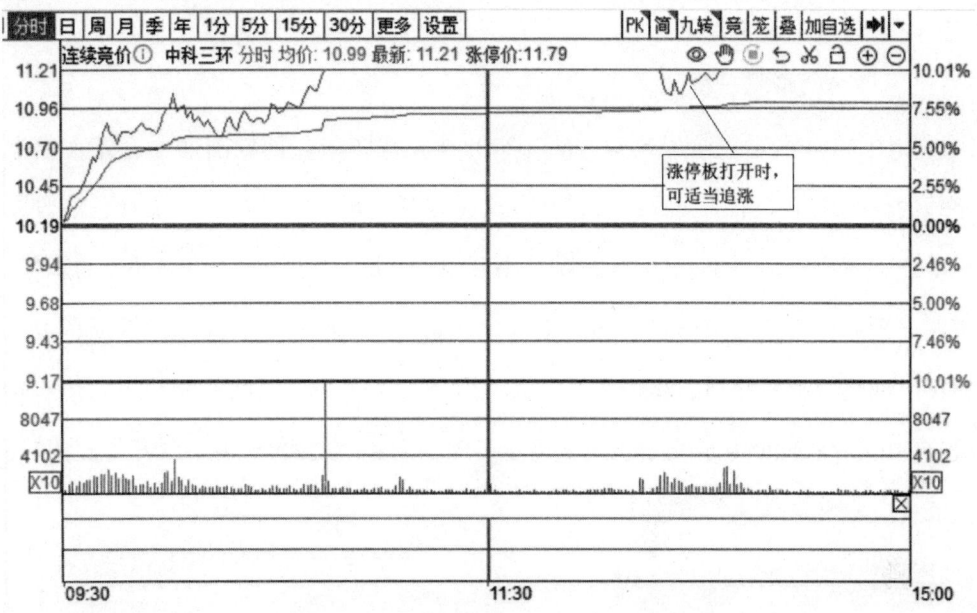

图 28-2　中科三环（000970）日分时图

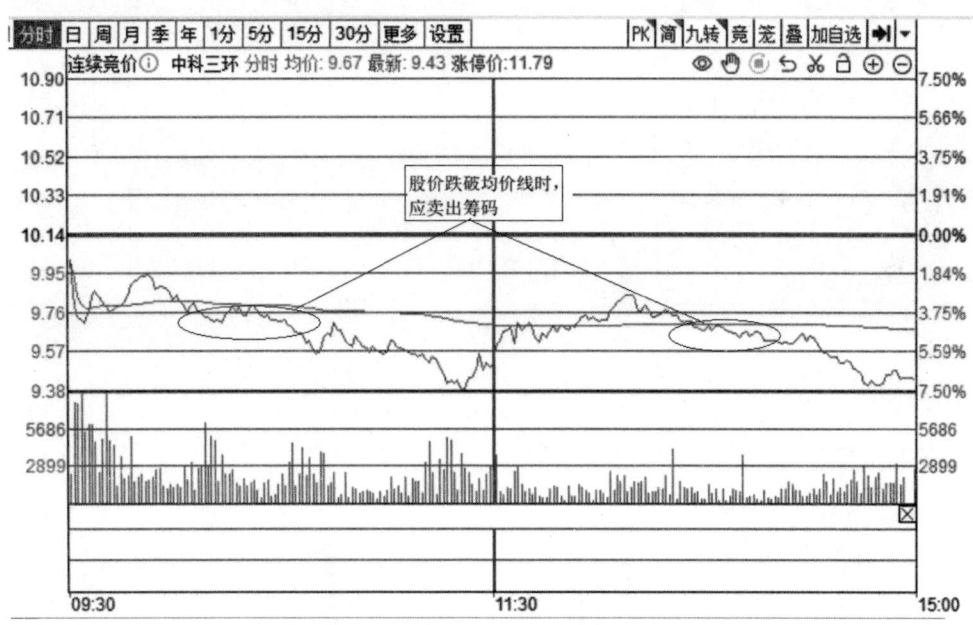

图 28-3　中科三环（000970）日分时图

2. 中原高速（600020）

1）日 K 线形态分析

如图 28-4 所示，中原高速（600020）日 K 线图中，该股前期一直处在横盘整理的行情之中，市场交投冷淡，其成交量也呈现出地量的状态。某日，该股成交量开始逐步放大，同时其股价也跳空高开强势上涨，呈现出"价量齐涨"的态势，表明该股后市将会结束横盘整理的走势，开始一波上涨行情。此时，投资者可在股价出现强势上涨之时，积极入场，买入股票。经过一段时间的爬升之后，该股股价创出新高，同时其成交量也出现逐步萎缩的态势。在股价破位下跌开始回调时，投资者应卖出筹码，离场避险。

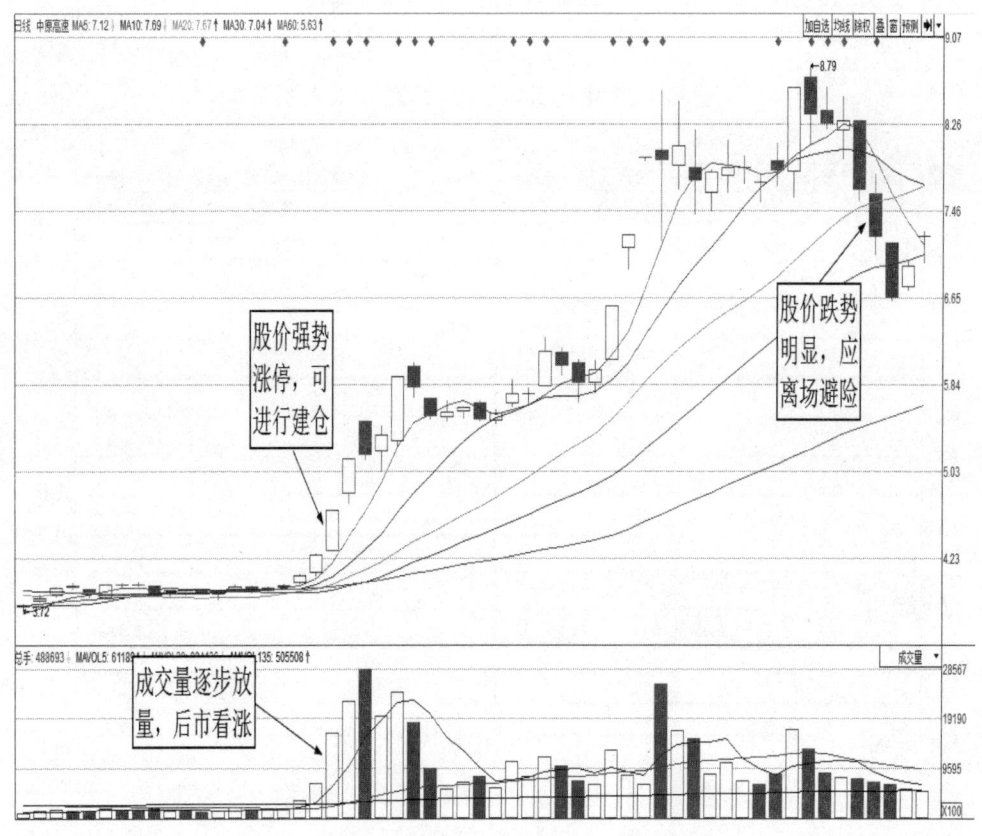

图 28-4　中原高速（600020）日 K 线图

第二十八技 低位放量狙杀黑马分时战法

2)分时买点把握

如图 28-5 所示,中原高速(600020)日分时图中,该股小幅高开之后,其股价便开始震荡上行,同时成交量也出现了放量。经过短暂的回调之后,股价出现迅速拉升,并且上封了涨停板。期间,涨停板被短暂打开缺口,但很快股价又上封涨停价,直到下午收市。结合该股的日 K 线图进行分析,该股的成交量在低位出现了巨型的放量,同时其股价也出现强势上涨,表明该股后市将会出现一波上涨行情,投资者可在股价强势涨停之时买入筹码。表现在分时图中,在股价出现拉升时,投资者可买入股票,进行建仓。

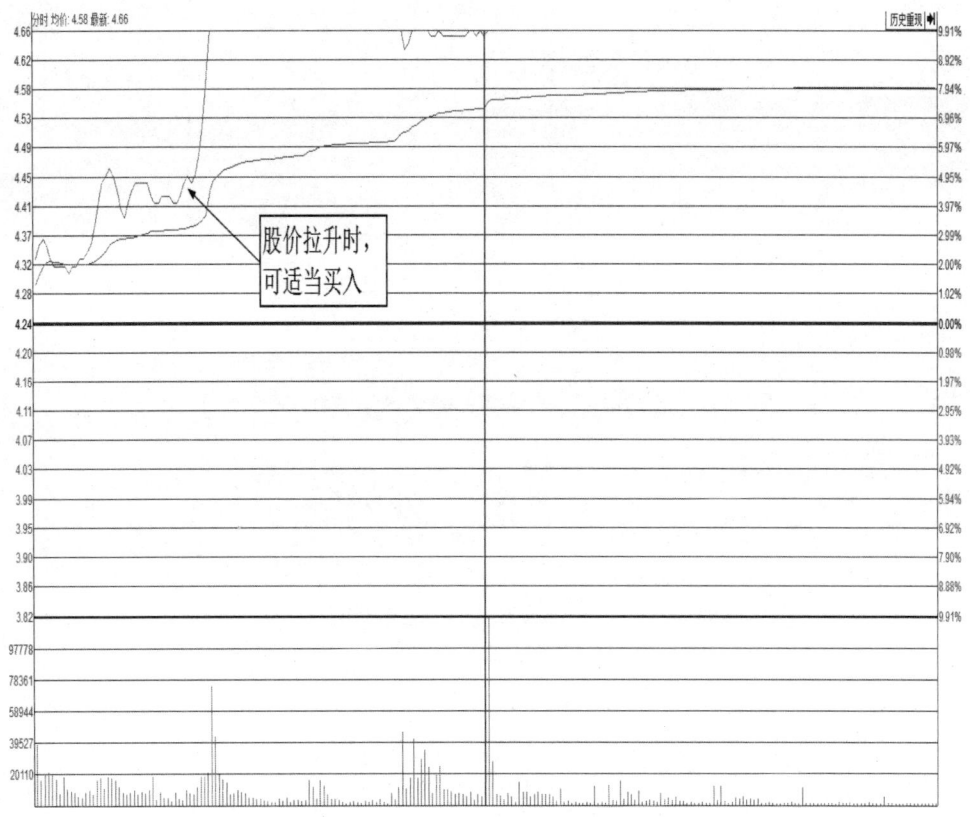

图 28-5 中原高速(600020)日分时图

3）分时卖出解析

如图28-6所示，中原高速（600020）日分时图中，该股小幅高开之后，股价便进入下跌走势，其成交量也出现了较为密集的放大。随后股价在某处企稳，并开始缓慢爬升上穿了均价线。股价在均价线上方并没有继续上扬，而是开始了短暂的横盘整理走势。在下午盘，股价跌破均价线，又重新回到下跌走势，直到下午收市。结合该股的日K线图进行分析，在该股经过爬升，股价创出新高之后，其多方实力逐步减弱，后市有可能出现反转行情。在分时图中，当股价再次下跌时，投资者应卖出筹码，规避回调风险。

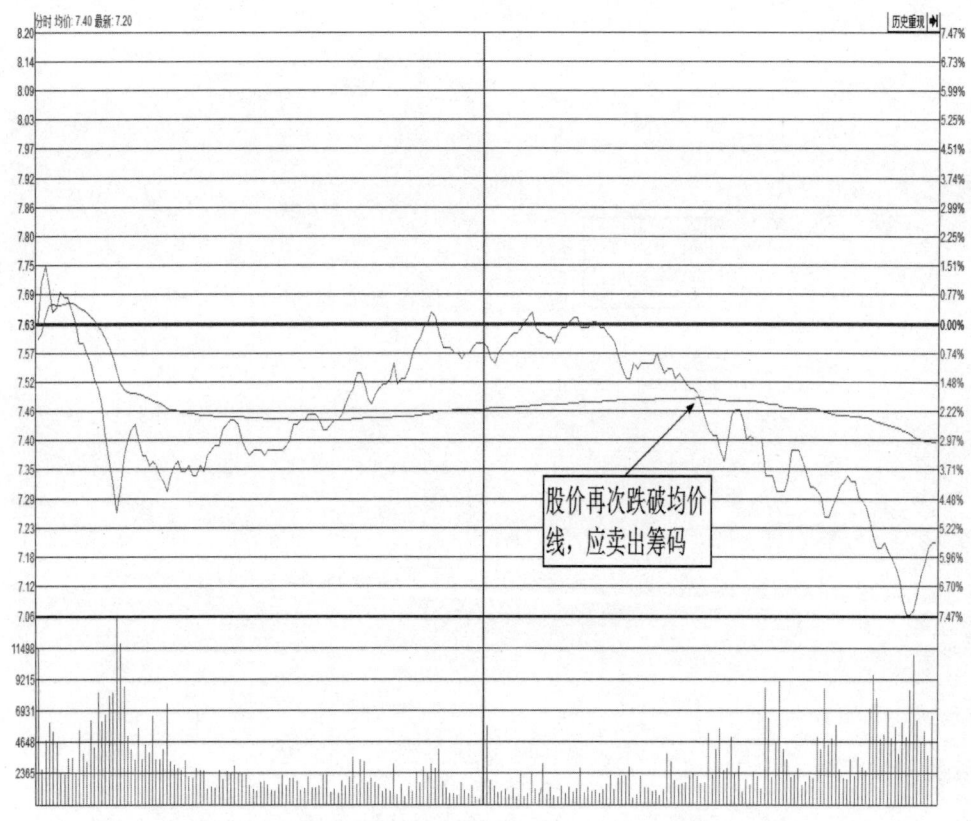

图28-6 中原高速（600020）日分时图

利用"低位放量"捕捉黑马股的上涨行情时，投资者应结合该股的历史低位，判断股价是否处在低位。

第二十九技

平台放量狙杀黑马分时战法

成交量的变化一般有两种情况：一是"放大"，二是"缩小"。但这是两个相对概念，即要有与之进行比对的参照物。在实际交易中，如不做特殊说明，当提到某个交易日该股出现放量时，就是指这一日的成交量大于此前数日的平均水平。对于量价分析来说，价格走势与量能变化同等重要。仅仅关注量能的变化，而不顾及同期的价格走势，是无法从中获取有用信息的。量价分析，实际是指将不同运行方式的价格走势与量能变化进行综合判断，由此构成比较具体的量价配合形态。

平台放量是指个股在日K线图中出现横盘整理的走势，或者是窄幅的振荡缓升走势，如此便构筑了一个横向震荡的平台。相对于大盘而言，个股走势较强，但却没有出现有效的涨幅，因此，我们将其称为强势平台。在这一平台构筑期间，成交量相较之前的量能水平，出现了较为温和的放大，这是股价出现上涨走势前的一个标志，投资者可以利用这一平台放量形态捕捉黑马股的上涨行情。

当这一量价配合形态出现在个股相对较低的区域或个股涨势的初期时，可以被看作这是主力资金从中积极吸取筹码的标志。同时，主力资金有意在吸筹过程中刻意地打压股价，使自己的建仓成本处于较低的状态。一般来讲，这是主力有意短期拉升该股的信号，投资者在实际交易中，可以逢低买入股票，博取个股随后可能出现的突破上涨行情所带来的收益。

一、形态解析

（1）平台放量一般出现在股价前期已经过大幅的下跌，或股价出现长期横盘整理的行情。

（2）股价处在横盘整理或窄幅震荡之时，其成交量呈现出较为温和的放量。

（3）当该股的股价出现较强的突破之后，其成交量也出现放量，表明该股后市将会出现一波上涨行情。

二、实战操作要点

（1）若个股的成交量在低位出现平台温和放量，一般表示主力资金从中正积极吸取筹码，投资者应该及时介入，进行建仓。

（2）在个股的股价出现突破，结束横盘整理或窄幅震荡行情之时，是投资者买入股票的最好时点。

（3）股价突破平台之后，由于买盘的涌入，其成交量会继续出现放量，推动股价的上涨。

三、案例分析

1.ST 旭蓝（000040）

1）日 K 线形态分析

如图 29-1 所示，ST 旭蓝（000040）日 K 线图中，该股前期一直处在小幅的爬升走势之中，随后股价在某一位置开始逐步企稳，开始了横盘整理的行情。在股价横盘运行之时，其成交量出现了温和的放量，表明此时有主力资金在盘中吸取筹码，积极建仓。某日，股价出现强势的突破，结束了横盘整理的走势，同时其成交量则继续放量推动价格的上涨，预示着该股后市将会出现一波上涨行情。投资者在股价出现突破之时，可买入股票，获取筹码。经过一波上涨之后，股价创出高点开始回调，投资者应卖出股票，实现收益。

第二十九技 平台放量狙杀黑马分时战法

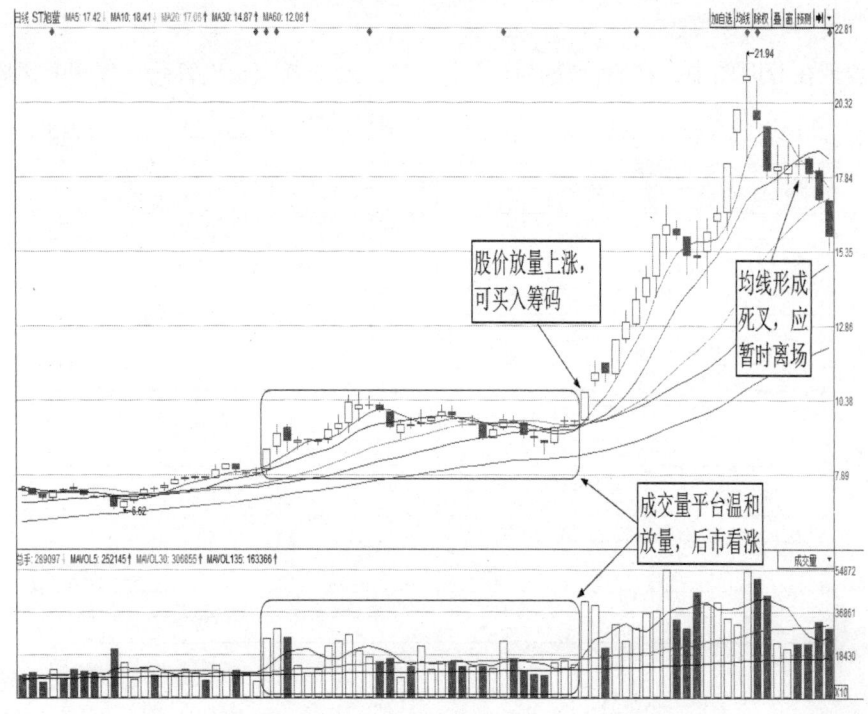

图 29-1 ST 旭蓝（000040）日 K 线图

2）分时买点把握

如图 29-2 所示，ST 旭蓝（000040）日分时图中，该股在开盘之后，其股价便出现了一波强势的拉升行情，并且上封了涨停板。其成交量也出现了较为密集的放大。但封板不久之后，涨停板被打开，股价开始出现回调行情，不过很快便获得了支撑并出现反弹，再一次上封了涨停板，并一直延续到下午收市。结合该股的日 K 线图进行分析，在该股横盘整理的行情中，其成交量出现了温和放量，表明该股后市将会出现一波上涨行情。具体表现在分时图中，在股价开盘后的拉升阶段，投资者便可以买入筹码，进行建仓。

3）分时卖出解析

如图 29-3 所示，ST 旭蓝（000040）日分时图中，该股在小幅高开之后，股价便出现了下跌走势，同时其成交量也出现了放量。之后股价开始急速拉升并且上穿了均价线，但后市并没有延续拉升走势，股价开始震荡走低，跌破了均价线，直到下午收市。结合该股的日 K 线图进行分析，在该股突破横盘整理走势，走出一波上涨行情之后，盘中的多方实力也逐步地减弱，后市出现回调行情的可能性越来越强。

具体表现在分时图中，在股价跌破均价线之时，投资者应卖出筹码，以规避风险。

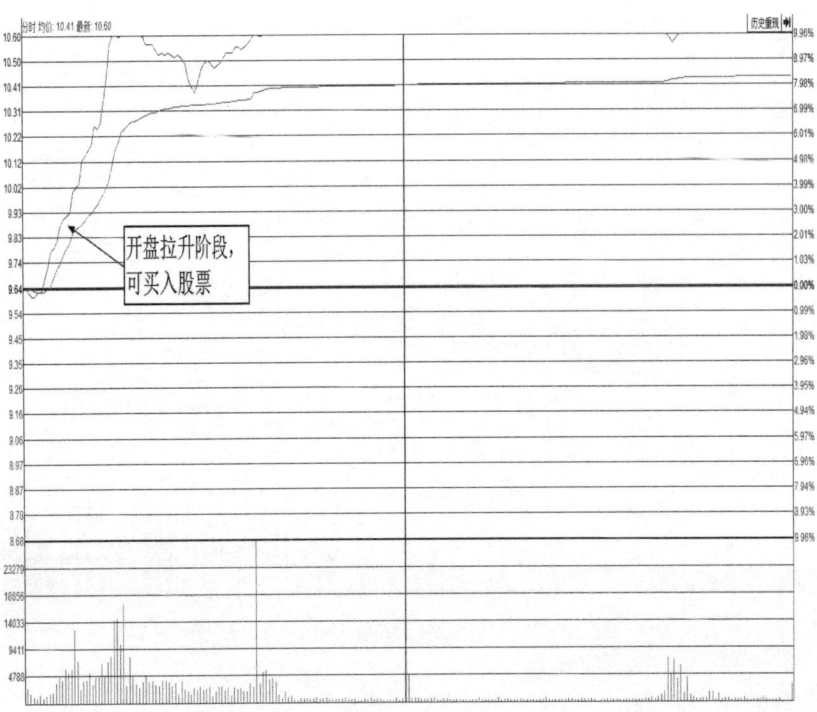

图 29-2　ST 旭蓝（000040）日分时图

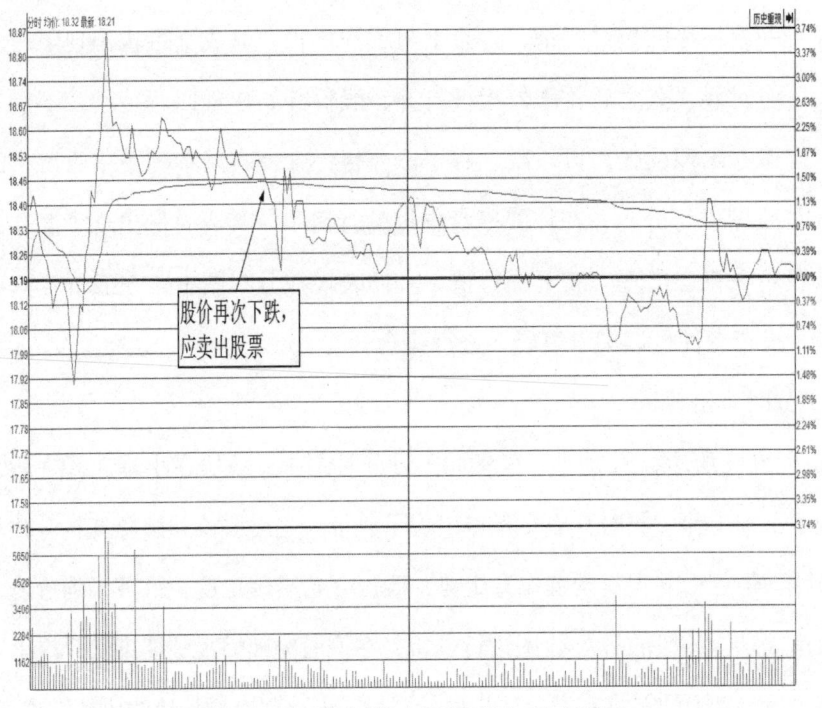

图 29-3　ST 旭蓝（000040）日分时图

2. 沈阳机床（000410）

1）日K线形态分析

如图29-4所示，沈阳机床（000410）日K线图中，该股前期处在横盘整理的行情之中，小幅爬升之后股价呈现出窄幅震荡的走势。同时，其成交量出现了较为密集的放大，与股价结合形成平台放量的价量形态。某日，股价出现强势的突破，结束了窄幅震荡的走势，同时，其成交量则继续放量推动价格的上涨，表明该股后市将会出现一波上涨行情。投资者可在股价出现突破之时买入股票，进行建仓。在股价经过一波上涨，呈现出回调迹象时，投资者应卖出股票，实现收益，同时规避回调风险。

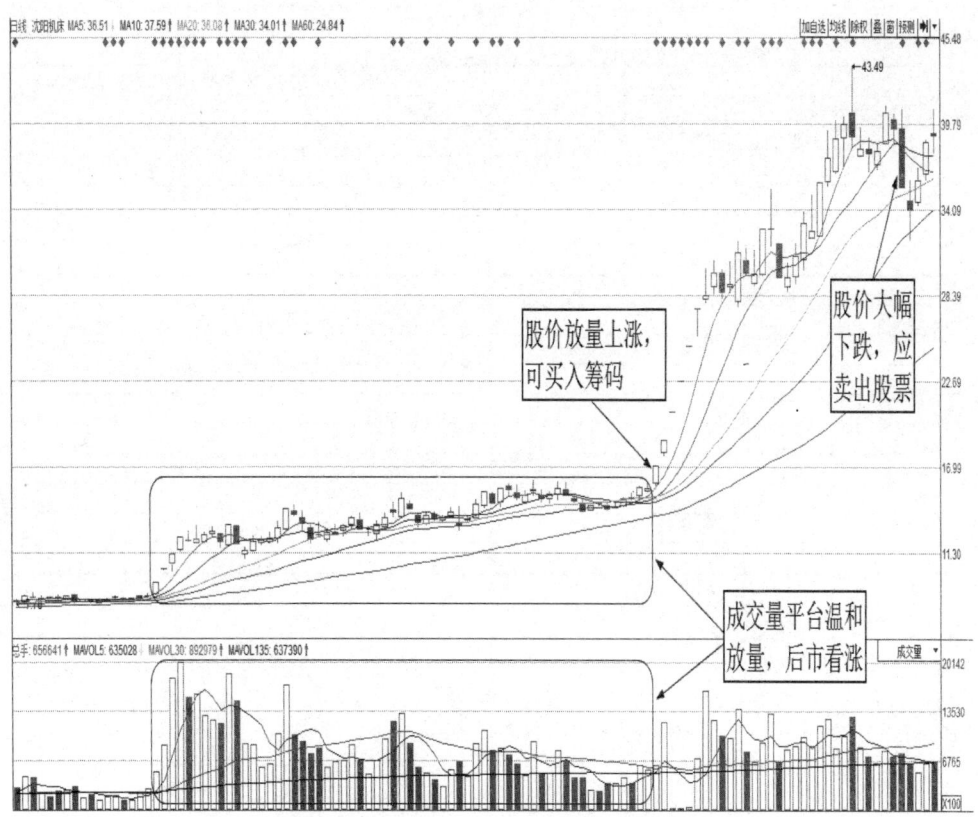

图29-4　沈阳机床（000410）日K线图

2）分时买点把握

如图 29-5 所示，沈阳机床（000410）日分时图中，该股在小幅高开之后，便出现了急速的拉升走势，同时，其成交量也出现了较为密集的放大。之后，股价出现了小幅的回调，不过很快股价又重新回到上涨走势，并且上封了涨停板，直到下午收市。结合该股的日 K 线图进行分析，在该股小幅震荡爬升的行情中，其成交量出现了放量，表明该股的主力在吸取筹码，预示着其后市将会出现一波上涨行情。具体表现在分时图中，股价开盘后的拉升走势出现回调时，投资者便可积极进场，获取筹码。

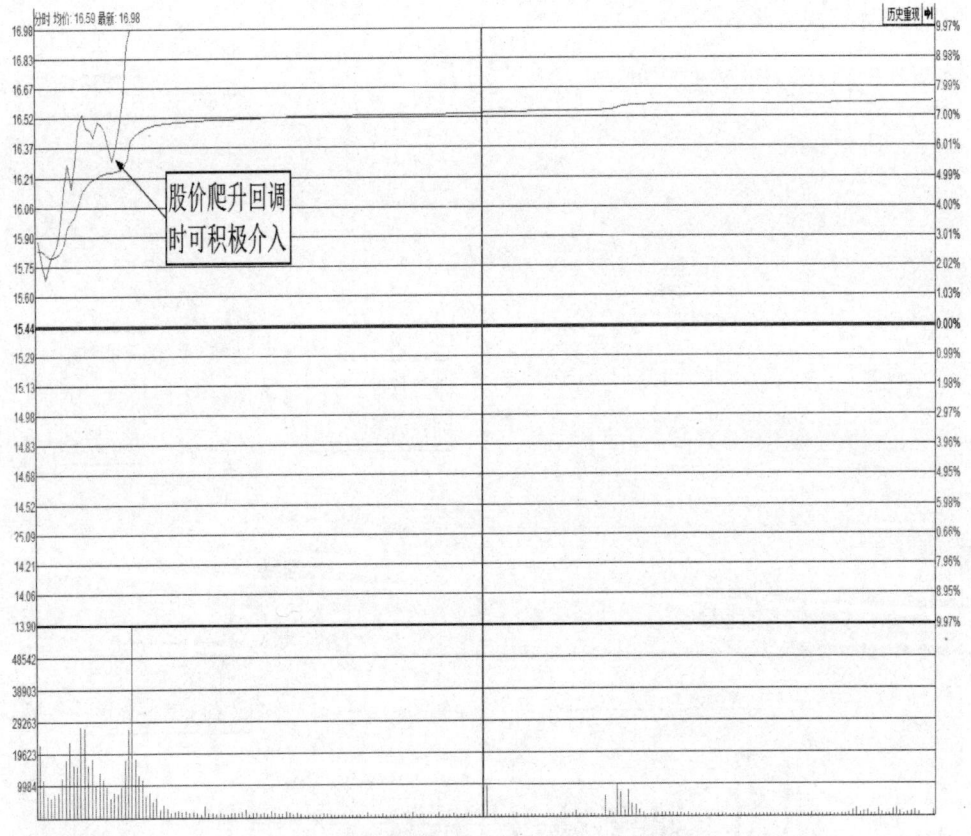

图 29-5　沈阳机床（000410）日分时图

3）分时卖出解析

如图 29-6 所示，沈阳机床（000410）日分时图中，该股股价在开盘之后，出现了震荡上升的走势，并且突破了均价线。同时，其成交量也出现了放量。但后

市股价没有继续拉升,而是出现了回调的走势,并且跌破了均价线持续下行,直到下午收市。结合该股的日 K 线图进行分析,在该股经过一波上涨行情之后,股价创出了新高。同时,其回调压力也逐渐增强。在股价出现破位下跌之时,投资者应暂时离场,规避后市风险。具体表现在分时图中,在股价跌破均价线之时,投资者应果断卖出筹码,在实现收益的同时规避风险。

图 29-6 沈阳机床(000410)日分时图

股价出现突破,结束横盘整理或窄幅震荡行情之时,是投资者买入股票的最好时点。在实战中,投资者应注意把握。

第三十技

拉高放量狙杀黑马分时战法

拉高放量形态一般是实力雄厚的主力的操盘行为,这种形态大多出现在黑马股和长期下跌的个股之中。主力将被市场忽略的个股股价迅速抬高,甚至个别实力强劲的主力使股价连续冲破前期阻力,创下历史高点的目的是为了顺利地完成建仓。而利用这种方式进行建仓的特点则是:牺牲价位,赢得时间。

出现这种走势的个股,其背后往往蕴藏着重大的题材与利好,一旦消息被公布,将直接导致股价大幅上升。因此,对于主力来讲,时间较为仓促,来不及在低位吸筹,于是提前对市场进行"突袭"以获取所需要的筹码。从逻辑上讲,既然主力愿意高价急速建仓,表明该股未来会有极大的涨幅。所以,投资者在实际交易中,若遇到个股的成交量出现拉高放量的形态时,应把握时机,进场参与。

主力拉高放量的手法主要有两种:一是,一步到位。主力利用一两天的时间突然拉升股价,快速放大成交量,使K线图出现一两根大阳线或一两个涨停板,将股价迅速拉高到目标位之后,再通过大幅震荡的走势,形成高位平台或旗形整理态势,同时使成交量也明显增加,给散户造成出货的假象而纷纷抛售,而主力则悄悄接手。二是,连续拉升方式。

第三十技　拉高放量狙杀黑马分时战法

个股底部已经出现，投资者惜售。主力无法在底部收集到足够的筹码，为了节约建仓时间，所以连续拉高股价，使K线角度陡峭，乖离率偏大。之后主力再制造股价大幅震荡的走势，引发散户抛盘出局，从而达到吸筹的目的。

一、形态解析

（1）拉高放量形态一般出现在股价下跌阶段的末期，或股价出现长期横盘整理的行情。

（2）股价在短期内被迅速拉高之时，其成交量也呈现出较大的放量走势。

（3）当该股的股价被拉高之后将再一次进入横盘整理的行情或宽幅震荡行情之中，若该股的基本走势没有被破坏，则该股在后市将会出现一波较大的上涨行情。

二、实战操作要点

（1）若个股的成交量在低位出现较大的放量，同时股价也出现较大幅度的拉升时，投资者可买入筹码，进行建仓。

（2）当股价出现横盘整理或宽幅震荡行情之时，投资者不应轻易地抛出股票，应结合其他技术方法研判股价后市走势，再进行相应的投资决策。

三、案例分析

1. 东风股份（600006）

1）日K线形态分析

如图30-1所示，东风股份（600006）K线图中，该股股价在前期基本上处在横盘整理的行情走势之中。某日，股价突破了前期的高点出现了上涨走势，同时其成交量也出现了强势的放量，表明该股的主力时间较为仓促，来不及在低位吸筹，所以拉高股价以获取所需要的筹码。同时，也预示着该股后市将会出现一波较大的上涨行情。在股价突破前期高点之时，投资者可买入股票，进行建仓。在该股走出一波上涨行情，股价出现新高之后，其回调压力增强。在股价深度下跌之时，投资者应卖出股票，离场避险。

第三十技 拉高放量狙杀黑马分时战法

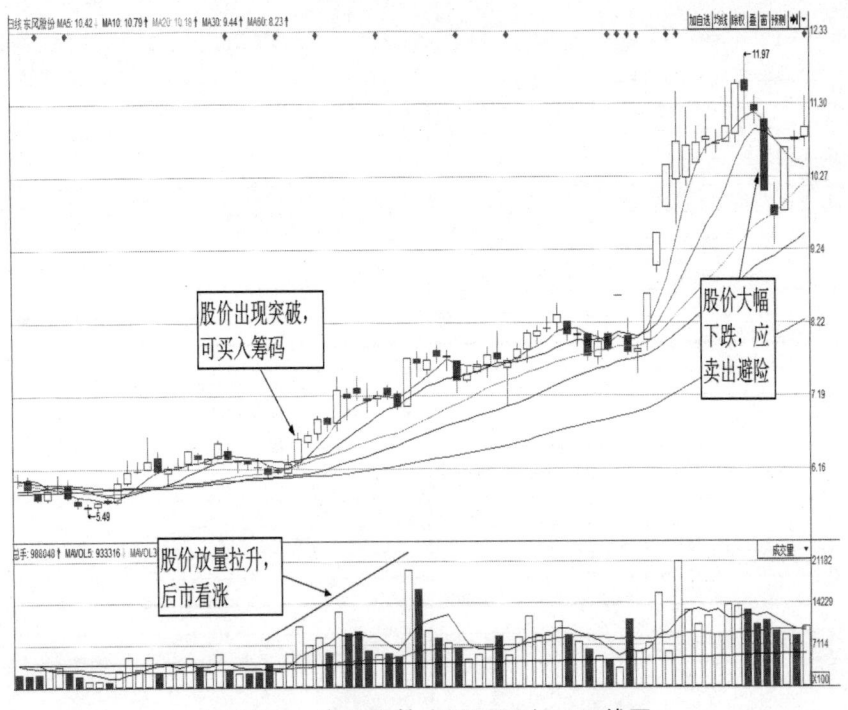

图 30-1 东风股份（600006）日 K 线图

2）分时买点把握

如图 30-2 所示，东风股份（600006）日分时图中，该股平开之后，其股价与均价线呈现出相互缠绕平行运行的走势。之后，股价逐步开始向上爬升，成交量也出现了小幅放大。下午盘中，股价出现了回调走势，但股价在均价线上方获得支撑开始反弹，一直延续到下午收市。结合该股的日 K 线图进行分析，在股价出现拉高放量之后，表明其后市将会出现一波较大的上涨行情。投资者可在股价出现突破之时买入股票，进行建仓。具体表现在分时图中，当股价出现回调开始反弹之时，投资者可买入筹码。

3）分时卖出解析

如图 30-3 所示，东风股份（600006）日分时图中，该股小幅低开之后，股价开始了小幅的爬升走势，其成交量也出现了温和的放量。但后市股价没有延续这一走势，而是跌破了均价线出现了回调行情，并一直延续到下午收市。结合该股的日 K 线图进行分析，在股价出现一波大幅上涨行情之后，其股价也创出了新高。此时，其盘中的多方实力逐步减退，后市出现回调行情的走势进一步增强。投资者在股价出现深度下跌之时，应卖出股票。具体表现在分时图中，在股价下穿均价线持续下探时，应卖出筹码，规避风险。

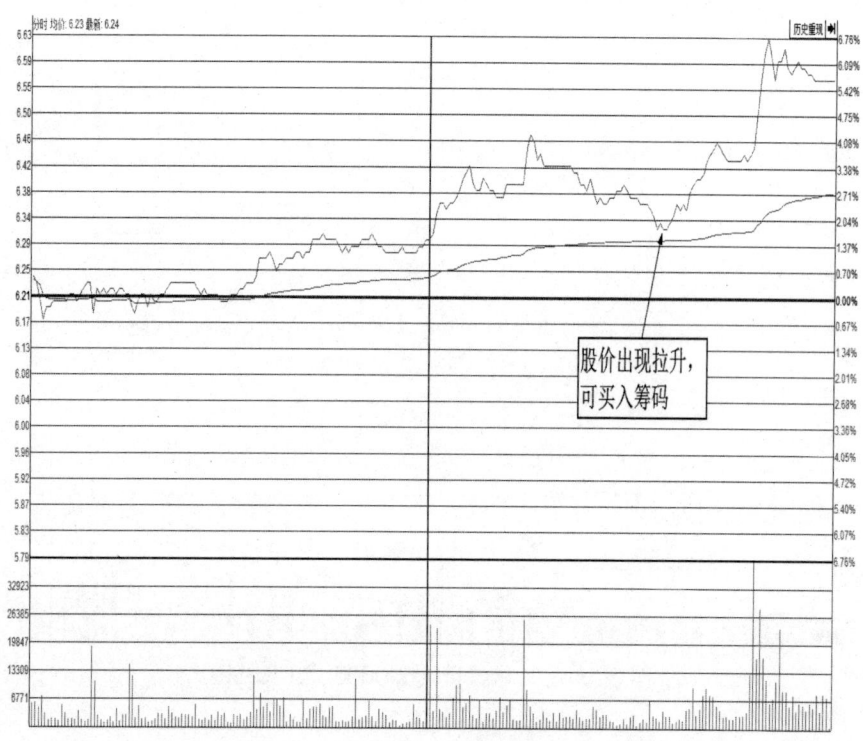

图 30-2 东风股份（600006）日分时图

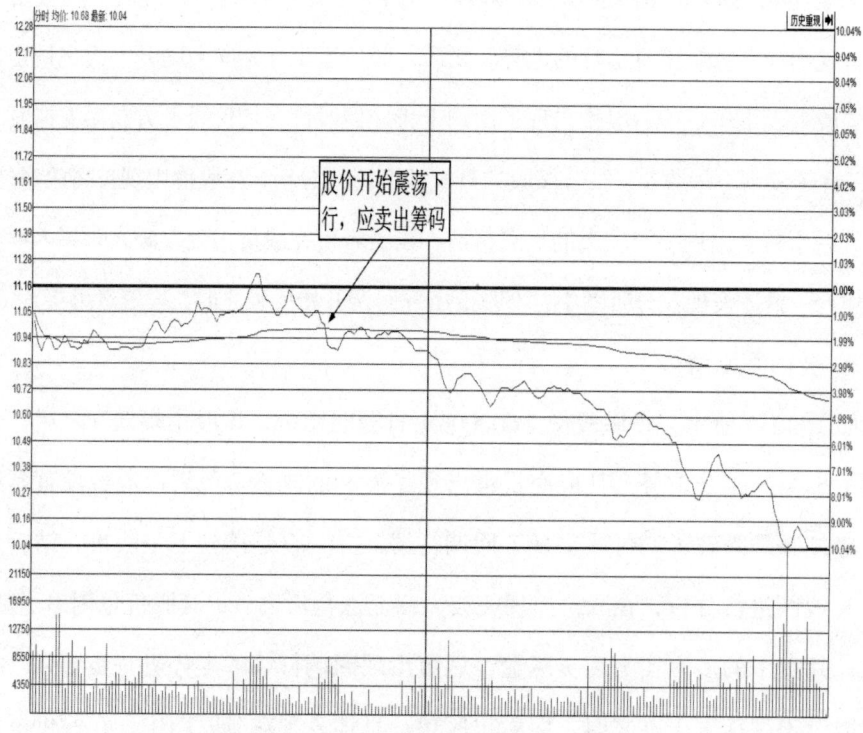

图 30-3 东风股份（600006）日分时图

2. 上港集团（600018）

1）日 K 线形态分析

如图 30-4 所示，上港集团（600018）日 K 线图中，该股在前期基本上处在横盘整理的行情之中。某日，股价突破了前期的高点出现了上涨走势，同时，其成交量也出现了强势的放量，表明该股的主力在拉高股价以获取所需要的筹码，这意味着该股后市将会出现一波较大的上涨行情。当股价突破前期高点之后，投资者可适当地买入股票，进行建仓。在该股走出一波上涨行情、股价出现新高之后，盘中多方实力逐步减弱，后市有可能出现回调走势。当该股的均线出现死叉时，投资者应卖出股票，以规避后市风险。

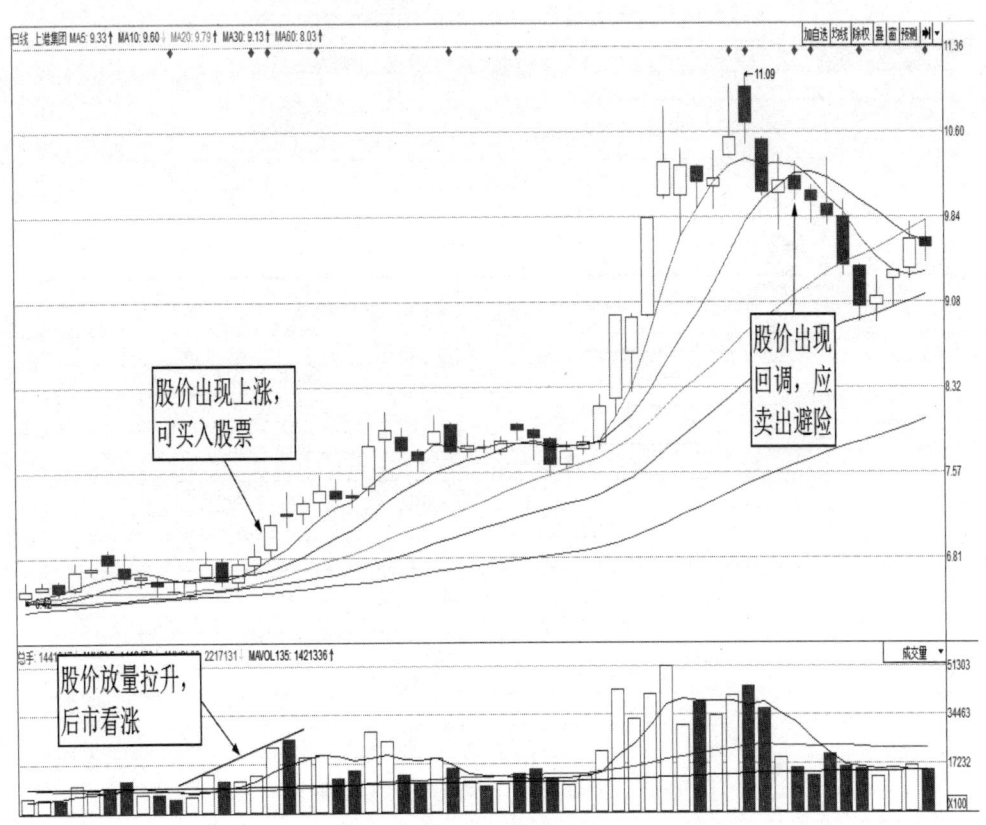

图 30-4　上港集团（600018）日 K 线图

2）分时买点把握

如图30-5所示，上港集团（600018）日分时图中，该股平开之后，其股价在短暂的横盘整理阶段出现了急速的拉升走势，之后再一次横盘运行。随后，股价再一次拉升，同时，成交量也出现了较为明显的放量。下午盘时，股价逐步趋于横盘震荡，直到下午收市。结合该股的日K线图进行分析，在股价出现拉高放量之后，表明该股后市将会出现一波较大的上涨行情。投资者可在股价突破时买入股票，进行建仓，以获取筹码。具体表现在分时图中，股价出现的两次拉升走势是投资者买入股票的良好时机，应积极介入。

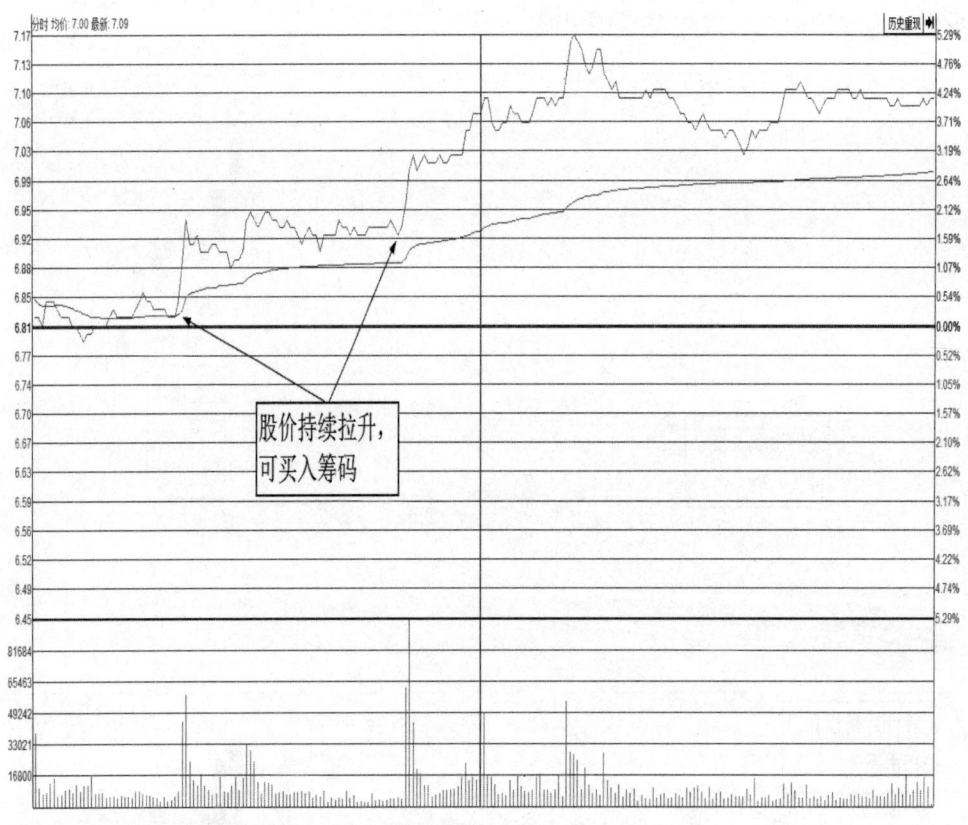

图30-5　上港集团（600018）日分时图

3）分时卖出解析

如图30-6所示，上港集团（600018）日分时图中，该股小幅高开之后，股价便出现了急速的震荡下跌走势，其成交量也出现了放量。之后股价出现了迅速的

反弹，并上穿了均价线。不过后市股价没有延续这一走势，而是又重新回到下跌震荡的行情之中，并一直延续到下午收市。结合该股的日 K 线图进行分析，在股价出现一波大幅上涨行情之后，其盘中的多方实力逐步减弱，该股后市可能出现回调行情。投资者在个股均线出现死叉时，应卖出股票。具体表现在分时图中，在股价持续震荡下行时，应卖出筹码，规避风险。

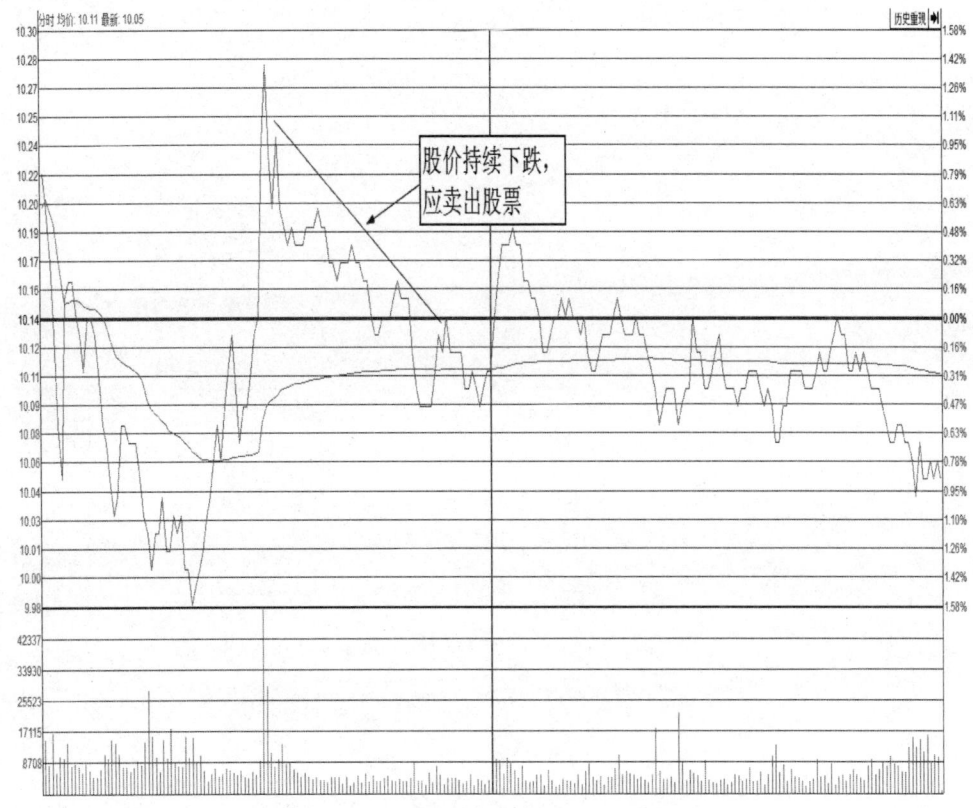

图 30-6　上港集团（600018）日分时图

主力通过大幅震荡的走势来获取筹码时，投资者应结合其他判断方式来把握股价的后市走势，不可急切地卖出股票。